高校体育公共服务体系构建研究

屈 辉◎著

吉林出版集团股份有限公司

图书在版编目（CIP）数据

高校体育公共服务体系构建研究/屈辉著. — 长春：
吉林出版集团股份有限公司，2023.8
ISBN 978-7-5731-4150-7

Ⅰ.①高… Ⅱ.①屈… Ⅲ.①高等学校—体育—社会
服务—研究—中国 Ⅳ.①G812.5

中国国家版本馆CIP数据核字（2023）第161199号

高校体育公共服务体系构建研究

GAOXIAO TIYU GONGGONG FUWU TIXI GOUJIAN YANJIU

著　者	屈　辉
责任编辑	滕　林
封面设计	林　吉
开　本	787mm×1092mm　　1/16
字　数	250千
印　张	15
版　次	2023年8月第1版
印　次	2023年8月第1次印刷
出版发行	吉林出版集团股份有限公司
电　话	总编办：010-63109269
	发行部：010-63109269
印　刷	廊坊市广阳区九洲印刷厂

ISBN 978-7-5731-4150-7　　　　　　　　　　　定价：78.00元

前　言

全球化不仅建构了世界经济新秩序，而且改变了现代公共行政体系。我国体育公共服务改革的政策变迁深刻地反映了国家体育发展战略思路的演变，"新常态"下的经济形势也对社会资源供需配置提出了新的要求。目前，我国体育管理体制和运行机制依然受到传统管理模式的影响和制约，市场主体在体育公共服务供给方面的实际作用尚未充分发挥，导致体育服务供给主体单一，体育场地设施和各类体育服务供给严重不足，供给结构不合理、两极化倾向严重等，这些与日益增长的各类体育服务需求之间的矛盾日益凸显。因此，促进体育公共服务供给合理分配、寻求与经济发展水平和阶段相适应的体育公共服务机制安排、探索适应社会发展的体育公共服务供给主体和选择更有效的供给方式是实现体育公共服务体制创新的必然选择。

体育作为人类进步和社会发展的重要标志之一，体现着一个国家综合国力和社会文明发展的程度。高校体育公共服务体系的建立、健全，能更好地惠及学校师生，是体育工作谋师生之利、解师生之忧的重要抓手。因此，体育工作需要国家、社会、民众给予高度的重视，而良性体育公共服务系统的存在是体育公共服务获得效益的重要和基本前提，对体育公共服务体系进行构建就成为必然。同时，体育公共服务体系的构建作为全民健身战略，促进人民体质的增强以及体育改革发展深化的关键措施，也成为探索体育公共服务的新路径。

本书在写作过程中，借鉴了很多相关的研究成果及期刊、著作、论文等，在此对有关的学者、作者表示诚挚的感谢。本书对体育公共服务的研究可能会存在疏漏、片面之处，恳请广大读者积极给予指正，以便使本书不断完善。

屈　辉

2023 年 3 月

目 录

第一章 高校体育公共服务的依据

第一节 理论依据

一、新公共服务理论

以珍妮特·V.登哈特和罗伯特·B.登哈特为代表提出的新公共服务理论，是西方行政管理理论和实践的新发展，是在批判新公共管理理论的基础上出现的一种新的公共行政模式。其核心观念为：政府应注重服务、关注社区、以人为本。

根据新公共服务理论，政府的职能是服务，而不是"掌舵"。公务员为当今社会生活和政治生活确定政策与规划，是许多不同集团和组织互动的结果，政府在公共服务过程中是一个参与者，它与私人的或非营利的团体和组织协同合作，寻求问题解决方案。我国体育公共服务的供给也需要"政府与私人的或非营利的团体和组织协同合作，寻求问题解决方案"，以构建多中心、多元化的体育公共服务供给体系。该体系的构建由政府负责，但并非由政府完全包办，其所依托的组织机构应是多元的，既可以是政府机构，也可以是专门的公共服务机构（在我国被称作事业单位）。高校正是这种专门的公共服务机构，一般由国家投资办学，具有不同程度的公共权力因素和公共资源因素，具有非营利性和公共性的特点。因此在现阶段，通过一定方式利用体育公共资源参与体育公共服务的生产，满足公民基本的、直接的体育需求，缓解体育公共服务的供给不足，可以说是高校的分内之事。

新公共服务理论的核心观念是：政府应注重服务，关注社区，以人为本。政府在管理公共组织和执行公共政策时，公共行政人员应承担为公民服务和向公民放权的职责。公共行政人员的重要作用在于帮助公民表达和实现他们的共同利益，而不是试图控制或驾驭社会，其工作重点既不应是为政府这艘航船掌舵，也不应是为其划桨，而是建立一些明显具有完善整合力和回应力的公共机构。

新公共服务理论认为公民权利至上，公民是拥有法律所规定的权利和义务的人。新公共服务所倡导的公务员扮演的角色在于为公民说话、创造平台，实现公共对话机制；帮助公民超越自身利益，发现公共利益；鼓励公民关注社会，关注社区的长期利益，为邻里和社区服务。也就是说，新公共服务试图实现的是在政府—公务员—公民之间建立一种社会的同一性关系，从而实现这三者作为一个整体交流的互动式畅通，并在这样交流畅通的前提下，实现社会整体的公平和公正，实现公民对社会生活的积极参与。高校在政府的委托下，面向全体公民提供体育公共服务，则可以成为一个有效的交流互动平台。

新公共服务理论认为：政府公共服务为公民服务而不是为顾客服务，公共服务的目标在于公民公共利益的实现。公共利益源于对共同价值准则的认同，而不是公民个体利益的简单相加。公共行政人员既要回应公民的要求，更要注重建立政府与公民之间以及公民与公民之间的信任与合作关系。因此，必须建立政府和公民之间互动合作的服务型政府，这就要求政府须从政府本位、官本位向社会本位、民本位转变，扩大决策的公民参与性。体育公共服务亦应如此，公共利益亦是体育公共服务的最终目标，政府提供怎样的体育公共服务，怎样提供体育公共服务，应当事先听取公民的意见，将公民意愿作为第一价值取向，并建立了解民意、公民参与决策的渠道、规则及程序，不断完善公民参与机制，充分体现公民权。这就要求体育公共服务的供给拥有良好的政府与公民互动机制，而高校的参与为此机制的创建提供了一个平台。

新公共服务理论认为，国家公务员对当今社会政策与规划的确定是不同集团与组织互动的结果。在我国传统的政治体制下，政府是提供公共服务的中心，这很容易出现公共服务低效供给或垄断。而在以政府为中心的公共服务提供过程中，政府是参与者之一，政府、私人组织以及非营利组织共同合作，寻求问题解决的方案。解决问题的过程往往是以公共机构、私人机构以及非营利机构结成联盟的形式进行。正因为此，借鉴其他国家公共服务成功经验，构建"多中心"公共服务供给模式，已经成为提高公共服务供给效率和水平的需要。成为弥补政府供给不足，降低政府财政负担的需要，也已成为满足社会公民多样化与个性化公共服务需求的需要。本书提出的高校体育公共服务恰是构建"多中心"体育公共服务供给体系的主要部分，其本质正是在于"服务"。

二、服务学习理论

（一）服务学习概述

服务学习是近十几年来美国推行的一种提高学生知识技能的尝试，服务学习试图将服务社会与课程学习相结合，以促进学生知识技能的获得及能力的提高，并培养学生的社会责任感。1993 年，美国的服务行动对服务学习进行了界定，认为服务学习是通过学校与社会合作，将向社会提供服务与学校课程联系起来，使学生参与有组织的社会服务行动。学生在服务学习过程中，不仅可以满足社会的一定需求，还可以培养他们的社会责任感，提高他们与他人合作、分析问题及解决问题的能力。

美国许多服务学习的组织者和研究者都强调，服务学习与社区服务及志愿者行动、课程实习、劳动服务教育有明显不同。这些不同不仅仅体现在概念、着眼点、核心、要素、作用等方面，依据服务学习与社区服务以及志愿者服务过程中服务与学习的关系，服务学习与其他服务形式的区别可窥一斑。从表 1-1 可以看出，志愿服务与社区服务与第二种形态更加相似，是以服务为主的；学校课程实习与第一种形态更相似，是以学习为主的；劳动服务教育与第三种形态更加相似，是纯粹的服务；服务学习则与第四种形态更加接近，其服务过程中，服务与学习是同等重要的，且服务与学习能够相互加强。因此，根据诸多学者对服务学习与社区服务等的研究可以看出：

（1）服务学习与社区服务的最大区别在于服务学习包含准备和反思的过程，而社区服务没有。或者说，服务学习与学校单纯社区服务的本质区别在于是否具有课程整合和反思的要素。

表 1-1　服务与学习关系的类型

内容名称	区别特点
课程实习	以学习为目标，服务成果不重要
志愿者服务、社区服务	以服务成果为主，学习目标不重要
劳动服务教育	服务与学习的目标之间没有关系
服务学习	服务与学习目标同等重要，所有服务与学习都重视目标的完成

表 1-2　服务学习的要素及对学生的作用

服务学习的要素	服务学习对学生的作用
学生积极主动的参与与学业课程的结合； 完善的组织和计划； 关注社会需要； 学校和社会的密切配合； 有效的反思； 应用知识和技能的机会； 扩展的学习机会； 关注社会、关心他人的情感培养	提高学业成绩、促进学生学校参与和学习的积极性； 加强社会责任感，培养"负责任的公民"； 提高学生的自尊和自信； 帮助学生确定将来的职业兴趣和方向

（2）其核心是否与课程产生较强的联系是服务学习、社区服务以及志愿者行动等的根本区别。社区服务与志愿者服务的核心都是服务，但与课程没有正式联系，尽管在服务过程中服务者在知识技能等方面也会有所提高或收获，但这并不是其最主要的目标，满足社区需要才是。服务学习则不同，其核心不是服务而是课程、服务与反思的结合，其课程整合与反思是社区服务与志愿者服务所没有或不及的。

（3）在服务学习的整个过程中，服务活动是经过精心组织的，是为满足社区实际需要的服务活动。服务学习有明确的学习目标，在服务学习过程中必须为学生提供经验性的学习体验，即将服务与学术性课程整合在一起，使学生在社区服务的过程中能够应用所学到的新知识，不断对服务活动和课程学习进行反思，以促使他们应用课堂中所学到的知识与技能，逐渐培养与增强他们的社会责任感和公民意识。

可以看出，真正的服务学习是与课程紧密联系的，在服务学习过程中，课程学习没有被忽视而是有所增强。同时，服务学习课程必须符合社区真正的需要，结合课程知识、技能以及价值目标，并通过周密的计划与实施，以促进学生的学习和发展。

（二）服务学习在美国的实施与发展

自 20 世纪 70 年代起，公立学校中学生的需要、兴趣与课程之间的不协调越来越受到人们的关注，关于经验学习和社会服务的研究也因此越来越受到重视。1984—1997 年间，美国参与服务学习的人数大大增加，参与服务学习的 K-12（美国基础教育）学生从 90 万增长至 1260 万，其中，高中学生参加服务学习的比例从 2% 增加到 25%。到 1984 年，全美已经有 27% 的高中提供某项服务课程，其中 9% 的学校提供了服务学习课程。据 1999 年美国教育统计中心的统计，到 1999 年美国 64% 的公立学校和 83% 的公立高中组织学生进行了社会服务活动。约有 1/3 的学校和 1/2 的公立高中制订了服务学习计划，服务学习的内容也涉及社会生活的方方面面。

现在美国几乎每个州都开展服务学习，并为学生确定服务学习目标。许多地区大力提倡并管理该地区学生的服务学习计划及实施，也有一些州将服务学习作为教育改革的重要手段。如费城确立了一项制度，即所有 5 年级和 9 年级的学生必须完成一项公民计划（如服务学习计划）才能够毕业，这项制度的确立为该城市服务学习的开展提供了有力的政策支持。除此以外，美国的很多州还成立了专门的服务学习监管机构，以负责服务学习的指导与评估，如马里兰学生服务联合会就是其中的一个监管机构。

第二节　政策法规依据

21 世纪，高等教育的职能包括人才培养、科学研究和社会服务三大方面，这是世界高教理论界的共识，也是我国高教理论界的权威认识。高等教育的三大职能既是社会发展对高等教育的需要，也是高等教育自身发展的规律性体现。《高等教育法》第三十一条规定："高等学校应当以培养人才为中心，开展教学科学研究和社会服务。"第三十五条规定："高等学校根据自身条件，自主开展科学研究、技术开发和社会服务。

国家鼓励高等学校同企业事业组织、社会团体及其他社会组织在科学研究、技术开发和推广等方面进行多种形式的合作。"就高校而言，社会服务职能体现为间接社会服务和直接社会服务，高校间接社会服务是指高校培养人才和进行科学研究，通过人才产品和科研成果为社会服务，高校直接社会服务是指高校利用现有资源直接为当时、当地的社会需求服务。

国家鼓励包括高校在内的企事业单位根据自身条件直接为当时、当地的社会需求服务，尤其是直接为当时、当地的体育公共需求服务。《体育法》第四十二条规定："国家鼓励企业事业组织和社会团体自筹资金发展体育事业，鼓励组织和个人对体育事业的捐赠和赞助。"《教育法》《体育法》明确规定："学校及其他教育机构在不影响正常教育教学活动前提下，应当积极参加当地的社会公益活动"，"公共体育设施应当向社会开放，方便群众开展体育活动"。《全民健身计划纲要》《中共中央国务院关于进一步加强和改进新时期体育工作的意见》《公共文化体育设施条例》等也对学校体育场地开放提出相应要求，要求学校、机关、企事业单位的体育设施努力实现社会共享。许多地方政府也就学校体育场地对外开放进行了具体规定。为此，许多高校开始了以体育场地设施等体育公共资源直接提供社会服务的尝试。

高校体育公共服务也是实现公民权的重要途径之一。根据公民的基本权利规定及体育公共服务均等化要求，公民具有享受体育公共服务的平等权利。高校体育公共服务无疑对实现公民体育基本权利具有重要意义。2009 年，为进一步促进全民健身活动的开展，保障公民参加全民健身活动的权利，提高公民身体素质，国务院在总结实践经验的基础上制定了《全民健身条例》。《全民健身条例》的公布和实施为高校体育公共服务的开展提供了有利条件，对学校组织学生参加校内外体育活动提出了明确要求：学校应当根据学生的年龄、性别和体质状况，组织实施体育教学，开展广播体操、眼保健操等体育活动，指导学生的体育锻炼，提高学生的身体素质；应当保证学生在校期间每天参加 1 小时的体育活动，每学年至少举办一次全校性的运动会；有条件的，还可以有计划地组织学生参加远足、野营、体育夏（冬）令营等活动，要求学校在课余时间和节假日向学生开放体育设施。

综上所述，高校提供体育公共服务既是国家政策的要求，也是法律赋予的责任。

第三节　现实依据

一、相对丰富的体育资源

高校具有相对丰富的体育资源，是高校提供体育公共服务的重要资源基础。

（一）体育场馆资源

本书所调查的 10 所高校拥有室内场馆的平均面积为 18717.80 平方米，室外场地面积为 74185.90 平方米，人均场地面积近 4.72 平方米，远远高于全国人均体育场地占有面积。诸高校大都拥有大型体育馆，人均室内场馆面积达到 0.95 平方米，能承担相关体育项目的各种级别比赛和文艺表演等活动。可见，许多高校在人均占有面积、种类和质量等方面具有相当的优势。

（二）体育人力资源

在我国，大多数高校设有专门的体育院系，部分没有体育院系的高校往往也有大量的体育教师，以保证高校体育课的顺利实施。高校体育教师的学历层次一般较高，普遍为本科及以上学历，而且其学科专业较全，有的体育教师还拥有较强的运动训练能力或体育科研能力。本书所调查 10 所高校的体育教师大都具有较高的业务水平。另外，设有体育院系的高校，其体育管理人员的业务水平相对较高，学生的专业水平往往也比较高；一些没有设置体育专业的高校，往往也会有较多的学生体育社团。调查的 10 所高校中，学生体育社团的平均数目达到 17 个，最多的达三十几个，多数高校成立了体育俱乐部，甚至有专门的体育志愿者组织。这些组织的成员一般为高校的体育骨干，大多不仅具有较高的体育运动能力，而且具有较高的健身指导水平。因此，高校体育人力资源在数量和质量上都有比较明显的优势。

（三）体育信息资源

不管是开展体育活动，还是发展体育事业，都需要大量的体育信息。关于个人合理健身与科学训练、体育组织经营与管理、体育政策与法规以及体育赛事与发展动态方面的信息等都是被广泛需要的体育信息。高校体育普遍有多年的积累，具有相对丰富的体育教学、训练与组织经验，体育教师通常具有较丰富的体育基本理论知识和较强的实践能力，学校体育组织一般都有较强的管理经验，体育部门、体育社团及相关宣传部门对国家体育方针政策、体育发展动态以及体育赛事等信息掌握较为全面，可以通过课堂教学、学术讲座以及各种校园媒体等途径，对这些信息进行及时宣传和报道。所有这些都是其他行业群体，特别是社会公民很难及时了解或掌握的。据调查，这也正是社会公民、大学生以及校内教职工及其家属希望高校提供的信息咨询服务内容和体育信息内容。

（四）体育余暇时间资源

高校体育资源时有闲置的特点为高校体育公共服务提供了相对丰富的余暇时间资源。高校每年有约三个月的寒暑假，这期间大多数学生离开校园，使多数体育场馆（地）设施基本处于闲置状态，体育教师和管理人员一般也比较清闲。即使在正常教学期间，也会有课余时间、双休日以及"国庆"等长假，此时体育场馆设施和人力资源也有相对空闲的时间。高校体育较为丰富的余暇时间，使高校在"以教学为中心"的原则不变的情况下向校外公民提供体育公共服务有了时间上的保障。

二、体育管理及地理位置优势

高校一般设有专门的体育管理部门和组织，以保障高校体育工作的顺利实施。尤其是在体育场馆资源管理方面，高校往往通过体育部门、后勤公司或物业公司等进行专门管理。被调查的 10 所高校一般都具有自己的场馆管理方式及有偿体育服务方式（如表 1-3 所示）。多数高校的场馆（地）管理较为规范，如上海大学设有专门的体育中心行政机构，有各类员工 36 人，下设一室、二部及三个校区管理部。各室部职责分明，办公室负责场馆中心日常行政事务，场馆部负责协调体育场馆运行管理，设备部负责各类体育设备器材维护管理，校区管理部负责各校区体育教学、训练、教职工的体育锻炼，场馆的对外开放与管理。高校相对完善的体育组织与管理，在很大程度上为高校体育公共服务提供了较为理想的基础保障。

表 1-3　高校体育场馆（地）有偿体育服务的方式（N=10）

方式	学校统筹管理	向社会租赁经营	高校与社会合作经营	其他
频数	6	1	1	4

另外，我国高校多位于城市，周边人口密度相对较大。而社会个体、家庭、社会团体及行业群体等对体育的需求相对较高，尤其需要高校在余暇时间当时、当地提供体育公共服务。总之，高校在体育管理及地理位置等方面的特点为高校体育社会服务提供了更多的可能。

三、广泛的社会需求

由于社会体育资源的严重匮乏，高校体育公共服务被校内外公民广泛需求。随着社会经济的飞速发展以及生活水平的日益提高，"亚健康"现象已经成为困扰广大校外公民的一大问题，高血压、高血脂等患者的数量逐年增加，诸多疾病开始呈现年轻化发展趋势，青壮年人群的患病比例增长速度惊人。校内学生包括高校大学生的体质也呈下降趋势，学生体重超标、肥胖率增加迅速、近视率逐年增加、肺活量以及耐力等指标呈逐年下降的趋势，甚至心理问题也逐渐增加。

这种情况在近几年已经引起各界的反思和国家的高度重视。在对这种现象进行关注和反思的同时，社会各界也在积极寻求一种更加文明、更加健康、更加科学的生活方式。"健康第一""终身体育""花钱买健康"以及"生命在于运动"等新的观念和思想正逐步被人们所接受，并逐步促使人们变革传统的生活方式。在这种状况下，体育锻炼越来越成为人们改变传统生活方式的重要手段。除此以外，民众不懂体育锻炼方法的问题也客观存在。如表 1-4 所示，对于体育锻炼原理，许多高校大学生不清楚或很不清楚，仅 28.8% 的大学生清楚或很清楚体育锻炼的基本原理。长期以来高校体育开展的效果，以及我国青少年体质下降的原因由此可窥见一斑。另外，许多教职工及其家属对体育锻炼原理不清楚或很不清楚，仅有31.6%的教职工及其家属清楚或很清楚体育锻炼的基本原理；有30.7%的校外公民对体育锻炼原理不清楚或很不清楚，有24.5%的校外公民清楚或很清楚体育锻炼的基本原理，这也不能不令人深思。如表1-5所示，绝大多数调查对象表示希望或非常希望了解更多的科学健身知识。

表1-4　不同人群对体育锻炼原理的了解情况（N1,2,3=1006，180，228）

了解情况 人群	很清楚（频数/百分比）	清楚（频数/百分比）	一般（频数/百分比）	不清楚（频数/百分比）	很不清楚（频数/百分比）
大学生（N1）	41/4.1%	248/24.7%	548/54.5%	139/13.8%	30/3%
教职工及其家属（N2）	4/2.2%	53/29.4%	96/53.3%	27/15.0%	0/0%
校外公民（N3）	11/4.8%	45/19.7%	102/44.7%	64/28.1%	6/2.6%

表1-5　不同人群希望了解更多科学健身知识的情况（N1，2，3=1006，180，228）

期望情况 人群	非常希望（频数/百分比）	希望（频数/百分比）	一般（频数/百分比）	不希望（频数/百分比）	非常不希望（频数/百分比）
大学生（N1）	197/19.6%	525/52.2%	248/24.7%	30/3%	6/0.6%
教职工及其家属（N2）	35/19.4%	107/59.4%	34/18.9%	3/1.7%	1/0.6%
校外公民（N3）	37/16.2%	121/53.1%	59/25.9%	11/4.8%	0/0%

可见，社会体育资源的匮乏、青少年体质的下降、公民健身需求的增加以及科学健身知识需求的提高等，使得我国城乡居民对体育资源的需求程度越来越高，对高校体育公共服务的需求也会越来越高。

四、较高的重视程度

学校领导的重视及广大师生的积极态度是高校提供体育公共服务的重要条件。据调查，大多数高校领导重视高校体育活动的开展，在积极调动师生的积极性方面采取了有力措施，积极树立了服务学生健康的工作理念。如山东大学逐步实现了体育工作者由"组织管理者"向"组织服务者"的转变，通过强化体育工作者的服务意识，突破传统的工作方式，主动深入学生群体进行指导和辅导，让学生在各类体育活动中接受健身服务，逐渐培养其活动的兴趣；同时充分利用学校媒体，大力宣传和普及科学的教育观、人才观、健康观，营造鼓励广大学生主动参加体育锻炼的校园氛围。

另外，多数高校领导及师生赞同高校在不影响日常教学的情况下，与社会共享体育资源。随着学校体育场馆对外开放政策的出台，高校向社会公民开放场馆与体育服务的意识逐渐提高，为高校向社会公民提供体育公共服务提供了有利条件。

第二章 高校体育公共服务理论分析

第一节 高校体育公共服务的界定

一、高校体育公共服务的内涵

高校体育公共服务是指将高校作为体育公共服务供给的主体之一，面向高校大学生、教职工及其家属、校外公民，提供健身指导服务、健身设施服务等体育服务内容，以满足公民最基本、最直接的体育需求，从而促进公民体育公共利益的实现。高校体育公共服务是多中心、多元化体育公共服务供给体系的重要组成部分。

二、高校体育公共服务的外延

"高校"是高等学校的简称，指大学、独立设置的学院和高等专科学校，其中包括高等职业学校和成人高等学校。在我国，高校属专门的公共服务机构，一般由国家投资办学，具有不同程度的公共权力和公共资源因素，具有非营利性和公共性特点。

"高校体育公共服务"是体育公共服务的下位概念，高校所提供的体育服务是为满足公民最基本、最直接的体育需求。需要指出的是，公民的体育需求具有一定的时代性与地域性特点，在某个地域的不同时间段，或者在同一时间段的不同地域，公民最基本、最直接的体育需求的具体内容及具体形式并不完全一样。目前，高校为提高公民身体素质和生活质量，保障公民社会生存与发展所必需的体育环境与条件，实现公民体育公共利益，在相关政策支持下，根据自身特点，面向校内学生组织丰富多彩的校内外体育活动；在不影响日常体育教学工作的情况下，向教职工提供良好的健身设施、健身指导等服务；在不影响校内体育活动的情况下，向校外公民提供健身设施、健身组织、健身指导、体质监测等最基本、最直接的体育服务内容。

第二节　相关概念辨析

一、公共服务分析

（一）公共服务的形式与内涵

公共服务在不同的国家和不同的时期具有不同的形式与内涵。公共服务的产生和发展经历了漫长的历史过程，随着公共物品理论的提出，关于公共服务的研究成为经济学与财政学的主流。基于公共物品理论，许多专家认为公共服务是政府为满足社会公共需要，向社会公民提供公共产品或服务行为的总称，并认为既有物质形态的公共服务，也有非物质形态的公共服务。

由于认识的差异，目前不同领域的专家学者对公共服务的表述和理解具有较大的差异。在对公共服务的表述上，有"公共产品""公共物品""公共财富"和"公共财产"等不同提法。一般从财政的角度，较多地采用"公共服务"的提法。韩小威、尹来玉认为，公共服务可以界定为以实现公共利益最大化为目标，提供各种需要物品（有形物品和无形物品）的活动，他们强调公共服务的公共利益性，而这种公共利益应是为符合社会全体或大多数成员的需要，体现他们的共同意志，让他们共同受益的那类利益。马庆钮、杨庆东从供给产品的性质及其供给主体职责的视角将公共服务定义为"由法律授权的政府以及非政府公共组织和有关工商企业，在纯粹公共物品、混合性公共物品以及特殊私人物品的生产和供给中所承担的职责和履行的职能，其中，政府是责无旁贷的主导者"。张强认为公共服务是指公共服务主体以公共利益为目的，以公共资源消耗为基础，提供满足社会公众需求的产品的公共活动。他从主体的广泛性、目的的公共性、权利义务关系的对等性和资源消耗的多样性四方面论述了公共服务的本质特征，并强调公共服务没有必要通过市场渠道来实现。王勇从公共服务的社会共享性视角，认为"所谓公共服务，就是社会中所有成员都可以享受的服务"。张召华强调政府在公共服务中的作用，认为"公共服务通常是对政府满足社会公共需要、提供公共产品的服务行为的总称"。综合诸多专家学者对公共服务的理解可以发现，公共服务的定义一般含有 7 个要素，如表 2-1 所示。尽管不同专家对于公共服务的认识并不完全一致，但有几点是普遍被认同的，即：

（1）公共服务是建设服务型政府的基本内容。

（2）公共服务是政府的职能之一，政府是公共服务的责任主体。

（3）公共服务的目的在于满足公民的基本需要。

（4）公共服务具有公正性、公益性和公用性。

表 2-1　公共服务定义的基本要素

1	强调"为人民服务"
2	国家公务人员的职责和工作的一般属性
3	包括政府为弥补市场不足、促进社会公平的所有工作
4	指由公法授权的政府和非政府公共组织以及有关工商企业在纯粹公共物品、混合性公共物品以及特殊私人物品的生产和供给中所承担的职责
5	指以政府为主的公共部门生产的供全社会共同消费、平等享受的公共产品和服务
6	指政府、非政府组织对公共事务的处理而产生的公共物品
7	公共部门和准公共部门为满足社会公共需要而共同提供公共产品的服务行为

以上观点与卢映用等人的观点基本一致。该研究认为，公共服务的核心在于通过各种服务来满足公民在社会经济生活等各方面的需求，促进公民物质生活水平的提升和精神文化需要的满足。所谓公共服务，是在一定时空条件与经济社会发展的一定阶段，政府运用公共权力和公共资源，满足社会全体公众或某一类社会群体共同的、基本的、直接的需求的社会生产过程。

（二）公共服务体系的参与者

公共服务体系中有三个基本参与者：消费者、生产者和提供者。公共服务的消费者是最终接受服务的个人、政府机构、私人组织及各类社会阶层等。公共服务的生产者直接向消费者提供服务，可以是政府单位、私人企业、非营利机构，有时也可以是消费者自身。公共服务的提供者（安排者）指派生产者给消费者，或反过来指派消费者给生产者，他们对公共服务的供应承担着重要的任务。而政府服务是指由政府提供（安排）并生产的服务，即政府同时扮演了提供者（安排者）和生产者的角色。

在服务的提供方面，政府服务的提供者就是政府本身，而公共服务的提供者除政府外，还有其他组织，甚至可以由消费者自己安排；在服务的生产方面，政府服务的生产者是政府本身；从公共服务的类型上看，政府服务多为纯公共服务，而公共服务还包括大量的准公共服务；从西方国家的发展趋势看，纯公共服务的比例正在逐步下降，准公共服务的数量呈现明显的上升势头。

二、体育服务分析

学界关于"体育服务"概念的阐述较少，但关于"体育"概念的阐述很多，理解也不尽相同。通常将"体育"一词从广义和狭义的范畴理解，广义的"体育"（亦称体育运动）即通常所提到的"大体育"，是指以身体练习为基本手段，以增强体质，促进人的全面发展，丰富社会文化生活和促进精神文明为目的的一种有意识、有组织的社会活动。狭义的"体育"则是体育教育。目前诸多体育方面的研究和重要的体育文件中提到的"体育"一般可以从广义和狭义的角度理解，关于"体育服务"研究中的"体育"也不例外。本书认为，在目前对"体育"定义多样化的情况下，对"体育服务"也应从不同的角度进行理解。

关于"服务"，《现代汉语词典》的解释为"为集体（或别人）的利益或为某种事业而工作"。它常被作为动词来理解，表示以劳动的方式满足他人的需要。"体育服务"则被理解为满足他人体育需要的活动，也有研究将其作为名词来解释。从钟天朗的著作中可以看出，"体育服务"包括的内容很多，主要有健身休闲体育服务、竞赛表演体育服务、职业体育服务、社会体育服务、公共体育场馆服务、体育经纪服务、体育广告服务、体育培训服务以及体育旅游服务。在李建国的研究中提到，我国体育服务的薄弱环节就是公共服务，从诸研究的表述中可以分析出"体育服务"的范畴中有一部分是"公共服务"，即"体育公共服务"。

三、体育公共服务分析

（一）体育公共服务的界定

目前对体育公共服务主要有两种称呼，即"体育公共服务"和"公共体育服务"，也有学者将其范围进行了限定，即"城市体育公共服务"或"城市社区体育公共服务"等。相应的体系则是"公共服务体系"或"体育公共服务体系"。

"公共体育服务"的提法主要以肖林鹏为代表，他认为公共体育是公共体育服务的上位概念，认为公共体育服务是公共组织为满足公共体育需要而提供的公共物品或混合物品。肖林鹏的理解中"体育"是广义的体育，即与科、教、文、卫并称为五大事业的"体育"。因此，他理解的"公共体育"以及"公共体育服务"范畴较广，凡是符合公共体育特征的体育，如竞技体育中的"奥运争光"部分、高校高水平运动队部分，大众体育中的社区体育、职工体育、体育科研、体育医疗卫生等，都在公共体育及公共体育服务的范畴。

蔡景台及樊炳有等对城市体育公共服务及体育公共服务进行了界定，认为城市体育公共服务或体育公共服务为市民提供体育公共产品和服务，主要包括体育公共设施的建设、体育公共事业的发展、体育公共信息的发布以及体育指导服务的完善等，为社会公众生活和参与社会体育活动提供保障和创造条件。樊炳有认为体育公共服务由政府和市场协调发展提供，为整个社会共同消费，并提出体育公共服务的阶段发展目标。李静认为，体育公共服务是政府提供的公共服务的重要组成部分。从公共经济学和公共管理学的角度看，体育公共服务事业的根本区别于经营性体育产业主要着眼于社会效益，是为社会提供非排他性和非竞争性的公共产品和服务的体育领域，与体育领域中可以实行市场化、产业化经营的体育产业和竞技体育一起，构成国家体育事业的全部范畴。体育公共服务体系是政府主导、社会参与形成的满足人民群众体育需求、保障人民群众体育权益的各种公益性体育机构和服务的总和。曹可强等认为，现有体制条件下，体育公共服务是指由公共部门或准公共部门共同提供的，以满足社会成员的基本体育需要为目的，着眼于提高市民身体素质和生活质量，既给市民提供基本的体育文化享受，也提供并保障社会生存与发展所必需的体育环境与条件的公共产品和服务行为的总称。根据王才兴等的研究，体育公共服务的核心任务在于整合社会资源，统筹、组织、协调、配置社会公共体育资源，向市民提供基本的体育公共服务及体育产品。体育公共服务体系是指以政府部门为主的公共部门提供的，以满足市民的基本体育生活需求为目的的，向市民提供公共体育产品和服务的制度和系统的总称。周爱光认为，体育公共服务是公共服务的一个领域，完全具有公共服务的各种特性，所不同的是体育公共服务概念的外延比公共服务概念的外延狭窄。公共服务涉及科教文卫体、社会保障、医疗、国防等诸多领域，而体育公共服务只是诸多公共服务领域中的一个。简而言之，体育公共服务是通过提供各种体育产品满足公民需要的公共服务。

可以看出，诸多学者对此类概念的界定大都以"公共物品理论"和"新公共管理理论"为理论基础，尽管提法不同，但从根本上对此概念的界定是相似的，在服务的目的与意义、主体、客体、服务内容及模式方面的看法也基本一致。对于此概念，本书将公共服务作为体育公共服务的上位概念，并将体育公共服务或公共体育服务统称为"体育公共服务"，本书所提到的高校体育公共服务则是体育公共服务的下位概念。

（二）体育公共服务的划分

周爱光在其研究中提到了体育公共服务的两种划分方法，为本书提供了重要的理论参考：首先，依据服务特征，可以将体育公共服务划分为纯体育公共服务和准体育公共服务。纯体育公共服务指具有非竞争性和非排他性的体育公共服务，如体育法律法规及方针政策的制定、体育公共设施的建设、体育外交、体育行政管理等。政府组织是纯体育公共服务的主要供给主体，动用公共财政，消耗公共资源。准体育公共服务是指不同时或不完全具有非竞争性和非排他性的体育公共服务，如职业体育项目的经营管理、休闲健身俱乐部的经营管理、一般体育设施的建设、体育经纪人及社会体育指导员的培训等。政府组织、企业组织、非营利组织和社区组织共同构成准体育公共服务的供给主体，这方面的管理导入了竞争机制，以充分利用社会和市场的资源。

其次，依据服务对象，可以将体育公共服务划分为群众体育公共服务、竞技体育公共服务和学校体育公共服务等。群众体育公共服务是以广大人民群众参与体育活动为主要指向的体育公共服务，如公共体育设施的建设、社会体育指导员的培训、国民体质监测等；竞技体育公共服务是以教练员、运动员取得优异运动成绩，为大众提供高水平竞技表演等为主要指向的体育公共服务，如运动员的选材、训练条件的提供、运动员的文化教育、教练员及运动员的社会保障、大型体育赛事的举办等。学校体育公共服务是以广大青少年学生参与体育活动，增强体质和培养高水平竞技运动人才为主要指向的体育公共服务。基本体育公共服务是根据国家经济社会发展阶段的总体水平，为了满足公民基本体育需求所提供的公共服务，如公共体育场（馆）和基础设施的建设，国民体育参与的权利，必要额度的资金投入等。一般体育公共服务是指基本体育需求以外的公共服务，如高水平体育赛事的观赏、体育休闲娱乐设施的建设以及体育保险的提供等。根据以上研究观点，本研究提出的高校体育公共服务正是其中的学校体育公共服务的重要组成部分。

综合体育公共服务的概念及其划分，目前学界关于体育公共服务相关概念的阐述越来越多，但尚无统一定论。本书的观点与部分学者的观点一致：

（1）体育公共服务是基本公共服务体系的重要组成部分，也是贯彻落实基本公共服务体系的重要举措，对于完善公共服务水平、促进和谐社会建设具有重要意义。

（2）体育公共服务是公共服务的下位概念，所谓公共服务是公共组织为满足公共需要而提供的公共物品、混合物品或服务，而公共体育服务则是政府公共组织为满足其公民的公共体育需要而提供的公共物品、混合物品或服务。

（3）体育公共服务的核心任务是整合社会资源，统筹、组织、协调、配置社会公共体育资源，向市民提供基本的体育公共服务及体育产品，以保障市民体育权利的实现。公共体育服务体系是指以政府部门为主的公共部门提供的、以满足市民基本体育生活需求为目的的、向市民提供公共体育产品和服务的制度和系统的总称。

（三）"高校体育公共服务"与"体育公共服务"的关系

从诸学者的观点可以看出，体育公共服务是公共服务的重要方面，是服务型政府建设的重要内容；政府是体育公共服务的责任主体，以政府为主的公共部门是体育公共服务的主要供给者；市民或公民是体育公共服务的服务对象，满足市民的基本体育公共需要，保障市民的体育权利，是体育公共服务的目的。本书所提出的"高校体育公共服务"正是将高校作为提供体育公共服务的供给主体之一，确切地说是担任体育公共服务的具体生产者的角色，其与体育公共服务具有一致的服务对象和服务目的。因此，高校是体育公共服务供给体系的重要组成部分，高校体育公共服务是体育公共服务的重要方面，高校体育公共服务是体育公共服务的下位概念。

（四）"高校体育公共服务"与"高校体育社会服务"辨析

根据《高等教育法》的有关规定，高等教育的教学、科研以及社会服务缺一不可。从某种程度上讲，高等教育的教学与科研，是高校向社会提供服务的手段与基础，服务社会乃是高等教育的出发点和落脚点。高校体育社会服务作为高校社会服务的重要组成部分，是指以体育为主的，包括体育物质设施、人力、余暇时间和信息资源等较为广泛的服务内容；是在不影响正常学校体育工作的前提下提供的，即学校"以教学为中心"的地位不能改变；应注重服务的地方性和时效性；通常应有一定的组织形式和实施途径。

高校体育公共服务与高校体育社会服务在服务的主体、客体、内容、形式以及途径等方面实质上是相通的，高校的校外体育服务既可以称为体育社会服务，也可以称为体育公共服务，现阶段将其称为高校体育社会服务的居多。两个概念最大的区别在于，不同的人对高校的体育服务现象进行界定或称谓时的理论基础不同，称其为"高校体育社会服务"时，主要以社会学为理论基础。本书称其为"高校体育公共服务"，是以公共服务或公共管理的有关理论为理论基础，如新公共服务理论。

第三节　公共体育服务的发展理念及目标

一、公共体育服务发展目标确定的依据

公共体育服务建设发展目标必须以社会发展目标为依据，科学定位，合理构建。社会发展目标和体育事业发展目标为公共体育服务目标建设提供了背景和依据，社会发展目标决定了公共体育服务发展目标的基本定位。

二、制定公共体育服务发展目标基本原则

（一）公平享有

人人享有基本公共体育服务，这是核心所在。政府部门应首先明确这一点，并采取措施，提高公平享有的公共体育服务水平。一是扩大覆盖面，提高居民参与率；二是提供场地设施，以就近和方便的原则尽可能满足需要；三是建立活动站点，提供基层体育活动场所；四是增加公共财政投入，尽可能保障公共体育服务的支出。

（二）满足不同层次的需求

由于经济社会发展不平衡，公共体育服务需求在不同经济实力人群和不同地区发展不平衡的状况必将长期存在。为满足不同层次的体育服务需求，应采取积极的扶持政策。基本政策应是提供基本公共体育服务产品，保障基本体育需求，激活多层次体育健身市场。提供基本公共体育服务产品，属于全社会体育公共类服务，如建设公共体育场馆、开放公共体育场地等。这类体育服务政府应给予拨款，维护公共体育服务；保障基本体育需求，根据社会经济发展财政支付能力，界定公共体育服务范围，建立较为系统的基本公共体育服务提供体系，保障基本公共体育服务体系的正常运转，为居民提供基本体育健身服务；激活多层次体育健身市场，鼓励多种形式、多层次办体育，以满足不同层次的健身需求。

（三）加强政府宏观调控

公共体育服务必须是由政府主导，是服务政府、责任政府和法治政府的职责所在。一是公共体育服务是民生工程，人人享有基本公共体育服务是需要面对的问题；二是公共体育服务资源不对称，城乡二元结构在体育内部以特殊的形式存在；三是公共场地设施向社会开放不够；四是公共体育服务质量有待提高。正因为公共体育服务的特殊性，政府必须加强监管。这样，政府应充当公共体育服务的采购者，基本公共体育服务的资助者，多层次体育健身市场的监管者。

公共体育服务的采购者是指政府在体育公共设施、公共场地开放等方面的公益性体育服务，惠及全社会，又无法确定具体消费，应由政府出资，支付相关费用，可向社会相关体育机构购买服务或者直接由政府承办解决公共体育服务。

基本公共体育服务的资助者是指政府在力所能及的条件下，对基本公共体育服务项目采取补贴的形式，使基本公共体育服务以较低的价格供给公民，对全社会弱势群体提供基本公共体育服务援助。

多层次体育健身市场的监管者是指政府对体育健身市场，以满足不同层次体育需求为目标，对体育健身市场实行合理规划，制定准入标准，监控服务质量，保持有序竞争的监管能力。

（四）完善公共体育服务体制

公共体育服务具有城乡一体化的体育公共产品供给制度，形成多元化的体育公共产品供给模式和机制。从根本上改变公共产品城乡二元供给制度，建立城乡统筹的公共体育服务供给制度。根据公共产品的类别和层次，合理界定各级政府提供体育公共产品的责任范围，做到事权和财权的对等。财政支出必须坚持以人为本，把更多财政资金投向公共体育服务领域，尤其要确保新增财力主要投向社会事业发展的薄弱环节，投向农村地区。构建多元化的体育公共产品供给机制，引入民间资本，动员社会各方力量，形成以公共财政为主体、社会各方共同参与的体育公共产品供给机制。

三、我国公共体育服务发展的总体目标

（一）体育公共利益目标的确定

根据新公共服务理论的观点，公共服务所追求的不只是个人利益的最大化，还要与公民一起追求和实现大众的共同利益，即政府必须促进建立一种集体的、共同的公共利益观念。所谓公共利益，是与私人利益相对应的范畴，本是法学、政治学及社会学等学科中使用较为频繁的一个概念，具有十分丰富的内涵。然而长期以来，学界对于"公众""利益"以及"公共"的界定一直未有定论，导致至今尚未给"公共利益"做出明确而具体的解释。尽管如此，公共利益是客观存在的，它并不是一个虚构体，也不是个人利益的简单叠加。尽管公共利益从个人利益中分离出来，但它与公民的利益密切相关，公共产品和公共服务是它的主要表现形式。对于高校体育公共服务而言，其所追求的根本目标与公共服务的最终目标相似，也是基于共同价值观和共同利益基础之上的公共利益，所不同的是，高校体育公共服务的目标在于满足公民的体育基本需求。因此，高校体育公共服务的根本目标在于公民体育公共利益的实现。

（二）体育公共利益目标的特点

高校体育公共服务所追求的体育公共利益与公共利益一样，具有公共性、社会共享性以及层次性。

（1）公共性。"公共"意味着高校体育公共服务的受益对象必须达到一定的数量，根据"少数服从多数"原则，高校体育公共服务所追求的体育公共利益应代表多数人的利益。

（2）社会共享性。与个体利益相比较，由于体育公共利益是公众利益，其受益主体必然具有普遍性特点，即社会共享性特点，而不是少数人的利益；从公共产品的非竞争性与非排他性来说，高校体育公共服务也具有"共有性"和"共同受益性"的特点。根据樊炳有等人的研究，体育公共服务的远期发展目标是实现全民体育公共服务均等化，主要表现为区域之间、城乡之间、居民个人之间的体育公共服务基本形成均等状态。

实质上，该目标提倡的体育公共服务均等化，正是全体公民共享体育公共服务的体现，体现了体育公共利益的社会共享性。

（3）层次性。尽管公共产品的非竞争性与非排他性使任何个人无法排他地占有或消费公共产品或服务，但由于公共产品和服务的多样性特点，体育公共利益或公共利益必然会表现出一定的层次性。

（三）确定体育公共利益目标的意义

将体育公共利益确定为高校体育公共服务的根本目标具有以下重要意义：

（1）是我国体育公共服务均等化远期目标的更人性化概括。该目标的提出，更多地从公民的切身利益出发，而不是从政府自上而下对体育公共服务利益重分配的角度出发。

（2）体现以人为本和人文关怀。体育公共利益目标与我国体育公共服务的出发点相一致，更体现以人为本和人文关怀。

（3）培育共同价值观和公共利益集体意识的需要。体育公共利益与基于共同价值观的公共利益一样，是对集体价值观的积极而有意识的追求，是超越个人利益的，而不是个人利益的总和。因此，高校体育公共利益目标的确定，对培育共同价值观和关于公共利益的集体意识具有重要意义。

（四）高校体育公共服务的目标

公共体育服务发展的总体目标是：以满足社会成员的基本体育需要为目的，着眼于提高居民身体素质和生活质量，既给居民提供基本的体育文化享受，也提供并保障社会生存与发展所必需的体育环境与条件的体育公共产品和服务。

建立完善科学的公共体育服务管理体系，包括公共政策决策机构和机制，高效的公共体育服务提供主体，包括政府行政部门和主要由公共财政提供经费的公益性体育服务机构；合理的公共财政、土地、城市空间、人力资源等体育公共资源配置；提供种类齐全、服务质量稳定、能满足不同社会群体基本体育需求的体育公共产品和服务；

科学的公共体育服务绩效评估制度。

坚持体育为人民服务和为社会主义现代化建设服务的方针，开展全民健身活动，增强人民体质，这是体育工作的根本任务。把"在运动中寻找健康，在健康中获得快乐"作为追求的目标，使"参与、健身、娱乐"的大众体育理念深入百姓心中。

健身设施提供采取多元化方式，以体育彩票公益金作为引导资金，各级政府及社会力量共同投资的方式，配建室内外相结合的体育健身设施，使全民健身设施建设的投资渠道由体育彩票公益金投入逐步转为企业投入。

应根据国民经济和社会发展水平、人口结构、环境条件，配置公共文化体育设施的数量、种类、规模、布局及文化体育事业发展的需要，统筹兼顾，优化配置，并符合国家关于城乡公共文化体育设施用地定额指标的规定。

采取结合型公共体育服务融资模式。结合型融资模式是强调政府对公共体育服务的投入，其他活动经费来源由体育部门自行筹集，必要时政府从法令制度上给予支持。资金筹集过程中居民的积极参与，有利于大众体育活动的开展，会增加民众参与体育活动的机会和权利。

成熟的公共体育服务状态，表现为不同区域之间、城乡之间和居民个人之间享受的基本公共体育服务水平一致。当前我国公共体育服务应将工作重点定位于实现区域公共体育服务进程，同时加快城乡公共服务均等化、兼及居民公共体育服务均等化。

第四节　高校与政府在高校体育公共服务中的职责

一、政府的主导作用

西方新公共管理和新公共服务改革的实践经验表明，提升公共服务的有效性、公平性和可选性，并不是简单地将公共服务供给的任务交给政府还是交给市场的问题，而是实现公共服务供给主体多元化的问题。根据公共服务的递送过程分为提供与生产两个环节的逻辑，在体育公共服务过程中，政府必然发挥主导和核心作用，应主要承担的是体育公共服务的直接提供职责，为确保体育公共服务的提供扮演好多重角色。作为决策者，政府的决策应体现社会成员的需求与意愿。作为组织与安排者，政府应对体育公共服务的融资、预算、数量以及质量做出安排，并选择最合适的主体和工具进行生产服务。有时政府也会作为直接生产者，向社会成员直接提供所负责的体育公共服务内容。作为管理者，政府应制定体育公共服务规则和标准，并严加监管。高校体育公共服务是体育公共服务的重要组成部分，政府在其中自然也起到主导作用，承担着决策者和管理者的多重角色。总的来讲，政府需要较为宏观地确定高校提供什么样的体育公共服务和产品，明确产品和服务的数量和质量标准，明确需要筹措的资金数目和如何筹措，明确如何约束和规范高校体育公共产品和服务消费中的个人行为，并明确如何安排高校体育公共服务和产品的生产。

二、高校的主体作用

高校作为专门的公共服务机构，作为体育公共服务供给体系的重要组成部分，在高校体育公共服务过程中承担着生产者与提供者的角色：面向校外公民，高校主要是生产者，即将一系列高校体育公共资源转化为具体的体育产品和服务，协同政府一起满足公民最基本、最直接的体育公共需求。面向校内学生及教职工，高校则主要为提供者，向服务对象直接提供体育服务内容。

第五节 高校体育公共服务的服务对象与服务内容

一、服务对象

高校体育公共服务的服务对象是社会全体公民，具体包括高校大学生、教职工及其家属以及校外公民。尽管高校应本着公平、公正的原则向所有服务对象提供体育公共服务，但这并不意味着高校应对校内校外人员实行统一的收费标准和优惠政策。由于高校部分教职工和学生同时也是高校体育公共服务具体实施过程的主力，同时，《高等教育法》第五十条规定："国家保护高等学校教师及其他教育工作者的合法权益，采取措施改善高等学校教师及其他教育工作者的工作条件和生活条件。"因此，高校体育公共服务政策对高校教职工和学生应有适当倾斜。

二、服务内容

依据公共服务的水平，有研究者将公共服务分为非基本公共服务和基本公共服务两类，其中基本公共服务是指政府为满足社会基本公共需求而提供的公共服务与产品，包括义务教育、公共卫生、公共文化体育等。基本公共服务是政府依照法律法规，为保障社会全体成员的基本社会权利及基础性福利水平，必须向全体居民均等地提供的基础型公共服务，与公民的 6 项基本权利有着较强的对应关系，即生存权、健康权、居住权、受教育权、工作权和资产形成权等权利。据卢映用对公共服务的界定，公共服务的开展是"为满足全社会公众或某一社会群体共同的、基本的、直接的需求"。公民作为人，有衣食住行、生存、生产、发展和娱乐的需求，这些需求可以称作公民的直接需求。本书所提出的高校体育公共服务正是以满足公民基本的、直接的体育需求为导向的基本公共服务。相应的，其服务内容应是满足公民基本的、直接的体育需求的体育服务内容。基于此，本书将高校体育公共服务的主要内容确定为以下几方面：

（1）健身设施服务：依托高校向公民提供体育场馆（地）与健身设施。

（2）健身组织服务：帮助自发性体育群体增强自我组织和管理能力，开展体育援助服务，培育和发展群众性体育社团组织并发挥其组织、发动、指导和聚集等功能。

（3）健身指导服务：发挥高校体育教师及高校社会体育指导员的作用，进行科学的健身指导工作，提高公民健身科学化程度。

（4）体质监测服务：建立公民体质监测服务系统，实施体质监控与追踪，引导公民关注体质和健身。

（5）体育活动服务：依托高校举办各类群众性体育运动会，组织公民进行各类健身活动。

（6）信息咨询服务：通过信息服务，强化体育宣传教育，为公民提供体育情报及咨询服务。

（7）健身项目研发与推广服务：以公民的基本体育需求为导向，结合高校自身特色，积极提倡新兴健身项目的推广和新型健身项目的研发。积极引进适合不同人群的新型健身项目，通过体育竞赛、展示、表演等活动，吸引公民参与。

（8）体育伦理道德建设服务：树立公民科学的健康观，对文明行为与健康风尚的倡导应贯穿服务全程。

由于不同的高校在学科专业设置、发展水平、文化背景、所处地理位置及所在城市经济社会发展水平等方面都有所不同，其所具备的体育公共资源也不相同。因此，各高校在具体提供以上体育公共服务内容时，其侧重点也不尽相同，须切实根据自身资源等实际状况，与本校发展特色相联系，因时、因地地选择适合本校的体育公共服务内容，并逐步形成特色。

第六节　高校体育公共服务的原则

一、公共性原则

高校体育公共服务的公共性原则是指高校提供的各项体育公共服务要以满足本校学生及广大公民的体育公共需求为出发点、依据和最终目的。根据新公共服务理论，公共服务的目标是公共利益，公务行政人员应帮助公民超越自身利益，发现公共利益，鼓励公民关注更大的社会，关注社区长期利益，为邻里和社区服务。高校体育公共服务从根本上的目标也在于公共利益，即公民的体育公共利益，因此公共性是高校体育公共服务的本质特征，也是高校体育公共服务始终应该遵循的最根本原则。利益的公共性是高校体育公共服务公共性原则的根本所在，这主要体现在以下三方面：

（1）高校体育公共服务应是非营利性的，这是由公共利益的公共性所派生出来的。

非营利性是指任何公共利益服务的提供者不得从中赚取好处。如果一项事业是以营利为目的的，即使该项服务客观上有助于社会公共利益总量的增进，也不能作为"公共利益"来认定，高校体育公共服务正是属于这样一种不以营利为目的的服务活动。从公共管理学和经济学角度看，现阶段高校提供的体育公共服务属公共物品，具有一定的"非竞争性"（一个使用者对某一商品或服务的消费不会减少该商品或服务对全社会的供给）和"非排他性"（任何人都无法阻止其他人对该商品或服务的享有和消费），因此，作为公益性机构的高校应当免费或优惠为服务对象提供体育服务。

（2）高校体育公共服务的受益主体应具有普遍性特点。高校提供的体育公共服务是公益性较强的公共物品，高校体育公共服务追求体育公共利益的最大化，体现的是全体社会成员的共同利益，因此，高校体育公共服务应满足多数社会公众的体育需求，实现体育公平，争取与社会合作并促进群众体育的发展。高校提供的体育公共服务应为多数人所提供，即高校体育公共服务应具有很强的社会共享性，满足多数人共享的利益，而不是特定的、部分人的利益。

（3）从服务的具体形式看，高校体育公共服务的直接获益者是个人。高校体育公共服务通过直接带给个人基本体育需求的满足，在增强公民体质、丰富其精神生活的同时，间接地提高社会劳动生产力，服务整个社会，因而具有高度的公益性，对促进公民文明素质的提高、社会共同价值观的形成、和谐友爱文化氛围的营造和宽容的社会风尚的形成等都具有不可替代的重要作用。

二、公开性原则

高校体育公共服务的公开性原则是指高校体育公共服务的计划、决策及实施过程均应公开进行、充分体现公民权。据新公共服务理论，新公共服务试图在政府、公务员和公民之间建立一种社会同一性关系，从而实现将三者作为一个整体交流的互动式的畅通，并在这种畅通交流的前提下，实现社会整体的公平和公正，实现公民对社会生活的积极参与。对于高校而言，应当提供怎样的体育公共服务、怎样提供体育公服务，也要事先听取服务对象的意见，将公民意愿作为第一价值取向。高校应建立了解民意和帮助公民参与决策的渠道、规则及程序，不断完善公民参与机制。

三、公正性原则

高校体育公共服务的公正性原则是指高校体育公共服务应以公平正义为基础和导向。公平正义是现代社会孜孜以求的理想和目标，公平是指按照一定的社会标准（法律、道德、政策等）、正当的秩序合理地待人处事。公平包含公民参与经济、政治和社会其他生活的机会公平、过程公平和结果分配公平。正义则是公正的义理，包括社会正义、政治正义和法律正义等。罗尔斯认为，正义是社会的基础，是社会制度的首要价值。正义既是目的又是手段，它既是人们社会理想的组成部分，又是调节社会利益冲突的重要手段。罗尔斯曾提出两个基本的正义原则作为实现社会基本制度正义安排的基础。他认为正义的社会制度应这样安排：每个社会成员都拥有平等的自由权利，即自由原则。社会与经济的安排应是最利于那些处于社会最不利地位的人，即差异原则；社会所能提供的一切职位和机会应对所有人开放，即机会平等原则。罗尔斯提出的第一个原则要求确保公民的平等与自由，使每个公民享有平等的政治权利；第二个原则承认了社会与经济不平等现象存在的现实性，并在此基础上提出要注意调节利益分配，使受益最少者的状况得到一定改善。

基于这种理论，高校体育公共服务遵循公正性原则应做到两方面：

1. 高校体育公共服务应向服务对象平等地提供体育服务内容

面向学生群体，应平等对待每一个学生，正如日本教育家铃木顺子曾说过的，"对教师最要紧的是不论对哪个学生都要公正平等地对待，并且要公正地接近每一个学生"。面向校外公民，也应给予平等的对待。高校体育公共服务在面向不同的群体、满足公民的体育需求时，必须注重实现体育公平，促进全民体育公共服务均等化目标的实现。

2. 高校体育公共服务应充分考虑差异原则

由于自然资源与社会资源的有限性，当资源不能满足社会每个成员的足够需要时，正义的存在成为必需，社会资源对于每个人来说便不可能是完全的均等分配。同样，由于高校体育公共资源的有限性，高校体育公共服务也不可能实行完全均等化的分配。高校体育公共服务应与体育公共服务相一致，在保障公民权利平等、机会平等和经济效益的基础上，对那些在经济、社会和文化发展过程中受益最少的弱势群体给予额外利益补偿，促进其均等地享受基本体育公共服务。具体来讲，当高校体育公共服务遇到不同群体的体育利益冲突时，应充分考虑差异原则，例如，当学生群体的体育公共利益与其他群体的体育公共利益发生冲突时，要充分考虑学生的体育公共利益；当校内师生体育利益与校外公民体育利益发生冲突时，应向校内师生的体育公共利益有所倾斜，以保证体育教学的中心地位始终不变。

四、持续性原则

高校体育公共服务的持续性是指高校体育公共服务长久维持的过程或状态，高校体育公共服务的持续性不仅是我国体育公共服务健康可持续发展的需要，也是大学生素质教育的需要。高等教育已不再是狭隘的专业教育，而是大学生全面、和谐、可持续性发展的素质教育。对大学生实施素质教育是社会及其自身发展的需要，也是我国高等教育大众化的需要。然而在目前，学校素质教育中普遍存在重文化素质轻身体素质的弊端，高校体育地位薄弱，在认识和行动上没有真正到位，理论和实际存在着较大的反差。高校体育公共服务持续有效开展，对高校体育诸多弊端的改善将大有裨益。

高校体育公共服务遵循持续性原则，应注重高校现有体育公共服务对人力、物力、财力等资源的有效利用，积极寻求高校体育公共资源有效开发与利用的途径，并在此基础上建立高校体育公共服务的长效机制，促进高校体育公共服务的长期稳定开展。

五、人本性原则

高校体育公共服务的人本性原则是指高校体育公共服务必须"以人为本"。新公共服务理论的核心观念是"政府应注重服务、关注社区、以人为本"，所谓以人为本，就是"要以实现人的全面发展为目标，从人民群众的根本利益出发，不断满足人民群众日益增长的物质文化需要，切实保障人民群众的经济政治和文化利益，让发展的成果惠及全体人民"，就是"要把人民的利益作为一切工作的出发点和落脚点，不断提高人们多方面需求和促进人的全面发展。具体地说，就是在经济发展的基础上不断提高人民群众物质文化生活水平和健康水平；就是要尊重和保障人权，包括公民的政治、经济、文化权利；就是要不断提高人们的思想道德素质、科学文化素质和健康素质；就是要创造人们平等发展、充分发挥聪明才智的社会环境"。高校体育公共服务正是应时代需要，不断满足公民日益增长的体育需求，促进人的全面发展。广大公民的体育公共需求始终是高校体育公共服务的出发点、依据和最终目的。因此，"以人为本，体现人文关怀"应始终贯穿高校公共服务的全过程。

高校体育公共服务"以人为本"，意味着高校体育公共服务应有助于促进社会公平公正和稳定有序。"人"必须得到最大限度的尊重，人的生命权、体育权、发展权应得到最大限度的尊重和保障。高校提供体育公共服务应不分阶级、等级和身份，人人都可以成为高校体育公共服务的服务对象，不因各人在地域、城乡、身份的差别而受到冷落。高校体育公共服务"以人为本"，也意味着高校体育公共服务应尊重"人的全面发展"，它既是促进大学生全面发展的重要内容和手段，也是促进校内教职工及其家属以及校外公民身心健康和谐发展的重要因素。

诸多原则相互联系，密切结合，是高校体育公共服务有效开展的出发点、依据和最终目的。目前许多高校尚难以在诸多原则下提供体育公共服务，并不意味着他们对高校体育公共服务及其原则的质疑,高校体育公共服务作为体育公共服务的重要方面，具有长期性、艰巨性以及阶段性。

第七节　高校体育公共服务的基本理念

一、产品供给的有效性

公共服务的有效性是指地方政府为实行它的政策目标而提供恰当的服务。关于公共服务的有效性，一般人们关心的问题是情况是否得到改善、目标或结果怎么样，通常指公共服务符合政策的目标程度、服务对于服务对象的状态或行为的影响，可以以产出与结果之间的关系加以衡量，如用户满意程度、政策目标的成就程度等。它是衡量公共服务绩效评估指标设计的价值取向的一个重要方面。正如奥斯本所言："如果服务工作没有得到理想的效果，那么完整的执行程序只是浪费时间和金钱。"也就是说，不注意效果的经济和效率是没有意义的。

基于公共服务的有效性，高校体育公共服务同样存在有效性问题，即高校依据有关政策目标向服务对象提供恰当的服务。高校体育公共服务产品供给的有效性则是保证高校体育公共服务有效性的关键，它首先表现为高校所提供的体育公共服务内容应是服务对象所需要的，如目前公民普遍需求较多的体育场馆设施服务以及健身指导等服务；其次，高校提供的体育公共服务应有利于促进人的全面发展，即高校体育公共服务对服务对象的状态或行为应有积极的影响，如使服务对象的体质增强、心理更健康、养成良好的生活习惯等。这就要求高校体育公共服务必须具有高度的科学性，科学性是提高服务对象体育活动质量的关键，科学健身原理的应用、科学的健身指导、科学的锻炼方法以及健身设施的科学安排与管理等，都是高校体育公共服务科学性的体现。

二、活动场所的便利性

高校体育公共服务作为面向全体公民的公共服务，应保证便于服务对象享有，应是近距离的、经常性的、容易获取的服务。因此，高校体育公共服务应就近服务群众，实行便利的服务措施，时时处处体现以人为本，保证服务具有最大限度的便利性。没有便利性就很难实现公益性；没有便利性或者只对部分人便利，对另外一部分人不便利，则影响了服务的公平性。便利性既是高校面向公民提供体育公共服务的重要条件，也是公民对高校体育公共服务的基本要求。为实现高校体育公共服务的便利性，在某些方面可以借鉴公共服务的一些做法，如深圳福田区开始建设的1千米文化圈、上海的15分钟公共文化服务圈，使老百姓在居家1千米的范围内或15分钟的路途内就能找到公益文化活动场所，这充分体现了以人为本的便利性原则。高校也应在进一步研究不同人群体育需求的基础上，提供灵活多样的服务模式，在便利公民的前提下追求良好的社会效益。

三、服务内容的多样性

和谐社会能够创造更大的体育需求。现代社会人的体育需求逐渐呈多样化及分层化发展，广大公民的体育锻炼形式越来越朝着丰富多彩、不拘一格的多样化方向发展，本研究中所得出的结论——不同人群的体育需求具有广泛性和一定的相似性，则恰好证实了这一点。因此，为适应不同服务对象多样化、多层次的体育公共需求，高校体育公共服务的内容必然朝着多样化方向发展。如西安交通大学等高校，在搞好日常工作和竞赛活动的基础上，通过各种媒介（体育知识竞赛、专题讲座、专题网站、图片展览、广播等）向学生宣传体育知识和健康理念，以满足学生对体育健身原理等知识的需求。

四、服务性质的公共性

服务性质的公共性，是由高校体育公共服务的公共性原则所决定的，即高校体育公共服务应严格遵循公共性原则的基本要求提供体育公共服务。服务性质的公共性意味着高校体育公共服务应具有公众性、公平性、公开性以及非营利性。公众性意味着高校提供的体育公共服务不是私人产品，服务对象不是某一个集体或某一特定个人，因而应具有典型的公众服务性特点；公平性意味着在高校提供体育公共服务产品或服务的过程中，由于每个人都具有平等的体育参与权利，同一人群的每个人应享有均等的机会，而且最终不应出现不公平的结果，其服务的人群应在全体公民的范畴，既可以是校内学生、教职工及其家属，也可以是校外公民；公开性意味着高校体育公共服务应具有监督与被监督相结合的特点，除组织监督、舆论监督之外，还应有公民监督，公民即不同的服务群体对高校体育公共服务的发展具有知情权、参与权和监督权；非营利性意味着高校提供体育公共服务满足公民最基本、最直接的体育需求是一种公益投入，而不是经营行为，更不是投资行为，其具有明确的社会福利性，是改善公民生活质量、保持社会稳定的政府行为。

如上海市杨浦区为进一步推进公共资源向社区开放，将高校体育设施视作社会公共资源，要求在向社区市民开放中要始终坚持公益性。在资源开放中，部分室内场馆应不以营利为目的收费，为群众提供质优价廉的服务，收费标准由区体育局、区教育局会同区物价局制定，并对收费项目实施监督检查。

五、服务人员的志愿性

在目前公民的健身指导需求较高、供给主体的供给相对不足的情况下，发展高校体育公共服务指导人员志愿者、增强指导人员的志愿性是解决问题的重要途径，既有助于满足公民的体育需求，又能节约大量成本，是高校体育公共服务健康持续开展的重要条件。

"志愿者"是一个没有国界的名称，在西方发达国家中，指不受私人利益的驱使、不受法律强制，基于某种道义、信念、良知、同情心和责任感，为改进社会而提供服务、贡献个人的时间、才能及精神而从事社会公益事业的人或人群。志愿者的工作具有志愿性，其参与健身指导是出于自愿的，是参与者主观自觉选择，没有强制性的；其工作不以营利为目的，不图物质报酬；其工作是奉献自己的能力，奉献自己的时间、精力、智力及经验，非本职职责范围内的工作。需要指出的是，尽管志愿者的健身指导工作不以营利为目的，即动机上不追求物质报酬，但并不否定开展志愿服务需要一定的物质条件。有人片面地认为从事志愿工作是慈善为怀、乐善好施的表现，把志愿工作看成一种单方面的施与，认为志愿工作只是为了减轻专职人员的工作负担，把志愿者当作"廉价劳动力"，认为只有那些不愁衣食及有大量空余时间的人才有资格或可能性参加志愿工作。事实上，每个人都有参与社会事务的权利和促进社会进步的能力，都有促进社会繁荣进步的义务及责任。参与志愿工作是表达这种权利及义务的积极和有效的形式。在服务他人、服务社会的同时，志愿者自身得到提高、完善和发展，同时精神和心灵也得到满足。因此，发展高校体育公共服务志愿者既是高校体育公共服务的需要，又是诸多志愿者自我提高和自我完善的重要途径。

高校体育教师和大学生，尤其是体育专业大学生和体育爱好者，是高校体育公共服务志愿者队伍的重要发展对象，对有力提升高校体育公共服务的志愿者队伍数量与质量具有重要意义。大多数体育教师及大学生表示，如果学校需要他们为大学生或校外公民的体育公共服务贡献一定的力量，他们会乐意或比较乐意参与其中，这为发展高校体育公共服务指导人员志愿者提供了有力的群众基础。

六、体育资源的共享性

体育资源是一个社会用于体育活动，为扩大参与体育活动的人口和提高竞技运动水平在物资、人力、时间和信息等方面的投入，是发展体育的物质凭借。一般来说，体育资源越充沛，体育活动越容易开展，其发展水平就越高。但人们的健康需求没有限度，竞技运动的发展也没有止境，因此体育资源与社会体育需求之间总是存在差距，社会越是发展，人们越是感到体育资源的紧缺。高校体育资源是以高校为基本范围的区域性体育资源，是与高校体育活动密切相关的体育教师、体育场馆（地）、器材设备、经费、信息资源等人、财、物的总和，是高校开展体育教学和各种体育活动的基础和保障。由于目前我国体育场地少、质量差，被侵占挪用、封闭管理等问题已经明显影响到我国体育公共服务的有效开展，而高校体育资源不管是从数量还是从质量上看都具有明显优势，在一定情况下，将高校体育人力、物力、财力等体育公共资源与社会共享，已经成为缓解我国体育资源需求日趋增多与体育资源不足之矛盾的重要途径。因此，高校体育资源与社会共享不仅是政策的导向，也是社会的需要。

七、服务理念的人本性

新公共服务理论认为政府的职能是服务而非"掌舵"。公共行政人员在管理公共组织和执行公共政策时应集中承担为公民服务和向公民放权的职责，他们的重要作用在于帮助公民表达和实现他们的共同利益，而非试图在新的方向上控制或驾驭社会，其工作重点既不应是为政府这艘航船掌舵，也不应是为其划桨。

对于高校体育公共服务而言，高校体育公共服务作为政府公共服务的重要组成部分，在提供体育公共服务的过程中必须注重服务理念的更新。面向校内学生，应树立人本位的教育理念，一方面要适应现代教育的发展趋势，在课程体系、教学形式、教学内容、方法手段等方面大胆创新，使大学生掌握1~2项自己喜爱的运动项目和技术技能，学会健康生活的技能，为提高今后生活质量、终生进行体育锻炼和身体保健奠定基础；另一方面，大学的体育教学应以学生发展为本，注重学生个性的养成，实现体育课程生活化、加强体育课程的个性化和多样化，并强调大学生的自我教育。面向校内教职工及其家属以及校外公民时，则必须树立民本位和社会本位思想，树立真诚为民服务、提供平等服务、提供有效服务的理念。

第三章　公共体育服务指标与模型构建

第一节　公共体育服务指标研究综述

一、公共体育理论综述

（一）公共体育服务内涵研究综述

公共体育服务是指在一定经济社会发展阶段，以体育行政部门为主的公共组织运用公共权力或利用体育公共资源为满足社会公众公共的、基本的体育需求所提供的各种服务。

目前，我国关于公共体育服务的研究文献较少，学术界对公共体育服务内涵的界定也尚未统一。不同的学者从多重视角出发，对公共体育服务内涵的认识大致有三种观点。

第一种是公共产品理论视角，即公共体育服务是具有公共产品属性的服务，将公共产品理论应用到了体育领域。这种观点认为公共体育服务是指满足社会公共需求，具有非竞争性和非排他性公共物品的体育服务。

第二种是公共组织属性视角，即公共体育服务是由公共组织提供的服务。这种观点以政府相关机构等为公共组织导向，认为公共体育服务是由公共部门或准公共部门共同提供的，以满足社会成员的基本体育需求为目的，着眼于提高市民身体素质和生活质量，既给市民提供体育文化享受，又提供并保障其社会生存与发展所必需的体育环境与条件的公共产品和服务行为的总称。这种观点把公共体育服务理解为除提供公共体育产品或服务外，还包括体育政策服务（体育相关法律、法规、政策等）和体育市场监管服务。它突破了公共体育服务单纯具化为物态层面的含义，认识到了公益体育事业与经营性体育产业的分类，以及政府或体育行政管理部门对体育市场或体育产业发展的管理，并从中可以延伸至对公共体育服务的政府公共财政投入、体育发展政策制定、体制改革与机制创新等内容。

第三种是公共体育需求视角，即公共体育服务是满足公共体育需求的服务。这种观点从公众的需求出发，认为公共体育服务是为满足公共体育需求而提供公共物品或混合物品的体育服务。这是福利经济学的定义，运用经济学或制度经济学的相关概念，把公共体育服务直接与具有经营性的非公共物品对应。这种对公共体育服务的经济学式认识往往会造成误解，把公共体育服务简单理解为由政府、公益性体育事业单位等公共部门或机构向社会公众提供免费享受的体育产品或服务。

（二）公共体育服务供给研究综述

基于公共体育服务"公共性"的属性，或经济学所称的"市场失灵"理论，学者们持不同观点。

关于公共体育服务的供给模式，政府、公益性体育事业单位或机构应成为我国公共体育服务建设的主体，它们主要扮演政策制定者、资金供应者和生产安排者的角色，这一观点为大多数学者所采纳：这种界定存在把政府确定为公共体育服务的唯一主体之嫌，缩小了公共体育服务的内涵和外延。

一种观点认为，公共体育服务具有鲜明的公益性和社会功能，公共体育建设完全是政府的职责，不能采取市场化和商业化的经营管理方式，所有经费全部由政府来承担，这种观点被称为国家化路径。另一种观点认为，在公共体育服务供给上，由政府大包大揽公共体育，具有垄断性质，并将导致效率低下；认为政府在提供公共服务时，无法应对差异化的需求，造成一部分人无法享受公共物品，导致出现"政府失灵"的现象。因此，公共体育服务体系建设不能脱离社会主义市场经济体制，应当完全走市场化的道路，把公共体育事业单位推向市场，缩减公共财政支出，提高公共体育建设效率，充分满足多层次的体育需求，提出公共体育产品供给可进行市场化运作。这种观点被称为市场化路径。

基于政府与市场双重失灵理论，有学者提出，第三部门或非营利组织在公共体育服务供给中可以发挥补充作用。基于前面提到的两种建设路径，针对可能出现的政府失灵和市场失灵问题，提出第三种较为综合的观点，即国家与市场相结合，走公共机制与市场机制相结合的建设路径。这种观点可为第三部门或非营利组织或民间组织的公共体育服务供给主体定位和生长提供相应的理论空间。

（三）公共体育服务体系要素研究综述

提升公共体育服务，首先应该明确公共体育服务包括哪些主要要素。公共体育服务体系包括九大要素，即体育活动、体育组织、体育场地设施、体育信息、体育指导、体育资金、体育政策法规、体育监督反馈和体育绩效评价。

公共体育服务体系是指体育公共产品和体育公共服务的生产、供给体系。公共体育服务体系应该包括公共体育场地设施、特色体育活动、社会体育组织、体质监测网络、社会体育指导员、体育健身信息平台等内容。通过对我国贫困地区体育公共服务体系建设的研究，将体育公共服务体系的内涵归纳为体质监测、体育组织管理、体育活动指导、体育资源保障、信息宣传等服务。

公共体育服务体系由体育场地设施、活动指导、健身组织、组织管理和信息供给五个子系统构成。公共体育服务的体系结构包括：体育活动、体育场地设施、体育组织、体育信息服务、体育健身培训指导、资金投入监督反馈、效果评价，以及体育公共服务体系的要素结构、组织结构、运行机制等。

二、大众教育理论研究综述

大众体育又称群众体育，是与学校体育、竞技体育对应的概念。它是人们在工作之余和休息时刻自愿参加，以锻炼身体、消遣娱乐、参与社交活动等为目的的体育活动，其形式多样，内容广泛，还包括组织群众参与的领导系统和措施等，是我国体育事业的重要组成部分。

大众体育运动在我国主要表现为全民健身运动，全民健身发展以大众体育以及社区体育为主。随着经济制度的改革，大众体育的发展发生了质的变化。改革开放之前，在计划经济体制条件下，发展体育运动，增强人民体质，是以满足国家生产建设和国防建设需要为前提的。自改革开放以来，我国经济体制逐渐向市场经济体制转变，对大众体育资源的开发逐渐注入社会力量，政府角色逐渐淡出，民间大众体育社团组织或企业登上历史舞台，并开始发挥重要作用。政府制定大众体育政策，基层政府、社会团体与体育企业共同实施。

三、社区体育理论综述

社区体育是近年来我国大众体育发展中最引人注目的体育活动组织形式之一。虽然我国的社区体育起步较晚，但随着我国社会的不断发展和改革开放的不断深入，它已成为我国开展大众体育活动和推行全民健身计划的基本组织形式。我国的社区与西方的社区在名称上有很大的不同，由于我国政治体制有别于西方国家，长期以来，城市最基层的行政单位是"街道委员会"。虽然街道也开展体育活动，但是由于我们没有"社区体育"概念，长期以来都称之为"群众体育"。随着我国城市化建设速度加快，才逐渐有了社区的概念。学术界对社区体育的概念有以下界定。

（一）社区体育一般概念综述

社区体育是指共同生活和工作在社会一定领域的单位，突破了行业界限的隶属关系，自愿参加和共同组织起来的群众体育团体，为他们的成员所组织的体育竞赛和活动。它是在居民生活圈内由居民自主进行的群众性体育活动，并且是通过体育活动建立相互良好的关系和共同意识，促进地区社会活动性的一种社会活动；是社区成员以社区情感为契机，以自发性为原则，以一定的地域空间为依托，利用人工设施或自然环境，在行政的支援下，以推进《全民健身计划》实施为目的，有计划进行的、组织化的体育活动；是以地域、单位、楼组和家庭为基本特征，老幼居民为主要参与对象，以多种形式的身体练习为内容而开展的组织灵活、形式丰富的体育活动，并以增进居民健康、提高社区成员的社会适应能力和丰富业余文化生活为最终目的。

社区体育的基本要素为：人员（指导者和参与者）、物质条件（场地设施）、时间（社区成员的余暇时间）、经费（社区体育活动费用）、社区体育组织和社区体育活动。

公共体育服务体系包括竞技体育服务体系、学校体育服务体系和大众体育服务体系，公共体育与社区体育有联系也有区别。社区体育有广义和狭义之分，广义上的社区体育是指某一区域范围内的体育活动的总称，在一定程度上包括了社区内的学校体育、竞技体育和群众体育；狭义上的社区体育是大众体育的重要组成部分。

（二）城市社区体育概念综述

《关于加强城市社区体育工作的意见》将城市社区体育界定为在街道办事处和居住小区的辖区内，以自然居住环境和体育设施为物质基础，以全体社区成员为主要对象，以满足社区成员的体育需求，增进社区成员的身心健康，巩固和发展社区感情为主要目的，就地和就近开展的区域性的社会体育。社区体育具有以下特征：社区主体的自主性与多质性，活动的区域性和时间余暇性，健身与娱乐性兼具，社会性与公益性并存，自我管理与服务的松散组织，非正规性与弱竞技性，专业要求和消费水平低。

（三）农村社区体育概念综述

农村社区体育是指社区居民以相对聚合的自然行政村落为主要体育活动范围的区域性社会体育；是相对集中或在"卫星城"（一个中心相对集中的村落组成的社区周围辐射扩散型的自然村落）内共同生活的人们自发的或偶有集体组织进行的体育锻炼娱乐活动。农村社区体育带有一定的地方性色彩与民间性色彩。

农村社区体育是在社区的指导下，以自然村落为基本单位，以村落自然资源和社会资源为基础，以增强体质、丰富社区文化生活、提高居民生活质量，就近开展的农村社区居民自愿参与的区域性体育活动。发展农村社区体育应当把体育作为推动经济发展和农民增收的一种手段，而不仅仅是福利输入。

第二节　公共体育服务指标体系选择

一、指标体系的设计过程与方法

（一）公共体育服务体系涵盖内容分析

体系是由诸多相互联系的要素所构成的整体。早在 20 世纪初，国外学者就已经开始从事相关研究和实践。在西方发达国家，社区是公共服务的主要承接主体，社区体育往往成为公共体育服务的实际所指。因此，社区体育中心也成为公共体育服务的实现载体。国外相关研究在社区体育中心的建造使用、功能选择、培训指导等方面积累了较为丰富的研究成果。

目前，国内大多数学者将西方的"社区体育"等同于"公共体育"服务概念。国内研究也将公共体育服务体系界定为由供给体系、产品体系、资源配置体系、管理运行体系和服务对象体系所构成的系统性、整体性的制度安排。

国内学者倾向于运用系统分析方法探讨公共体育服务体系的组成，提出我国公共体育服务体系包括九个部分：体育活动、体育组织、体育场地设施、体育信息、体育指导、体育资金、体育政策法规、体育监督反馈和体育绩效评价。其中，"体育活动"是公共体育服务体系的核心部分。相比较而言，国外研究侧重于公共体育服务的公平和效率实现机制的探索，注重公共体育服务的实证研究；国内研究多表现为对公共体育服务体系的概念、结构和体系的静态描述。

（二）概念及内涵要素界定

课题组多次召开体育业界和学界的专题讨论，结合理论探讨和江苏省示范区创建的实践操作，将公共体育服务体系界定为：以保障公民基本体育权益、满足基本体育健康需求为目的，在政府引导下，以公共财政为杠杆，辅以市场化运营手段，积极吸纳社会资本投资，向社会提供公共体育设施、产品、服务的制度和系统的总称。

公共体育服务体系包含组织管理、经费投入、基础设施、活动和指导、效益评价五个内涵要素。其中：①组织管理包括组织机构和政策法规；②经费投入包括政府财政、集资、社会捐助、赞助、基金等，是公共体育事业发展的资金保障；③基础设施包括公共财政和社会资金投入的体育场地和设施，是公共体育服务的物质保障；④活动和指导是公共体育服务的内容和表现形式；⑤效益评价是从需求者即社会公众的角度，对公共体育服务进行绩效评估和监督。

（三）指标设计的原则要求

1.科学性要求

示范区创建指标体系的科学性主要体现为特征性、准确性、完备性和独立性，具体表现为所选取的指标应具有代表性，覆盖面广。不仅各个指标要达到定义规范和内涵清晰的要求，指标之间还要体现"点、面"覆盖原则，既要有总体概况的描述，还要体现平均差异和增长变化。指标体系中各个指标要协调统一；每一个"观测点"都是对公共体育服务体系的系统性和结构特征的科学描述，都是对高一级指标客观真实的反映。因此，要求评价指标体系内部同级指标之间确保不冲突、不重复；指标体系的结构和层次要合理，符合公共体育服务体系示范区指标设计的逻辑思路。

2.可操作性要求

可操作性具体从两方面进行衡量：一方面，各指标内容所对应指标值的可获取渠道和可量化程度。示范区创建指标是一项实践性和应用性非常强的工作，特别是鉴于我国体育相关事业统计中还存在个别空白地带，其指标选择必须坚持可操作性原则。例如，在本指标体系中，经济效益部分的观测点"人均体育消费金额"，其科学性较高，但因获取性低而未能纳入指标体系。部分代表性较高的指标能否被采用，还取决于将来我国经济数据普查和体育统计工作的深入和完善。另一方面，指标体系中硬指标和软指标的合理搭配。硬指标均可以进行量化处理，软指标只能以"有、无"来代替，实施程度无从测量。在本指标体系中较多采用硬指标，力图提高评价指标的可操作性。

3. 可比性要求

以江苏省示范区创建的实践操作为例，示范区创建需要覆盖江苏省 13 个省辖市、99 个县（市、区）。各省辖市、县（市、区）的社会经济发展水平差异明显，公共体育服务体系的建设成果水平不一。部分地区的特色型、创新性工作因为覆盖面较小导致其可比性较低。所选取的观测点必须在不同经济发展水平的地区之间具备普及性和可比性。例如，苏州和常州实施的"医保健身一卡通"的创新举措尽管取得了服务实效，但是因为多种原因而未能在其他地区推广，使得该项内容不具备可比性。因此，示范区创建指标的设计，需要兼顾地区之间、地区本身的横向及纵向比较。

4. 适用性要求

指标体系的设计是为了构建公共体育服务体系。以江苏示范区的创建标准为例，所设置的 64 项观测点必须贴近江苏公共体育服务发展实际，对专业性、实践性和指导性都提出了较高要求。为此，课题组制订了详细周密的调研计划，依次奔赴南京、扬州、常州、徐州、宿迁等调研点，共计调查 4 个省辖市和 19 个县（市、区），向相关部门的一线工作人员征集对指标内容的意见，经历了县（市、区）级、市级和省级相关职能管理部门三轮较大规模的修改论证，力图促使本指标体系的所有观测点内容能够反映公共体育服务发展导向，符合工商、财政、统计、民政等职能部门的管理活动规范，符合各级体育管理部门的业务活动规律，提高观测点内容的适用水平。

（四）评估指标的经验预选

公共体育服务体系的指标评估考核以各区域公共体育服务供给水平和发展状况为评估客体。围绕建设社会主义核心价值体系和满足城乡居民精神文化需求的要求，坚持公益性、基本性、均等性和便利性，建立健全公共文化服务体系，扩大公共文化产品和服务的供给，推进全民健身公共服务体系建设。

在具体任务中指出，要加强基层公共体育设施建设，大力推动公共体育设施向社会开放，健全学校等企事业单位体育设施向公众开放的管理制度，健全基层全民健身组织服务体系，扶持社区体育俱乐部、青少年体育俱乐部、体育健身站（点）等建设，发展壮大社会体育指导员队伍，建立国家、省和市三级体质测定与运动健身指导站，普及科学健身知识，定期开展国民体质监测。我国体育事业发展要以建设体育强国为目标，以转变体育发展方式为主线，以建立完善符合国情、比较完整、覆盖城乡和可持续的公共体育服务体系为重点。

第四章 高校体育服务供给的现状

第一节 高校体育服务的主客体概况

一、高校体育服务的主体概况

高校体育服务的师资来源以本校体育教师为主，多数高校体育教师在体育教学时间以外负责室内外体育场馆的健身指导等体育服务活动。少数高校有外聘教练的现象，这主要是由于本校师资不能满足本校体育教学、课余训练以及健身指导的需要。也有不少高校存在本校大学生参与体育锻炼指导以及体育活动组织等服务内容的现象（见表4-1）。

表 4-1 高校室内外体育场地体育服务的师资来源（N=10）

	本校体育教师	外聘教练	本校大学生
室内场馆	9	2	3
室外场地	8	2	3

据调查，高校大学生的体育服务主要通过参与大学生体育社团或志愿服务的方式进行。因此也可以认为，高校体育公共服务的主体主要有高校体育教师、外聘教练、高校学生体育社团、高校体育志愿者以及高校大学生（如图4-1），其中高校大学生包括体育专业大学生、体育特长生、有一定体育基础的体育爱好者以及非体育专业的普通大学生，这些不同的服务主体在高校体育公共服务过程中各有优势，承担不同的角色和任务。

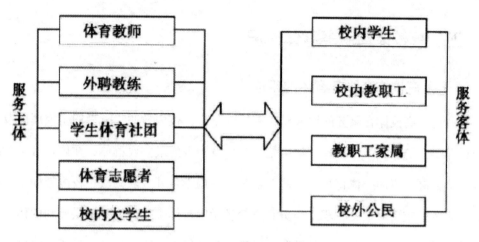

图 4-1 高校体育服务主客体示意图

　　调查中也发现，高校体育服务主体的供给相对不足。调查结果显示，多数高校校内学生、教职工及其家属以及校外公民具有较高的体育锻炼指导需求。然而，从目前高校最主体的指导人员——体育教师的指导情况来看，以体育教师为主体的健身指导队伍尚不能很好地满足多数人群的健身指导需求。如表4-2所示，体育教师对校内学生的体育指导最多，但也有25.3%的体育教师偶尔或从不对校内学生进行体育健身指导或服务；对校内教职工及其家属或校外公民，多数体育教师只是偶尔进行指导或服务，从不提供健身指导和服务的教师数量占很大比例。因此，在目前公民健身指导需求较高的情况下，充分发挥体育教师的主导作用，调动各种供给主体的积极性是高校体育公共服务健康持续开展的重要任务。

表 4-2 高校体育教师对不同人群提供体育服务的情况（N=213）

服务情况	经常	偶尔	从不
人群	频数 / 百分比（%）	频数 / 百分比（%）	频数 / 百分比（%）
校内学生	159/74.6	42/19.7	12/5.6
校内教职工	47/22.1	119/55.9	47/22.1
校内教职工家属	20/9.4	96/45.1	97/45.5
校外人员	33/15.5	120/56.3	60/28.2

二、高校体育服务客体概况

（一）高校体育服务客体的组成

据调查，高校体育服务的服务对象有校内学生、校内教职工、教职工家属以及校外公民四类人群。其中高校校内学生是高校体育服务的最主要群体，在体育教学时间以外，多数高校室内外体育场馆（地）经常对校内学生开放。其次，校内教职工是高校体育服务的重要对象，教职工担负着学校教学等具体工作，为其提供便利的体育服务内容是学校应尽的责任，也是教职工体育权利的体现。除此以外，教职工家属以及校外公民也是多数高校的体育服务对象，尽管室内外体育场馆（地）对此服务对象群体的开放程度不同，但多数高校已经逐渐认识到服务社会的重要意义，许多高校的体育场馆已经逐渐开始对校外公民开放。

（二）高校体育服务客体的体育需求

调查结果显示，尽管不同群体的体育需求在不同体育服务类别中有不同的分布，但不同人群的体育需求具有普遍的广泛性和一定的相似性，集体性体育活动被多数人所青睐，有规律的日常体育锻炼活动为多数人所需求，这种情况具体体现在以下几方面：

（1）体育服务需求的相似性。如表4-3、表4-4所示，体育场馆（地）、体育锻炼指导、组织日常及节假日体育活动是大众需求程度较高的体育服务内容，另外也有较多人希望高校向自发性体育群体提供如制定运动处方、体育康复保健、体育报刊书籍以及体育活动的信息、倡导文明行为与健康风尚的服务内容。从总体上看，在每个服务类别的具体内容里面，至少有1~2项内容是不同服务对象需求程度较高的。如健身设施类里面的"提供体育场馆""提供体育场地"是所有人群均有较高需求程度的服务内容。尽管不同人群的具体喜好不尽相同，但大体上只是喜好内容的主次要地位有所差异。

（2）对科学健身追求的普遍性。不同群体体育需求的广泛性和相似性也体现在对科学健身的追求上。如表4-3、表4-4所示，多数群体都希望通过科学的方法达到增强体质或者健康减肥的目的，因而对"高校体育健身团队""体育锻炼指导""运动后的营养调配"等方面的服务具有很大的需求，尤其是随着人们生活水平的不断提高以及肥胖率的增长，出于对健康或美的追求，人们在"运动后的营养调配"方面的需求已经悄然提高。"建立个人锻炼档案""体育康复保健""运动处方"以及"面向自发组织的体育团队的援助"也成为许多服务对象对高校体育公共服务不可或缺的体育需求。

表 4-3　不同人群对高校体育服务内容的需求分层

人群	多数人需要的高校体育服务内容 （百分比 50% 以上）	较多人需要的高校体育服务内容 （百分比在 40% 以上，50% 以下）
大学生	提供体育场馆（地）、成立高校体育健身团队、体育锻炼指导、运动后的营养调配、组织日常及节假日体育活动、运动项目培训、新式健身娱乐项目的推广	向自发性体育群体提供帮助、制定运动处方、建立个人锻炼档案、体育康复保健、提供体育报刊书籍以及体育活动的信息、倡导文明行为与健康风尚
校内教职工及其家属	提供体育场馆（地）、体育锻炼指导、建立个人锻炼档案、组织日常体育活动、运动项目培训、宣传身心健康知识	成立高校体育健身团队、建立个人锻炼档案、运动后的营养调配、组织节假日体育活动、提供体育报刊书籍以及体育活动的信息、新式健身娱乐项目的推广
校外公民	提供体育场馆（地）、成立高校体育健身团队、体育锻炼指导、组织日常体育活动	运动后的营养调配、组织节假日体育活动、倡导文明行为与健康风尚、宣传身心健康知识

表 4-4　不同人群希望高校提供服务内容的情况（N1,2,3=1006，180，228）

人群 服务内容		大学生（N1）	教职工及其家属（N2）	校外公民（N3）
		频数 / 百分比（%）	频数 / 百分比（%）	频数 / 百分比（%）
健身设施	提供体育场馆	745/74.1	139/77.2	139/61.0
	提供体育场地	581/57.8	117/65	131/57.5
	无	27/2.7	5/2.8	13/5.7
健身组织	向自发性群体体育援助	481/47.8	107/59.4	79/34.6
	成立高校体育健身团队	558/55.5	79/43.9	116/50.9
	无	100/9.9	23/12.8	51/22.4
健身指导	体育锻炼指导	606/60.2	118/65.6	140/61.4
	制定运动处方	478/47.5	66/36.7	70/30.7
	陪练	195/19.4	53/29.4	42/18.4
	无	69/6.9	17/9.4	29/12.7

人群 服务内容		大学生（N1）	教职工及其家属 （N2）	校外公民（N3）
体质监测	建立个人锻炼档案	428/42.5	78/43.3	77/33.8
	体育康复保健	402/40	70/38.9	76/33.3
	锻炼后的身体监测	382/38.0	68/37.8	63/27.6
	运动后的营养调配	581/57.8	75/41.7	96/42.1
	无	85/8.4	18/10	34/14.9
体育活动	组织日常体育活动	601/59.7	128/71.1	117/51.3
	组织节假日体育活动	531/52.8	76/42.2	111/48.7
	无	69/6.9	23/12.8	29/12.7
体育培训	运动项目培训	580/57.7	115/63.9	104/45.6
	体育裁判培训	355/35.3	28/15.6	43/18.9
	社会体育指导员培训	267/26.5	48/26.7	51/22.4
	无	126/12.5	153/85	52/22.8
体育信息	提供体育报刊书籍等	454/45.1	72/40	76/33.3
	开通健身服务热线	290/28.8	36/20	74/32.5
	提供自学运动知识的网页	396/39.4	60/33.3	70/30.7
	提供体育活动信息	455/45.2	86/47.8	73/32
	无	69/6.9	19/10.6	17/7.5
其他	倡导文明行为健康风尚	441/43.8	75/41.7	91/39.9
	宣传身心健康知识	560/55.7	94/52.2	112/49.1
	创新健身项目	328/32.6	47/26.1	39/17.1
	新式健身项目的推广	566/56.3	84/46.7	77/33.8
	无	63/6.3	20/11.1	0/0
	其他	5/0.5	1/0.6	25/11

（3）集体性体育活动被多数人所青睐。集体性体育活动在增进身心健康、促进人际交往等方面具有明显作用。正是由于这种特点，在现代社会城市化加速的情况下，人们对集体活动的需求日渐提高，尤其是参加集体性体育活动，已经逐渐成为多数服务对象实现健身与交往等目的的重要途径。

（4）有规律的日常体育锻炼活动是公民最基本最直接的体育需求之一。与大众体育竞赛表演活动、业余运动技术等级认证活动、竞技体育比赛活动、专业的运动训练活动等内容相比较，日常体育锻炼活动目前已经成为多数人最为需求的体育服务内容，究其原因，与人们健康意识与体育意识的逐渐提高有关：越来越多的人已经认识到体育锻炼的健身价值，并将日常体育锻炼作为强身健体的重要手段。可见，日常体育锻炼已成为目前多数人最基本、最直接的体育需求。

（5）从总体上看，大众最基本、最直接的体育需求分布在每一个体育服务类别，具体内容主要有：体育场馆（地）服务、体育组织服务、体育锻炼指导、运动后的营养调配、健康知识宣传、日常体育活动的组织以及运动项目培训服务。

第二节　高校体育服务供给的内容

一、高校体育服务的运动项目

据调查，高校面向校内外公民提供体育服务的项目种类较多，但根据诸多项目的开展情况来看，具有明显的层次性特点。以频数分布为依据对所调查高校开展体育项目的情况进行汇总，可以将其分为四类：第一类为高校普遍开展较好的项目，如乒乓球、篮球、羽毛球、排球、足球、健美操、体育舞蹈、太极拳等；第二类是高校开展情况一般的项目，如网球、游泳、田径、瑜伽、跆拳道、健身气功（五禽戏、八段锦）等；第三类是只有极少数高校开展的体育项目；第四类则是没有高校开展的项目。这种层次性的形成受多方面因素影响。

表 4-5　开展情况较好的体育项目（N=10）

项目	频数	项目	频数	项目	频数	项目	频数
体育舞蹈	6	纸牌	0	跳竹竿	0	轮滑	1
瑜伽	4	电子竞技	1	民间舞蹈	0	登山	0
街舞	1	太极拳	7	打陀螺	0	攀岩	1
健美操	7	太极剑	1	踩高跷	0	跑酷	0
羽毛球	6	太极柔力球	1	蹴球	0	跆拳道	4

项目	频数	项目	频数	项目	频数	项目	频数
乒乓球	8	木兰扇	0	打腰鼓	1	骑自行车	0
网球	4	扭秧歌	0	跳锅庄	0	游泳	4
篮球	8	跳绳	0	龙舟	0	击剑	1
排球	5	健身气功	3	射箭、射弩	0	手球	1
足球	5	舞龙舞狮	2	田径	3	其他	2
下棋	0	抖空竹	0	滑冰	0	—	—

注：其他项目包括空手道、散打。

表4-6　高校开展较好的体育项目分类（N=10）

类别	包含项目	频数
第一类	乒乓球、篮球、羽毛球、排球、足球	5~8
	健美操、体育舞蹈	
	太极拳	
第二类	网球、游泳、田径	3~4
	瑜伽、跆拳道、健身气功（如五禽戏、八段锦）	
第三类	街舞、击剑、手球、空手道、散打、电子竞技	1~2
	舞龙舞狮、太极剑、太极柔力球、打腰鼓、轮滑、攀岩	
第四类	下棋、纸牌、木兰扇、扭秧歌、跳绳、抖空竹、跳竹竿、民间舞蹈、打陀螺、踩高跷、蹴球、跳锅庄、龙舟、射箭、射弩	0
	滑冰、登山、跑酷、骑自行车	

（一）与体育教师对体育项目的擅长情况有关

高校体育教师所擅长的体育项目也明显具有层次性特点，通过对高校体育教师擅长体育项目的汇总可以看出，高校开展较好的体育项目（如球类项目）往往也是体育教师比较擅长的体育项目。

（二）与体育项目的普及程度有关

目前普及程度比较高的体育项目高校往往开展较好，一些普及程度相对较低的项目则开展较少。如球类项目及太极拳在我国普及程度高，多数高校对该项目的开展较好；而有些普及程度相对较低的体育项目则很少有高校开展得好，如民族传统体育项目中的舞龙舞狮、太极剑、扭秧歌、木兰扇等项目，都是普及程度不高的项目。

（三）与安全因素有关

对具有一定安全隐患的体育项目，高校开展得越来越少。安全问题一直是困扰学校体育项目多样化发展的重要问题之一，故一些安全性差的项目如登山、攀岩、滑冰、跑酷等，一般极少甚至没有高校开展。最后，高校体育项目的开展与项目本身所需场地的占地面积及经济成本也有关系，如网球、游泳等项目，因所需场地占地面积大、经济成本高，能开展好的高校相当有限。

从高校开展较好的体育项目可以看出，目前高校开展情况较好的体育项目内容相对单一，与大学生及校外公民的多样化需求尚不能完全匹配；在民族传统体育方面以及新兴体育娱乐项目或极限运动项目方面存在较大的发展空间。进一步提高体育教师的业务水平，增强并丰富体育教师的优势项目是丰富高校体育优势服务项目的重要途径。

二、高校体育服务的内容

高校开展体育服务的内容较丰富，且具有层次性与不均衡性特点，主要表现在以下几方面：

（1）提供健身设施、体质检测、发展校内学生体育社团、体育锻炼指导是大多数高校最常见的体育服务内容。多数高校对全体服务对象较多地提供了该层次服务内容，这与多方面因素有关：①近年来国家强调增强学生体质，注重学生体质监测，这势必对高校体育服务有所影响；②近几年国家强调开放学校体育场馆，并出台一系列政策，对高校体育资源与社会共享必然有一定影响；③在大的政策环境等因素的影响以及广泛的体育需求的导向作用下，高校服务本校学生及社会的意识逐渐增强，服务水平日趋提高，服务内容也日渐丰富；④开展该类服务内容相对较容易、便利条件相对较多、所需体育公共资源相对较少的特点，使高校比较容易在相对较短的时间内开展相对比较丰富且具有一定规模的体育服务，即该类服务内容更容易产生较强的高校体育服务短期效应。

（2）少数高校对校内大学生、教职工及其家属提供了日常及节假日体育活动、宣传科学健身知识、体育康复保健、运动项目培训、体育裁判培训、社会体育指导员培训、制定运动处方以及陪练的体育服务内容，对校外公民也提供了体育锻炼指导、承办体育活动、体育裁判培训、社会体育指导员培训及陪练的体育服务内容。然而据调查，这往往是诸多服务对象需求程度相对较高，而现实中高校体育服务却开展相对较少或难度较大的服务内容。如日常体育活动的组织以及运动项目的培训为众多服务对象所普遍需求，尽管相对较简单，但由于涉及人群数量大，所开展内容耗费时间和人力资源都相对较多，对高校体育服务开展造成的难度自然就大，这也正是高校对许多服务内容的提供难以建立长效机制的重要原因。

（3）极少数高校向校内学生、教职工及其家属提供了体育活动信息交流、新兴项目推广以及建立个人锻炼档案服务，或向校外公民的自发性体育群体组织提供援助服务，对校外公民提供体育康复保健、运动项目培训、体育信息网页以及宣传科学健身知识的服务内容。随着人们对科学健身知识及信息需求层次的提高，该类服务内容正成为人们日益增长的体育服务需求内容，这也给高校体育公共服务带来了更大的挑战。

（4）从高校面向不同服务对象提供服务内容的情况看，高校面向校内大学生、教职工及其家属提供的体育服务内容相对较多，面向校外公民的体育服务内容则较少，除部分高校向校外公民提供健身设施和服务外，仅有少数高校有面向校外公民的体质检测服务，其他服务内容更是少之又少。这正是高校体育服务不均衡性特点的体现所在。

三、高校体育服务的场馆（地）开放情况

（一）场馆（地）开放基本情况

高校体育公共服务供给的方式是为实现高校体育公共服务供给目的而选择的各种措施和工具的总称。场馆开放是目前高校体育公共服务面向校内学生、教职工及其家属以及校外公民供给体育服务的最主要方式。有研究指出，目前我国体育场馆大约有61万个，其中77%在学校。该研究对上海市区20所大学、20所中学、20个街道、

20个企业的体育场馆的调查统计表明：学校，特别是高校的体育场地设施相对完善。这给高校体育服务工作的开展提供了硬件保证。事实上，开放学校体育设施已不是新鲜话题。十几年来，社会居民对开放学校体育设施的呼声从未停止过，但现实情况却是市民苦于没有健身场所，而大量的学校体育设施被闲置。学校体育场馆一旦开放，校园安全、维护等问题就会随之而来，如何解决相应的问题，也有一定的难度。

总的来讲，学校体育场馆的对外开放工作是逐步推进的。近年来，根据相关政策的倡导，我国不同省市逐渐开始推进学校体育场馆（地）对外开放的工作。

就高校体育场馆（地）的开放程度而言，高校室内外体育场馆面向全体服务对象的开放程度差别不大，一般为全部开放或部分开放，室外体育场地全部开放的居多，极少数高校不开放。对于校内学生的开放程度，更是以全部开放居多，这与大部分体育教师的观点看法相一致。

就开放时间而言，多数高校的体育场馆（地）一般在体育教学时间以外（包括寒暑假期以及节假日），在满足正常体育教学需要的情况下开放，一般为全天开放或部分时段开放。

就开放的对象与开放频率而言多数高校的室内外体育场馆（地）对于校内大学生、校内教职工及其家属是经常开放的。对于校外公民，大多仅限于室外场地的经常性开放，室内场馆的开放还相对有限。在教学时间以外室外，所调查10所高校的体育场地对校外公民经常开放的居多，有8所，对校外公民经常开放室内体育场馆的仅有3所，另有5所只是偶尔开放。

各高校对室内外体育场馆（地）的开放程度稍有差异，对不同对象的开放频率也有差别，多数高校的室内体育场馆对校外公民只是偶尔开放或从不开放。室内外体育场馆的开放程度及开放频率存在差异的原因，客观上与室内外场馆的建设成本差异较大有关，室内体育场馆的建设成本往往较高，设备维护难度较大，而室外体育场地的建设成本则相对较小，设备维护相对较容易；主观上则与高校的服务意识及服务态度有关，多数高校对高校体育服务社会的认识并不十分明确，积极性也不高。

（二）场馆（地）的收费情况

高校室内外体育场馆面向不同服务对象的收费情况也不尽相同。在体育教学时间以外，多数高校室内外体育场馆（地）对校内学生或校内教职工及其家属完全免费或象征性收取一定费用，少数高校实行有偿服务。对校外公民，绝大多数高校的体育场馆（地）都实行有偿服务，少数高校象征性收取一定费用或完全免费，但范围仅限于室外体育场地。高校体育场馆（地）收费标准的确定往往受多方面因素的影响，尤其与场馆（地）的开放时段、服务对象、场馆（地）设施的成本、运动项目等有关，通常锻炼时间较集中的时段（如下午）、建设和维护成本相对较高的场馆（地）、对场地要求较高或技术含量相对较高的运动项目，其收费相对较高，反之则相对较低。

正因为此，根据多数高校体育管理者及体育教师的观点，高校对不同服务对象的收费应有所差异。这一观点与目前高校室内外体育场馆（地）对不同服务对象的收费情况基本一致，即高校出于育人宗旨以及增强学生体质的需要，面向校内学生完全免费或象征性收取一定费用；出于对教职工的关爱以及高校自身的发展，为了向职工提供有利的健身环境，面向教职工免费或象征性收取一定费用；教职工家属由于与教职工有着千丝万缕的联系，同时又具有校外公民的特点，因此对其的收费标准以象征性收取一定费用为主，同时根据其所使用场馆（地）的情况对其实行有偿服务或完全免费服务；对校外公民实行有偿服务是多数人所希望的，多数高校也选择了这样的方式，这满足了一定数量校外公民的体育需求。尽管如此，高校体育场馆（地）对外开放所满足的人群数量还十分有限，与国家关于学校体育场馆（地）对外开放的政策要求还有很大的差距，这与高校面向校外公民的服务方式与收费标准有关，与高校现有的物质条件和水平有关，与高校体育服务社会的观念意识也不无联系，高校体育公共服务遵循其公共性等原则面向校外公民提供体育服务的路还很长。

（三）场馆（地）运营模式

高校有偿体育服务一般采取体育系（部、院）统一经营的方式运作，少数高校采用了向社会租赁经营或与社会合作经营的方式。据访谈，也有部分高校以专门的体育场馆中心责任制方式、资产管理职能部门运营或综合运营方式进行运作。综合诸多高校体育场馆（地）的运营模式，按照采取市场化机制的程度，可以将其分为三大类，即非市场化机制运营模式、市场化机制运营模式以及综合运营模式。

1.非市场化机制运营模式的四种主要具体管理形式

（1）体育系（部、院）统一经营。即高校体育院（系、部）负责制定体育场馆的管理制度，并承担具体的实施工作。该管理方式侧重于体育教学与训练工作，以教学训练工作的具体实施情况作为评价场馆运行与管理的标准，在保障学校体育教学与训练的顺利进行方面具有一定优势。其缺点在于管理与经营人员一般为在职体育教师与行政工作人员，其工作职责主要为完成体育教学与管理任务，在体育场馆运营过程中的时间和精力相对不足，易产生服务质量偏低以及工作积极性不高等问题，不利于人力资源的整合和利用体育院系相对丰富的体育场馆资源。

（2）分散权力管理。即高校根据体育场馆（地）的功能将体育场馆（地）的管理分成不同的部分分配到各个部门，如分给不存在上下级关系的各个系部，给各个系部较大的发挥空间。这种管理方式有利于提高组织效率，充分发挥各系部特长，更加有效地利用人力和财物；但这种机制往往缺乏一定的统筹性，对各部门的制约不够，因此可能导致各部门利益不均衡，甚至影响到部分体育教学工作的顺利进行。

（3）资产管理职能部门运营。即由高校后勤集团等高校资产管理职能部门对高校体育场馆（地）进行管理，该部门配合学校的体育教学及业余训练工作，并负责学校体育场馆（地）的社会化经营及场馆（地）维护工作。因此，在该模式中高校资产管理部门承担着体育场馆管理者和经营者的角色。这样的管理方式对于理顺高校各职能部门之间的关系具有一定优势，可以使资产管理部门对学校各种资源进行统一的专业化经营与管理，避免高校教学单位与资产管理部门在职能上的重复与冲突。然而，资产管理职能部门终究不是专业的体育经营管理机构，在经营方式、管理手段、服务能力以及人力资源等方面，与专业的体育场馆运营公司必然存在一定的差距，不利于体育场馆（地）的有效运营。

（4）体育场馆中心责任制。实施该模式的高校往往场馆（地）规模大，在校人数多，因此要设置专门的体育场馆（地）管理行政单位。场馆中心一般直属于高校体育系（部、院），设中心主任岗位及办公室、场馆部、设备部，多校区办学的高校往往还设有校区管理部。中心主任统筹协调场馆（地）资源的利用，办公室负责场馆中心的日常行政事务，场馆部负责具体协调体育场馆的运行管理，设备部负责各类体育设备器材的维护与管理，校区管理部负责各校区体育教学和训练、教职工体育锻炼、场馆（地）的对外开放与管理。

以上四种非市场机制的场馆（地）管理形式各有特点，分别适合于不同的高校，但有一个共同点是值得关注的：几种管理方式中的管理部门毕竟不是专业体育经营与管理机构，一般在场馆（地）管理方面的专业水平有限，其在经营管理等各方面的业务水平与专业体育场馆运营公司往往存在差异，因此可能不利于场馆（地）的社会化运营以及场馆对外开放。

2. 市场化机制运营模式的两种主要具体形式

（1）向社会租赁。向社会租赁的经营模式是指高校在满足体育教学的情况下，将学校体育器械或场馆（地）面向社会进行出租，以获得一定的经济利益用于体育场馆（地）的维护及建设等事宜。校方与租赁方签订租赁合同以保护各自利益，校方按照合同要求向租赁方提供合同中指定的器械或场馆（地），租赁方按照合同要求向校方支付一定的租赁费用，双方共同遵守合同所提及的基本要求。

所谓承包，是指在满足高校正常体育教学工作的情况下，由校内外人员或单位承包方负责高校体育场馆的运营与管理工作，并按照合约的规定向高校缴纳一定承包金的经营方式。合作双方须签订正式的承包合同，承包方依据合同要求按期付款给高校，并负责体育场馆的具体运营工作；高校体育管理部门则只负责履行合同规定的相关义务，为体育场馆的运营提供职责范围内的基本保障，不直接参与一线的管理工作。该方式可有效调动各方面的积极性，减小学校在体育场馆经营与管理等方面的人力与物力投入，既能在一定程度上获得经济效益的最大化，又能使体育场馆资源得到有效利用，使高校体育资源在满足体育教学的同时能够更好地服务于社会。

（2）与社会合作。与社会合作是指在不改变体育场馆的产权性质和功能定位的情况下，将经营与管理权力交由其他法人或自然人（受托方）进行有偿经营，受托方应具有较强的经营管理能力，并能够承担相应的经营风险。受托方与高校通过契约的形式明确双方的权利及义务关系，对委托方的体育场馆有条件地进行经营与管理，从而实现高校体育资产的保值与增值。这种体育场馆经营管理的"托管模式"在欧美比较流行，一般由体育场馆的产权所有者（一般是学校）与受委托的社会组织签订体育场馆经营管理合同，明确双方的权利义务，并按照合同的约定，由学校委托经营者为体育场馆法人代表，使其负责体育场馆的日常经营与管理工作。该模式具有盈利性、专业性以及纯社会化管理的特点，既有利于减轻维护高校体育场馆的经费负担，又有利于体育场馆设施的合理使用，并且一定数量的盈利资金还可用于学校体育教学的发展。

市场化模式的体育场馆（地）管理方式在服务社会方面具有较强的优势，但承包方或受委托方有时为获得更多经济效益，可能会提高收费标准或降低服务质量，使高校体育公共服务的公益性受到影响，与高校体育公共服务的公共性相背离，有时甚至会出现一定的安全隐患，比如，有的承包方为获得更大的经济效益，在体育器材的使用和维护方面出现短期行为，致使学校体育场馆设施更容易遭到破坏，甚至导致一些意想不到的安全问题。

3.综合型运营模式

综合型运营模式是将多种模式进行综合，从而取优弃差，具体的运营方式为高校聘请社会专业公司主管高校体育场馆（地）的经营与管理工作，由高校体育院系部门或高校专门机构进行协助管理。对于具体的项目，高校可以将其承包到个人，并定期收取承包资金，这样既可以调动个人管理体育场馆（地）的工作积极性，又能保证体育场馆（地）资源的合理有效利用，在进行有效开发市场的同时，防止承包人由于追求个人经济利益而忽视学校体育育人的职能。这种管理模式有助于高校体育场馆（地）得到最专业的管理，避免不必要的耗损，同时又有助于学校体育工作的有效开展，保障高校师生体育公共利益的实现。

（四）场馆（地）开放过程中的难点

据调查，许多高校在开放体育场馆（地）的过程中遇到过不同的困难。高校在体育场馆开放过程中遇到的最主要的难点或问题是经费问题、安全问题、场馆（地）设施的维护问题以及政策法规不健全的问题。

1. 经费问题。经费问题是场馆（地）开放过程中遇到的首要问题，主要体现在以下四方面：

（1）经费短缺。体育经费是开展高校体育教学和课外体育活动的根本，是影响高校体育教学的重要因素。体育经费不足或体育经费流向不合理，都会从根本上影响高校体育教学的运行与发展。据有关资料显示，在我国，高校人均体育经费仅为25.6元，年度体育经费仅仅占年度教育经费平均值的0.45%。按照教育部规定，高校年度体育经费占年度教育经费比例的最低限为1%，然而能够达到此标准的高校仅占19.5%。

（2）高校体育经费来源有限。长期以来我国高校体育经费的来源相对较单一，由于实行行政控制模式，多数高校体育以政府财政拨款为主，尽管少数高校有其他经费来源，如体育场馆（地）经营、商家赞助或政府资助，但其所占的比例并不大。由于政府财政投资具有非营利性与全局性特征，与其他投融资方式相比具有更强的资金筹措能力，是政府部门有计划地统一集中使用体育资金的重要手段，对高校体育事业的发展而言是非常有必要的。然而，政府财政投资也难免会有自身的局限性，出于全局性考虑，资金的投入有一定的计划性，经费在很大程度上受国家经济发展水平的制约，而这势必会弱化政府财政投资作为最重要投资主体的职能，对高校体育发展造成不利影响。

（3）高校体育经费分布不均衡，这主要表现在高校间与高校内体育经费的分配不均衡上。由于高校体育教育经费主要来自政府的财政拨款，在一定程度上，各级政府的财政水平直接决定了对高校体育教育经费的投入水平。在目前市场经济体制下，地方教育管理权限逐渐扩大，各地高校体育教育经费对当地经济发展水平的依赖性也越来越大，因此，各地贫富不均也会直接影响到对高校体育教育经费的供应上，这种影响在高校体育教育经费总量及人均体育教育成本上都有所表现。高校体育经费的分布不均衡还体现在高校内各类体育活动经费的分配比例上。由于各高校管理水平和体育产业具体运作情况不同，体育经费在各种体育活动中的分配比例必然有所差异。

（4）高校体育经费还存在使用不当，没有发挥应有的经济效益和社会效益的问题。许多高校尽管确保了其体育场馆（地）的公益属性，但其体育场馆（地）应有的产业属性并没有得到较好的体现。由于收益微薄或无收益、管理部门对体育场馆（地）资源开发的不重视、体育部门缺乏市场性经营的内在动力等原因，有些本可以引入市场机制的体育资源陷入了经营不善的困境，致使高校大量的体育资源产生利用效率和效益不高的问题。总之，经费短缺、经费来源有限、经费分布不均衡以及经费使用不当是影响高校体育以及高校体育场馆（地）开放的亟待解决的重要问题。

2. 安全问题

体育教学或体育活动中，很多时候要利用各种器械或进行对抗性运动，稍不注意就会发生扭伤、擦伤、拉伤、碰伤等运动损伤，轻者影响学生学习及日常生活，重者可能造成身体残疾，甚至危及生命。近年来，大学生等人群每年因参加各种体育活动而发生意外伤害的事故数量呈上升趋势，由此产生的经济与法律纠纷也随之增加，这种情况不但给高校体育教学工作造成了不良影响，也给体育教师带来沉重的工作压力和心理负担。高校体育场馆（地）对校内外人员开放的过程中也难免有此类事件的发生，这无疑成为高校体育场馆（地）开放的隐忧，成为其开放过程中必然面对的风险。出现安全问题的原因很多，包括体育活动前的准备不足、体育活动组织失误、没有充分了解锻炼者的状况以及锻炼环境方面的因素（如气候特点、场地器材存在的隐患）等。

针对体育活动的安全隐患，许多高校采取了一定措施，如有些高校实行安全责任制，将安全责任确定到部门、到人，规定定期维护体育器材，定期进行安全检查、宣传安全常识并加强锻炼者的自我保护意识，引导锻炼者互帮互助等。在这方面，北京大学有较完善的做法。北京大学本着安全第一的思想，在学生体质测试方面，强调在身体机能、素质测试前适当进行准备活动，以避免受伤；在测试工作中，要求负责台阶测试的测试员注意观察学生状况，为可能出现低血压、低血糖的学生准备了葡萄糖等必要的物品；对于患心脏病等不宜参加测试的疾病的学生，要求其提出申请，以对其实行部分项目的免测；制作了"安全提示"展板，制定"北京大学体质健康测试安全告示及预案"和"体质健康测试安全事故分级处理程序"，在测试通知、预约界面上放置告知提示，聘请教师为测试人员进行严格的安全培训及现场演示等。通过诸多措施使安全保障系统到位，北京大学在近几年的测试工作中未出现一例安全事故。

3. 场馆设施的维护问题

据调查，许多高校存在设施维护规章制度或管理办法不健全、设施维护技术人员水平低、设施维护所需经费短缺等问题，此类问题也严重影响着高校体育场馆（地）设施的开放比例和开放效果。

4. 政策法规问题

高校体育场馆（地）开放的相关政策法规尚不完善，也是高校体育场馆（地）开放面临的重要问题。尽管目前国家体育总局和教育部联合推行了以"全民健身与奥运同行"为主题的学校体育设施向社会开放的试点工作，制定了《全国学校体育场馆向社会开放实施办法》，以配合《全民健身计划纲要》，提高学校对学校场地设施开放重要性的认识，使学校体育场馆对社会开放的举措法制化、规范化，但相关的监督制度尚不完善。总体上来看，我国目前的相关政策法规还不够健全，体育法律法规建设滞后的问题仍较突出。就学校体育立法来看，目前为止，全国人大制定发布的体育法律只有《体育法》，然而《体育法》是宏观指导性的法律文件，其内容涉及体育的各个主要领域，关于学校体育方面的规定较少也不够全面，难以达到依法管理学校体育工作的目的。《学校体育工作条例》是国家体委、教委联合发布的关于学校体育工作方面的比较全面的法律规定，但现行学校体育法规的立法层次整体较低，约束力较弱，且内容相对滞后，这必然导致落实无保障等一系列问题。

除此以外，少数高校还存在场馆（地）对外开放影响正常体育教学、责任不明确、场馆（地）设施不合理、服务人员的服务意识不够以及缺乏开放意识和服务社会的意识等问题，诸多问题正阻碍高校体育场馆（地）的进一步开放，对高校体育公共服务的开展极其不利。

诸多问题的存在，要求在开放高校体育场馆（地）设施的同时，应具备相应的政策法规保障以及管理办法，以保证场馆（地）设施对外开放工作的顺利推进，确保安全，并解决场馆（地）设施的维护等问题。正如高校体育管理者和体育教师普遍认为的，为更好地对外开放体育场馆资源，高校应适当收费或增加经费投入，充分利用好体育教师资源，并不断提高其服务意识，同时，要注重场地设施的维护。

第三节 高校体育服务不同的客体

一、高校体育服务与本校大学生

自近几年国家积极倡导阳光体育以来，多数高校结合阳光体育的基本要求积极完善体育教学，拓展课外体育活动，较好地实现了课内教学与课外锻炼的结合，不断增加体育锻炼的形式，为校内大学生创造良好的健身环境和氛围，在面向高校大学生提供体育公共服务方面的努力增多，并取得了一定效果。

（一）发挥比赛的杠杆作用

据调查，多数高校在完善本校体育课程的基础上，以各级各类体育比赛为杠杆，每学期组织高校大学生开展各类集体性体育活动或体育比赛。

（二）采取有效措施丰富对大学生的体育服务内容

高校积极采取有效措施促进学生参加课外体育锻炼。多数高校面向学生开放体育场馆，以课内教学与课外锻炼相结合的形式增加学生体育锻炼的机会，或开展各级各类体育比赛，以丰富体育锻炼的项目内容，少数高校还采取评选"健身标兵""健康之星"或"阳光健康之星"的方法，也有高校通过发放代金券或优惠券的办法激励学生积极参加体育锻炼，如深圳大学每年就为学生发放 200 元的体育活动专项经费。

在面向校内学生提供体育公共服务方面，复旦大学、上海大学、上海体育学院等高校的许多举措很值得推广。如复旦大学在体育课程体系建设、课内体育教学、课外体育活动开展、运动训练以及体育教学的科学管理等方面，分别采取了不同的举措，在学生运动技能的提高、体质的增强以及服务意识和服务能力的提高方面收到了良好的效果。

（三）以体育社团的优势丰富对大学生体育服务的形式

随着课时改革和每周 5 个工作日制度的贯彻，大学生余暇时间增多。紧张的学习之后，消遣娱乐性的体育活动成为高校学生参加体育社团的主要动机。有研究指出，近 90% 的大学生喜欢体育运动，其中 44.5% 的大学生想通过体育活动达到健身娱乐的目的，45.3% 的体育社团成员想通过体育社团的形式进行娱乐。大学生参加体育社团，多以健身、娱乐和交际为主要目的，从而既能扩大自己的活动范围，又能在其中进行运动技能的学习和培训。

二、高校体育服务与校内教职工

教职工往往更多地需要健身场所、健身指导及面向自发性健身组织的体育援助，少数教职工也有陪练的需要。高校针对教职工的体育需求，主要有场馆开放、组织比赛以及日常健身项目的场地提供等服务内容。为满足教职工日常体育活动需要，在体育教学时间以外，几乎所有高校室内外体育场馆都对校内教职工开放，且费用一般较低，大多数高校采取"免费"或"象征性收取一定费用"的办法进行收费，少数高校则采取市场化运作的有偿服务。其次，多数高校为丰富教职工的业余文化生活，每学期为他们组织一定次数的集体性体育活动，如职工球类比赛、师生校友交流赛以及丰富多彩的传统体育项目比赛等。

高校在向教职工提供体育服务的过程中，高校体育教师和部分学生起到了重要作用，尤其是在比赛的组织和裁判等方面。除此以外，高校体育教师也为校内教职工提供了一定的体育服务，如健身指导、陪练、体质监测等，其中健身技能指导和陪练服务居多。

三、高校体育服务与教职工家属及校外公民

多数高校在面向教职工家属以及校外公民时以提供体育健身场馆（地）设施为主。高校往往采取比较灵活的体育服务提供方式，面向校外公民，多数高校对校外公民的体育服务以提供日常健身场地器材为主，有时与社区联合开展体育活动或派人员进社区进行健身指导，也有个别高校与社区建立长期稳定的联系，建立相对稳定的社区体育辅导站、点或大学生体育社会实践基地，既为校外公民提供了体育服务，又为高校大学生体育社会实践以及体育志愿服务活动奠定了组织基础。

在面向校外公民提供体育服务的过程中，体育教师起到了重要的作用。很大比例的体育教师曾经对校外公民提供体育服务，这其中以"健身技能指导""陪练"居多。也有较多体育教师通过参与组织的社区体育运动会为社区校外公民提供体育服务，少数体育教师还参与过为校外公民进行的"体质监测"或"体育信息咨询"等服务内容。体育教师往往通过"学校委派"的方式参与面向校外公民的体育服务，部分体育教师也通过"自发服务"或"参与自发组织的体育协会"的方式提供服务，少数体育教师通过在"校外体育俱乐部兼职""独立经营体育俱乐部"或"与他人合作经营体育俱乐部"的方式为校外公民提供体育服务。诸多服务方式大多是公益性质的服务，多为高校委派，以服务为本，不以赢利为目的，俱乐部经营的则往往是以营利为目的的有偿体育服务。

第四节　高校促进体育公共服务供给的措施与办法

一、校内外体育活动一体化

在开展体育活动方面，多数高校除开展校内体育活动以外，还与其他高校联合开展活动，或与社区建立相对稳定的联系，如成立社区体育辅导站、点。与校外单位联合开展体育活动供给体育服务，已经逐渐成为高校供给体育公共服务的重要方式，多数高校平均每学期与校外单位联合开展 1~2 次体育活动，少数高校达到 5~6 次或 10 次以上，所联合的单位或组织以其他高校、企业单位、社区居委会及社区体育组织为主，也有少数高校与中小学、老年人体育协会、营利性体育俱乐部、社会体育指导员协会、体育产业协会、行业体育协会等联合开展过体育活动。

二、有效利用高校体育资源

在高校体育资源的有效利用方面，多数高校除充分利用场馆（地）设施资源外，也较注重充分利用体育教师、大学生及学生体育社团（协会）资源，尤其在促进服务方面，高校分别采取了一系列积极措施。为鼓励体育教师向社会提供体育公共服务，部分高校在提供政策支持、加强组织管理、完善服务规章制度的基础上，赋予体育教师组织体育活动的权力，并给予其一定的经济补贴，少数高校通过表彰激励等方式逐渐提高其服务意识，并督促其不断提高自身的服务能力。在鼓励大学生向社会提供体育服务方面，部分高校尽管有一定举措，如提高学生体育服务能力和服务意识等。但很少有实质性的积极举措。可能与高校相对封闭的教育环境有关，有些高校对在校大学生服务社会往往不反对也并不支持，态度并不明朗，即使有相关的支持也不明显。相比之下，高校对学生体育社团服务社会的支持力度相对较大。部分高校在加强组织与管理、提高学生体育专业知识积累和服务意识方面做了一定的努力，在激励措施方面，部分高校也有一定措施，如增加经济补贴、开展优秀社团评比活动等。

三、完善高校体育公共服务管理

在体育服务供给的管理方面，一些高校专门制定了体育服务的规章制度，由体育主管部门兼管体育服务供给，对体育服务进行组织、指导以及评估，部分高校还增加经费投入、聘请资深体育专家为顾问成立体育专家顾问团队（协会），以提高体育公共服务的供给水平。

第五节　高校体育公共服务影响因素分析

一、影响公民接受高校体育公共服务的因素

（一）客观因素

据调查，服务态度、服务内容、收费标准、服务时间、安全保障、场馆（地）设施的完善程度、交通条件、体育组织、联系渠道等都是影响不同人群接受高校提供的体育公共服务的客观因素。

（1）收费标准是首要因素。不管对哪一类人群来说，收费标准都是影响其接受高校体育公共服务的首要因素，各类人群中对高校体育场馆（地）的收费标准持"不满意或非常不满意"态度的比例都较大，相比较而言，大学生、教职工及其家属中持"不满意或非常不满意"态度的比例更大。究其原因，可能与大学生、校内教职工及其家属对高校的收费措施不理解或不支持有关，也可能与部分高校体育场馆（地）的经营过度市场化，收费过高而导致大学生、校内教职工及其家属的体育利益受损有关。

（2）服务态度、服务内容、服务时间以及安全保障也是影响不同人群接受高校体育服务相对比较重要的因素。服务态度的好坏、服务内容的多少及其是否为服务对象所需、服务时间与服务对象余暇时间的一致性、安全保障措施的实施情况等都直接影响服务对象接受到的高校体育公共服务。对于校外公民而言，交通条件也是影响其接受高校体育服务的重要因素，这与其所追求的交通便利性有较大的关系。

（3）没有体育组织、缺乏联系渠道也是影响服务对象接受高校体育公共服务的重要因素。据访谈得知，由于多数人的从众心理，体育组织在提高人们锻炼积极性方面起着重要的作用，然而，目前我国体育组织尤其是公益服务型体育组织尚很难满足人民群众的体育组织需求，这自然会影响到不同人群对高校体育公共服务内容的接受。也有一部分人由于缺乏联系渠道而较难接受到高校体育公共服务，尤其是对校外公民而言，尽管国家出台了一系列政策支持并鼓励学校体育资源对社会做贡献，但很多社会公民的体育信息接收渠道相对闭塞，参加体育活动的联系渠道较少，这无疑对其接受高校体育公共服务产生不利影响。

（二）主观因素

从调查结果来看，消费能力水平及消费观念是影响公民接受高校体育公共服务的主观因素之一。大学生对高校体育场馆（地）设施收取一定费用的接受程度具有明显的层次性特征，完全能或能接受高校体育场馆（地）收取一定费用的较少，不能或完全不能接受的则较多。与大学生相比，教职工及其家属对高校体育场馆（地）收取一定费用的态度稍有差异，能或完全能接受的比例相对较多，不能或完全不能接受的相对较少。这恰与两种服务对象的消费能力与消费观念等因素有关，完全能接受高校体育场馆（地）收取一定费用的大学生、教职工及其家属的比例极少，这也与服务对象的消费能力与消费观念等因素有关，尤其是与其消费观念有直接的联系。

另一方面，各种人群的体育意识也是影响其接受高校体育公共服务的因素，不同人群对近几年国家大力提倡和积极发展的"体育公共服务"的了解普遍较少，对体育公共服务"清楚"或"很清楚"的高校体育管理者及体育教师仅有37.4%，学生仅有13.8%，校内教职工及其家属仅有20.5%，校外公民仅有21.4%。这在一定程度上说明，公民的体育意识普遍不强。

总的来讲，公民的消费能力、消费观念以及体育意识是影响其接受高校体育公共服务的主观因素，公民短时间内不可能在诸多方面有明显变化，因此高校体育服务理念的贯彻和渗透也将是一个长期而艰巨的过程。

二、影响高校体育公共服务的因素

本研究将高校体育公共服务的影响因素分为 23 项指标（变量），采取主成分法进行因子分析。首先对样本进行适当性度量的 KMO 值和巴特莱特球度检验，KMO 值为 0.773，介于 0.7 与 0.8 之间，属"较好的"。巴特莱特球度检验具有高度显著性，说明该组数据比较适合做因子分析。另外，变量的共同度都在 0.659 以上，可见所提取因子可以较好地反映各原始变量的信息。根据因子分析方差贡献率 21，累计贡献率 285% 的原则，用主成分法提取 6 个主因子。观察因子旋转成分矩阵，将 6 个主因子的高度载荷变量进行归类，找出其共同特征分别为主因子命名，分别为服务质量类因子、服务对象情况类因子、科技信息类因子、高校物质与人力资源类因子、管理类因子、外部环境类因子。

（一）服务质量类因子

服务质量是影响高校体育公共服务的首要因素，是高校体育公共服务有效开展的重要前提，主要包括服务的便利性、服务的公平性、安全保障以及舆论宣传。

服务的便利性是高校体育公共服务的首要条件，82.1% 的调查对象认为其非常重要或重要。例如，部分大学生、校内教职工及其家属以及校外公民认为自身所在居住区域的健身场所尚不能满足健身需要，且绝大多数的校内大学生、教职工及其家属、校外公民（分别占该人群调查总数的 72.2%、72.3% 和 46.5%）希望在自己所在高校或居住地附近的高校进行健身。另外，多数调查对象也希望高校能提供一些如体育报纸、杂志、非体育类休闲娱乐项目以及科学健身宣传栏等便利服务内容或条件。访谈中了解到，免费饮品、体育服装用品及体育器械产品的销售也是少数锻炼者期望健身点提供的便利服务内容。

另外，63.4% 的调查对象认为高校体育公共服务的公平性重要或非常重要。高校体育公共服务的公平性是满足多数社会公众体育需求、实现体育公平正义、促进群众体育发展的重要条件，与高校体育公共服务的根本目标——实现公民的体育公共利益是一致的。高校提供的体育公共服务应是为多数人所提供，受益主体应具有普遍性的特点，即高校体育公共服务应具有很强的社会共享性，而不是特定的、部分人的利益。

最后，安全保障以及舆论宣传普遍被认为在高校体育公共服务中具有重要或非常重要的地位（持此观点的调查对象分别占调查总数的48.9%、63.8%）。安全保障一直是制约高校体育场馆开放和开展体育活动的一大瓶颈，舆论宣传则是高校提高知名度与扩大影响的重要手段。高校体育管理者和体育教师认为安全保障是影响高校体育公共服务的重要因素，正是"安全问题没有有效解决"直接影响着高校体育公共服务的发展范围与深度（如体育场馆、场地的开放，大学生开展社区体育服务等）。同时，大部分高校都有如电视广告、宣传册、宣传栏、名人效应、体育活动或体育比赛等宣传措施与手段，有的学校也较注重与服务对象的交流与沟通，建立了高校与服务对象面对面交流、专人收集反馈信息、网络贴吧、留言板、电子邮件、意见箱或意见簿等交流与沟通渠道。

（二）服务对象类因子

据调查，服务对象的参与意识、体育意识以及消费能力被大多数人认为是影响高校体育公共服务的重要因素（持此观点的调查对象分别占调查总数的78.5%、77.7%、68.7%），这些因素对服务对象寻求并接受高校提供的体育公共服务具有直接影响作用。服务对象的体育参与意识越强，体育意识越浓，消费能力越高，参与各种体育活动的积极性则越高，反之则越低。

（三）体育科技与信息类因子

调查结果表明，多数调查对象认为高校体育科技水平与高校体育信息服务水平同样对高校体育公共服务具有重要影响（持此观点的调查对象分别占调查总数的50.4%、58.9%）。在"科教兴国""科教兴体"战略的指导下，切实把体育事业的发展转移到依靠科技进步和提高体育队伍素质的轨道上，已经成为保证我国体育事业持续、快速、健康发展的必然选择，是实现全民健身计划和奥运争光计划的必由之路。

高校在"科教兴体"战略的实施过程中起着重要作用，在体育科研及体育科技成果转化方面具有明显优势，在奥运科技攻关服务和全民健身服务等方面都发挥着不可估量的作用。高校体育公共服务作为全民健身服务的重要方面，自然与高校体育科技及科技成果转化有着密切的联系，高校体育科技及其成果的转化能力必然成为高校体育公共服务的重要影响因素。

随着社会信息化程度的提高和互联网的不断发展，面对高校内外公民日益增长的体育信息需求，高校向校内外人员提供体育信息的途径以及与服务对象的交流途径逐渐增多，高校在体育信息服务中以现代化信息服务方式取代传统信息服务方式，以满足高校内外公民客观现实的体育信息需求已经成为高校体育信息服务发展的趋势。进入 21 世纪后，科技革命迅猛发展，社会的信息化程度越来越高，作为汇集人类知识和信息的殿堂的高等学校，在社会舞台上扮演的角色也日益重要，不断提高高校体育科技水平以及高校体育信息服务水平是发展高校体育公共服务必不可少的内容和途径。

（四）场馆（地）与人力资源类因子

调查显示，88.6% 的调查对象认为高校体育场馆设施状况对高校体育公共服务的影响重要或非常重要，高校体育教师的积极性与在校大学生的积极性也被认为重要或非常重要（持此观点的调查对象分别占调查总数的 76.4%、71.1%）。

高校体育公共服务的硬件保障是前提，目前大多高校一般会拥有数量及质量不等的室内综合体育馆和室外体育场地设施，充分利用现有体育场馆（地）设施资源对高校体育公共服务的开展至关重要。高校体育教师和部分大学生则是高校体育公共服务的指导人员，可以组织和帮助大学生及其他人群的服务对象开展体育活动。其中，体育教师作为指导人员的主要骨干分子，往往具有一定的业余时间、较强的组织管理能力、丰富的体育锻炼知识以及良好的实践操作能力，这正是体育教师在高校体育公共服务中发挥重要作用应具备的基本条件。高校大学生是高校体育公共服务的接受者，若组织恰当则其大部分又可以成为高校体育公共服务的提供者，尤其是体育专业大学生、体育爱好者以及高校学生体育社团成员，其积极性的提高更是可以为高校体育公共服务的开展增添新生力量。当然，若要求体育教师及大学生积极为本校体育公共服务贡献力量，校方也应做出应有的努力，如学校相关政策的支持、有效的组织与管理、一定的经济补贴，以及为其提供更多外出学习或培训的机会等。总之，场馆与人力资源因素是高校体育公共服务有效开展过程中最重要的硬件和软件因素，是高校体育公共服务的必备条件，有效整合现有场馆与人力资源是高校开展体育公共服务的重要条件。

（五）资金及管理类因子

高校体育专项资金投入量、高校体育资源的合理利用程度、高校领导的重视、高校内部组织与管理、政策法规的支持力度等是影响高校体育公共服务发展的资金及管理类因素，是被多数调查对象视为重要或非常重要的因素（持此观点的调查对象分别占调查总数的 89%、88.2%、87%、80.9% 和 85.3%）。

高校体育专项资金投入量以及高校体育资源的合理利用程度是高校体育公共服务有效开展的命脉。据研究，我国绝大部分高校体育经费来源于政府拨款，少数高校利用体育场馆和教师等体育资源面向社会开设培训班、俱乐部，或以获取社会赞助等方法筹集资金。少数学校通过面向社会提供有偿服务，基本实现"以场（馆）养场（馆），自我滚动"的发展模式，如海南大学面向社会开放国民体质监测中心、青少年体育俱乐部，收取一定服务费用，实现了自我发展的管理模式；广东外语外贸大学充分发挥社会赞助的作用，三年筹集资金 26.8 万元，为开展学校体育工作提供了有力的保障。

高校相关领导对开展体育服务的重视程度、高校内部组织与管理以及相关政策法规的支持，对高校体育公共服务的发展则具有直接影响作用。相关领导重视是开展好高校体育公共服务的前提条件，合理的内部组织与管理是高校体育公共服务的组织与管理保障，相关政策法规的支持则是高校体育公共服务有效开展的制度保障。总之，拓展资金来源，创新管理体制始终是高校体育公共服务有效开展的重要条件和任务。

（六）外部环境类因子

地区经济发展水平、地区教育文化发展水平以及兄弟高校体育服务状况是影响高校体育公共服务发展的外部环境因素（持此观点的调查对象分别占调查总数的

88.2%、87.4%、48.7%）。所有的高校体育服务都是在一定环境下生存和发展的，地区经济与教育发展水平以及兄弟高校体育服务情况既是高校体育公共服务有效开展的重要影响因素，又是重要条件。在科学、技术、信息高速运转变化的现代社会，高校体育服务只有适应环境变化，才能在高等教育不断改革的今天稳定发展。随着经济与教育的全球化进程的加快，席卷全球的体育浪潮给高校体育服务也带来了相应冲击，高校教育将面临全新的机遇与挑战，要求高校必须以新的观念、新的视角、新的思路和新的对策来调整高校体育服务的思路和策略。

第五章　高校体育公共服务的有效供给

第一节　高校体育公共服务有效供给的内容

从高校体育公共服务的现状可以得知，不同人群对高校体育公共服务的需求内容具有多样性及层次性特征，然而高校目前的设施和人力等资源条件远远不能满足诸多人群的多样化需求。根据公共服务的基本性，高校所提供给不同人群的体育服务内容也应该能满足公民最基本、最直接的体育需求。鉴于此，现阶段高校体育公共服务的内容主要包括健身设施服务、健身指导服务、体质监测服务、健身组织服务、体育活动服务、体育培训服务。

（1）健身设施服务。健身场馆（地）设施及体育器材等硬件条件是高校体育公共服务的外在因素，对高校体育公共服务的实现有很大的影响力，有时甚至是决定性的。从国外解决社区体育场地的经验得知，在日本的社区体育组织中，利用本社区学校体育场地设施的达组织总数的 58.5%。在不影响学校体育教学的情况下，利用课余时间将闲置的场馆设施向不同群体的公民开放，既能提高利用率，又可满足师生的健身与训练需求，在一定程度上也可以满足群众参加体育锻炼的需要，从而产生一定的社会效益，以用于场馆设施的维护与管理。

（2）健身指导服务。健身指导服务是高校体育公共服务的重点部分。掌握基本的锻炼技术和动作方法是不同人群进行强身健体的最基本前提。锻炼指导服务的具体内容主要有：面向高校大学生的学校作息制度所规定的体育活动的指导培训服务，例如，早操有专职工作人员或体育教师进行组织并播放音乐，安排负荷强度不大的运动项目，并控制时间。课间操则主要以学生达到积极性休息为目的，注重大课间体育活动和经常性的班级锻炼；面向不同人群的个人体育锻炼服务主要针对服务对象个体的体育活动。如不同群体尤其是特殊人群的锻炼内容、方法以及负荷要求等。

（3）体质监测服务。首先，体质检测既能反映人体的基本体质状况，如心肺功能、力量及平衡能力、各种身体成分（肌肉、脂肪、水分等）的比例以及骨密度，又能反映受试者是否应该进行体育锻炼以及锻炼方法是否恰当、锻炼效果是否显著等；其次，进行体质检测的同时进行身心健康知识的宣传，可以引起人们对自身健康的关注，提高他们对体育锻炼的重视程度，使人们逐渐接受积极、活跃的健康生活方式，提高参与体育运动的意识；再次，随着生活水平逐渐提高，运动后的营养调配已经成为广大公民的重要需求之一；最后，建立个人锻炼档案以及制定运动处方也已经成为越来越多人群的需求。因此，高校利用所拥有的体质测试器材对不同人群的体质健康状况进行检测，对不同群体进行身心健康知识的宣传，并针对个体不同状况制订运动处方或建立个人锻炼档案，是高校体育公共服务中体质监测服务的重要内容。

（4）健身组织服务。应不同人群的需要，成立高校体育健身团队（俱乐部）、帮助自发性体育组织增强自我组织和管理能力，开展体育援助服务，培育和发展群众性体育社团组织，并发挥高校组织、发动以及聚集的功能，是高校体育公共服务的又一重要内容。

（5）体育活动服务。为校内外日常及节假日体育赛事和大型体育活动服务也是高校体育公共服务的重要内容。为校内体育赛事和大型体育活动的组织服务，提供体育竞赛组织、制度、规程等服务的同时，还可以为高校发现和挖掘竞技体育人才；为全校性的体育节、体育周等活动服务，针对活动趣味性的特点，服务的重点是提供负荷强度不大、参与学生多、便于展开的运动项目，这样可以培养更多的体育运动爱好者。关于校外体育活动的服务，则涉及校外单位的体育赛事或大型活动的组织，这类活动的特点是难以控制，因此服务的重点要放在前期的预测和准备方面，以做到针对性、专业性的组织服务。

（6）体育培训服务。该类服务的内容主要包括体育锻炼项目培训、体育裁判培训、社会体育指导员培训以及新式健身娱乐项目的推广。

需要指出的是，高校体育公共服务诸多内容之间的关系密不可分，它们共同组成了高校体育公共服务的内容体系。

第二节　高校体育公共服务的有效供给主体

为满足公民多样化及层次性的体育需求，高校体育公共服务的主体人员应由高校体育公共服务的组织管理人员、体育专家教师、少数外聘教练、学生体育社团、体育专业大学生、大学生体育志愿者共同组成。不同的组成人员分别按照各自特长及服务实际的需要，在高校体育公共服务过程中承担不同的职责，共同完成面向不同群体的高校体育公共服务内容。其中，组织管理人员在高校体育公共服务过程中发挥着统筹安排与动员的重要作用；体育专家以及体育教师由于具有丰富的经验和体育专业知识，在体育公共服务的供给主体组中处于核心地位，部分体育专家在高校体育公共服务的统筹规划方面起到重要的导向作用，体育教师在高校体育公共服务的具体工作中发挥着最直接的指导作用，对学生课内外体育活动、学生体育社团活动以及学生体育志愿者活动的开展具有直接的指导、指挥及统筹安排的作用；大学生体育社团、体育专业大学生以及大学生体育志愿者则是学生体育活动最基层的组织者，在高校体育公共服务的开展过程中起着基础性的作用。

第三节　高校体育公共服务中提供者与生产者的责任

卢映用等将公共服务的递送分为提供和生产两个环节，所谓公共服务的提供，就是一系列公共选择的过程，而公共服务的生产，是将一系列输入资源转化为产品和服务的技术过程。政府应区分公共服务的提供与生产，将其核心职能转移到服务的提供上来。这对于转变政府职能，结束政府机构既进行社会管理又办社会事业的尴尬角色，推进事业单位改革、整合公共服务资源、建设完善的公共服务体系将大有裨益。

就高校体育公共服务而言，高校承担着提供者与生产者的双重角色。首先，在面向校外公民（包括教职工家属）的体育公共服务过程中，政府与高校形成提供与生产的关系。政府和相关主管部门是高校体育公共服务的提供者，对高校体育公共服务进行宏观统筹与规划，提供资助、监督并负责吸纳公民意见，决定高校体育公共服务生产方式的大体内容，对高校体育公共服务的绩效进行评估、考核及奖励。高校则承担体育公共服务生产者的角色，负责将高校体育公共资源转化为体育公共服务产品和服务。其次，当高校面向校内学生以及教职工提供体育公共服务时，高校与校内相关部门、各组织与团体则形成提供与生产的关系。作为校内体育公共服务的提供者，高校的高层行政部门和体育主管部门担负着高校体育公共服务的宏观统筹与规划、监督、考核与奖励等职责，在各方面关系的协调方面也起着重要作用。而高校的体育专家教师团体、学生体育社团、学生体育志愿者等成员则成为高校体育公共服务的生产者，对高校体育公共服务决策的具体实施起重要作用。

一、多重单位、自主选择的外部供应格局

公共服务以公共需求为导向，但即使可以充分收集公民的需求，公共服务的提供仍然是一个集体选择的过程。集体性的决定以集体中每个个体的偏好为基础，却不可能真实、完全地反映出每个个体的偏好。同样，大城市地区的不同组成部分有着不同的利益取向和偏好要求，强调共同利益，也不能忽视不同利益群体之间的偏好差异。因此，需建立一组供应单位，即由分级的、上下互动的公共服务参与者（尤其是政府）来形成一种互有重叠的供应单位格局。教育部的参与正是供应单位格局中的一部分。

就高校体育公共服务而言，在面向校外公民提供体育公共服务的过程中，政府、体育行政部门以及高校主管部门与高校形成上下互动的公共服务提供组和生产组。各高校在相关教育和体育行政部门的指导下，依据自身特色以不完全相同的体育公共服务内容服务于全体公民，形成各具特色的高校体育公共服务生产组。提供组与生产组

通过一定的连接方式，形成多重供应、自主选择的高校体育公共服务外部供应格局。从而将集体选择的权力交给不同的利益共同体，增加公民的选择空间。这种多重供应、自主选择的外部供应格局，对有效确定公民对体育公共服务的需求、提高体育公共资源配置的效率、增加公民的满意度、培养高校体育公共服务竞争环境具有重要意义。

例如，上海市杨浦区为贯彻党的十六届六中全会提出的构建社会主义和谐社会的要求，认真落实市、区相关文件精神，积极推进区域内高校体育资源向社区规范、有序开放，以更好地发挥区域内高校体育资源的效益，更好地为市民群众服务，满足社区居民对体育的基本需求，以"政府主导、有序组织、社会参与、密切配合、因地制宜、服务社区"为基本原则，在确保区域内各高校正常教学工作秩序不受影响的前提下，尽可能向社区居民开放人才、场地等体育资源，为社区居民提供更多的公共服务，并要求各街道、镇根据本区域的实际情况，针对区域内居民的需求，负起相应的组织、协调和管理责任，落实相关的社会组织承担的日常管理实务，推进社会化运作，形成长效机制。在此基础上，杨浦区确定了区域高校体育资源向社区开放的工作目标，即"由各街道、镇与区内各高校分别签订体育资源共享协议，形成一社区对多校、多社区对一校、多社区多校的相互开放格局，发挥各方优势，实现体育资源全面的、有效的整合"。该目标的"一社区对多校、多社区对一校、多社区多校的相互开放格局"实质与本研究中所提到的"多重供应、自主选择"的外部供应格局是相似的。

二、合理的组织管理机构

公共组织理论认为，结构是组织实现其目标的基本管理工具，是组织机体的骨架，可表现为工作分工的集合图式及其等级上的排列。不同的组织结构对组织的过程与行为会产生不同的影响，并且，不同的组织结构对组织效率也具有较为直接的影响。我们很难想象一个结构不合理的组织能有高效率。现代组织结构的主导形式是科层组织，科层组织的主要组织形式有直线结构、职能结构、直线—职能结构以及矩阵结构。其中矩阵结构是以完成某项工作为核心，从有关部门抽调人员组成临时机构来履行工作任务的结构。该结构中垂直领导与水平领导并重。矩阵结构既保持了组织成员构成的稳定性，又有助于充分发挥组织成员的综合优势，组织效率相对较高，与其他结构形式相比，矩阵结构更加灵活，适应能力也更强，被很多规模较大的公共组织所采用。

根据该组织原理，区域政府部门可牵头成立区域内体育公共服务委员会（简称"区体育公共委"），负责制定政策、整合资源、沟通信息以及协调解决问题，下设办公室负责协调、推进、督察区域内体育公共服务委员会做出决定的实施情况，推动高校体育公共服务的开展，尤其是面向校外公民的高校体育公共服务的开展。区域体育公共服务委员会的主要成员应来自区政府部门、财政部门、体育部门、教育及文化部门、街道办事处以及镇政府部门等。同时，各街道、镇应按照区域体育公共服务的具体要求开展各项工作，牵头组建由相关单位共同参加的街道体育公共服务管理委员会（简称"街道体育管委会"），承担相应的组织、协调和管理责任，并在高校有关部门与团体的帮助下，培育、落实中介服务机构，积极培育和建立俱乐部、专业协会以及各类群众性体育活动团队等中介服务组织，积极发展社区居民体育志愿者，使中介组织逐步建立自我生存、自我发展、自我约束的管理运行机制，建立面向市场、产权明晰、责权明确、制度健全、利益协调的有效监控的运作模式。各高校及相关部门则应根据区体育公共委的要求，在不影响正常教学秩序的前提下，做好体育资源的开放工作。

上海市杨浦区的社区公共服务资源开放工作正是在类似这样的组织管理机构下开展工作的。为促进社区公共服务资源共享，杨浦区建立了社区公共服务资源开放工作联席会议制度（简称"联席会议"），作为区公共服务资源开放工作的领导机构，由副区长等任召集人，成员单位是区地区办、区民政局、区文明办、区财政局、区体育局、区文化局、区教育局、团区委、区经委、区科委和各街道办事处、五角场镇。联席会议的主要职责是制定政策、整合资源、沟通信息以及协调解决问题，推动公共服务资源向社区开放。联席会议的下设办公室在区地区办，负责协调、推进、督察联席会议做出的决定。按照联席会议的要求，区体育局、区文化局、区教育局要按照各自的工作职责，切实加强对下属及实施行业管理的体育、文化、教育设施开放工作的指导与监督。各街道、镇要按照社区公共服务设施资源共享工作的具体要求来开展各项工作，牵头组建由相关单位共同参加的社区体育、文化、教育设施资源开放管理委员会（简称"管委会"），承担相应的组织、协调和管理责任。

高校体育公共服务校外组织管理机构工作的有效开展，还需要合理有效的校内组织管理机构。针对开展高校校内外体育公共服务的需要，高校应建立校级体育公共服务委员会，与协调管理委员会共同配合区域体育公共服务委员会的工作。校级体育公共服务委员会的成员由校级领导、系部领导、教务处、学生处、团委会、校医院、学生会等相关责任人及体育教师、校外相关专家顾问等构成。各部门成员应分工负责，各司其职，共同完成高校体育公共服务的校内外体育服务内容。校级体育公共服务委员会下设健康指导中心、服务学习中心以及校外体育服务中心，健康指导中心主要负责高校体育教学、课外体育健身指导及体质健康测试工作，由本校体育教师组成，下设校、系学生会体育部及班级体育骨干团队；服务学习中心由学校教务系统人员及各体育专业负责人组成，主要负责高校体育服务学习的协调与实施、指导与安排等工作；校外体育服务中心由体育部门负责人、场馆部门负责人、体育教师及学生体育社团（协会、俱乐部、服务队）负责人组成，主要负责校外体育服务的协调与实施工作，并协助建立中介服务组织，向中介服务组织提供体育援助。健康指导中心、服务学习中心以及校外体育服务中心各工作人员在校级体育公共服务委员会的统一协调和部署下通力合作，在下设部门和团体的协助下开展各项活动，共同完成高校体育公共服务的校内外服务内容。

三、完善的体育工作管理制度体系

科学管理是一切组织发挥作用、使人力和财物发挥最大效率的前提，规范的管理制度则是科学管理的基础。高校体育公共服务的开展亦如此，应从规范管理制度入手，逐步完善高校体育公共服务的管理制度体系。

如北京大学为提高其体育服务的科学管理程度，编制了《北京大学体育部管理手册》，制定各项工作的管理办法，加强制度建设。在体育教学方面，北京大学定期修订《北京大学体育课程教学大纲》及《北京大学学生体育课程选课手册》，制定体育课教学常规等教学管理文件；在科研管理方面，制定了《北京大学体育科研工作管理办法》，规范各研究机构的章程，监督机构运行，优化科研机构管理；在课余体育方面，制定《北京大学学生课余体育活动管理办法》，并执行《北京大学学生课余体育锻炼考勤办法》；在后勤管理方面，制定《北京大学体育场馆管理办法》《北京大学体育教研部外聘人员管理办法》等，强化服务意识，规范服务流程，提高服务质量；在信息化建设方面，制定《北京大学体育教研部信息化建设管理办法》，注重宣传，树立形象。

四、完善的体育网络管理系统

当今社会，网络的功能越来越强大，给人们的生活带来极大的便利。对高校公共服务而言，其有效供给同样离不开网络技术，网络技术的便捷性在高校体育公共服务组织与管理的各个环节都有不同的体现。完善的体育网络管理已经成为许多高校组织与管理体育活动的重要手段。如北京大学、复旦大学、深圳大学、上海大学、上海体育学院等高校都拥有自己的体育网络管理系统或体育综合网络管理平台，对高校体育资源的共享和良性配置起到重要作用。诸高校网络管理系统的综合服务功能体现在体育教学与课外体育活动、场馆管理以及体质健康测试等多方面。

（一）高校网络管理系统的应用现状

1.体育教学与课外体育活动方面

北京大学、复旦大学的综合网络管理平台及深圳大学的校园自助长跑网络系统都显示出网络的强大功能。北京大学于2005年全面实现了体育教学的网络化管理，学生选课、网上评教、体质测试预约和结果查询、课余锻炼考勤查询、教师网上教学、网上登录成绩、网上答疑以及师生互动等方面均是网络化管理。北京大学体育教研部还自主研发了"北京大学体育工作综合管理系统"，内含体育教学、运动训练、体育科研、群众体育、体育场馆及学科建设六大模块，使管理工作实现了数字化、系统化，管理科学性不断提高，管理水平不断加强。复旦大学的体育综合网络管理平台也充分利用网络的特点与优势，建立了一系列为其"多元一体"体育教学体系服务的网络教学与管理体系。从教师课前准备的教案到学生体育成绩管理，从早操、课外辅导、考勤到学生体质健康成绩的查询，从网络多媒体教学到网上理论考试，均实现了网络化管理，使体育网络的强大功能充分为体育教学服务，极大提高了体育教学效果和科学化管理水平。

2. 体育场馆管理方面

深圳大学为创新体育场馆管理体制，开发了校园体育消费网络系统，并研发了先进的一卡通系统，将体育场馆的收费系统进行改造，使各个主要场馆均设有一卡通服务终端，以进行统一管理，体育场馆的预订和支付方式也相应实现了网络化。

3. 体质健康测试管理方面

深圳大学在对体质健康测试结果进行反馈的同时，开发了网络运动处方，使学生可以根据自身体质健康状况进行锻炼项目的菜单式选择及运动控制。对于不按规定参与体质健康测试的学生，深圳大学则开发了专用软件对其进行筛选，将名单与各学院进行联系，敦促他们参与体质健康测试。为更好地利用体质健康测评平台，将体质健康测评与选课指导结合起来，使学生在了解自我健康的基础上，选择能够更好地促进健康发展的课程，校方依据体质指数、体质标准达标进行分类，对体质弱的学生进行体育课的选课指导，在教学分组、发展目标上对他们提供合理的定位。

（二）体育智能化的发展前景

随着"互联网+"时代的到来，体育智能设备不断更新升级，围绕"运动""健康"为主题的可穿戴设备也越来越普遍。同时，智能手机的迅速普及也为健身类手机软件提供了迅速发展的条件。不管是体育智能硬件设施的发展，还是健身类手机软件的推广，均高度依赖智能手机等电子设备，在这样的背景下，高校体育公共服务要实现网络化管理亦应考虑开发与应用体育健身手机软件，并基于健身手机软件，构建体育公共服务评价与学习管理平台，以便更加有效地实施课内体育教学管理与监控、课外体育活动监测与评价以及高校体育社会服务的评价与管理。

五、多渠道筹措资金的保障机制

《高等教育法》第二十四条规定，设立高等学校，应当"符合国家利益和社会公共利益，不得以营利为目的"。高校体育公共服务的公共性本质既与体育公共服务的公共性和公益性相一致，又与高校的非营利性相统一。正是由于高校体育公共服务的公共性和非营利性,高校体育公共服务的资金,尤其是开展校内体育活动所需要的资金，最主要来源是政府财政拨款。如东南大学在保持正常体育经费的基础上，每年为研究生运动会、校田径运动会、万人长跑、体育类社团活动及比赛等各类常规活动及高水平运动队建设设立了135万元专项经费；2008年，为完善早操及课外考核，该校又投入14万元建立了与校园网络平台对接的管理系统，投入40万元更新了体质健康测试仪器，增加了教师管理早操、课外活动辅导的专项酬金20万元，有力保障了学校各项体育活动的正常开展。

然而，政府投资依然难以满足迅速发展的体育公共服务需求，财政投入的效率和效果也较难监控。政府还需以较小的政府投入，引导和刺激社会投资者进入，从而推动和掌控更多的资金，更好地提供体育公共服务。在这种情况下，政府应不以投资者或借款人的身份介入，而要以统筹规划者、服务者、协调者、监督者的身份出现，为高校引导社会投资者进入并规范其行为。同时，政府也应鼓励高校通过自身努力拓宽资金来源渠道，例如，在保证高校体育公共服务公共性本质和公益性特征的同时，高校应向使用高校体育公共服务的公民收取一定费用,以用于场馆设施的维护与管理等。在上海市杨浦区区域高校体育资源向社区开放的过程中，政府正是以统筹者和协调者的姿态来规范整个活动的开展，在鼓励高校拓宽资金来源渠道的同时，支持高校的某些项目在对外开放时收取一定费用，并对收费标准的上限做了规定。

第四节　高校体育公共服务有效供给模式

靳永翥在关于公共服务提供机制的研究中将公共服务的提供分为政府代理提供、市场化提供、自愿提供以及混合提供。基于该理论，本研究将高校体育公共服务分为行政供给、市场化机制供给、自愿供给以及混合供给。

（1）行政供给。在高校体育公共服务中，尽管高校的行政力量不是唯一的，但行政力量却一直是必需的和主要的，它基本主宰或主导着许多高校体育公共服务内容的生产和供应。高校可以通过联合各部门，委托各相应部门作为体育公共服务内容的直接生产者；或者由学校根据相关政策，提供外部环境、内部政策和制度支持，将具体服务的任务以授权的方式交由推荐产生的领导机构，如系部或高校体育公共服务委员会；也可以由高校行政部门动员体育教师、学生或学生体育社团直接参与体育公共服务的生产等。

（2）市场化机制供给。市场化机制是市场机制的转化和优点借鉴，市场化机制只能分离高校体育公共服务的生产责任，而高校的责任并没有消失，它还要更好地对高校体育公共服务过程进行监督，保证高校体育公共服务供给中的责任以及服务供给的质量和绩效。高校体育公共服务的市场化机制供给可以通过合同外包、用者付费、凭单制以及补助的方式进行。

（3）自愿供给。即高校成员尤其是体育教师和大学生以志愿、互助等方式，从事高校体育公共服务的部分供给，是高校体育公共服务有效供给的重要补充方式。对避免单纯的行政提供可能造成的服务短期效应有一定辅助作用。自愿参与人员可以通过自愿合作、自由式参与、俱乐部性质的积极参与等方式进行。

（4）混合供给。混合供给更像是行政供给、市场化供给和自愿供给的混合体。高校体育公共服务内容具有多样性和服务类型的多样性，必然产生具有不同特点和内容的多元联合的多种服务方式。混合供给具有行政供给、市场化供给和自愿供给的综合性特点，正因为此，混合供给较其他供给方式有更大的灵活性，对发挥其他供给方式的优点、避免其他供给方式的不足具有一定优势。此供给方式的存在形式较多，面向高校大学生的体育公共服务，往往表现为行政供给与自愿供给的结合；面向校外公民，则往往表现为行政供给与市场供给的结合；有时面向校内外公民提供服务时，也会有三种供给方式结合的情况。因此，要发挥好混合供给的灵活性优势，须注重不同供给方式的结合。

四种供给模式各具优势，行政供给往往能形成较大的规模与较大的影响力，但有时空前的影响力和规模容易变成短期效应，而自愿供给对避免此缺点具有一定的辅助作用。市场化机制供给可以借鉴市场机制的优点，但对高校体育公共服务而言，其适用的范围较小。混合供给往往具有前三种供给方式的某些特点，因此具有一定的灵活性，在开拓高校体育公共服务的供给方式方面具有重要作用。

第六章　高校体育公共服务改革的制度生态

第一节　从"效率优先"到"公平正义"的价值取向

公平与效率均为公共政策所追求的目标，但两者的关系之争一直伴随着我国经济社会发展的阶段转型。如何实现公平与效率的动态平衡，同样也是我国体育公共服务改革面临的价值选择难题。

一、公共服务的效率取向

效率的初始内涵是资源投入与生产产出之间的比率关系。正如美国学者阿瑟·奥肯所言："经济学家就如同工程师，对于效率的追求意味着需要从给定的量中获得最大的产出。社会生产的投入包括厂房、机器设备等实物资源，土地、矿产、动植物等自然资源，以及人力资源的贡献。产出是各种社会所需的商品和劳务。当社会发现以同样的投入可以获得更多产出的途径，那么效率就得以提高。"帕累托原则充分展现了社会资源有效配置的理想状态。"帕累托原则除了具有价值判断以外，在经济学中还代表着一种效率概念，即一个人或一群人获得效用而不会使其他人的效用减少的可能性。"尽管帕累托原则所描述的效率概念具有特殊性，但在现代经济生活中却被广泛适用。当一种社会状态移动到其他社会状态时，提高某些社会成员福利的同时，将损害其他社会成员福利，那么此时的社会状态称为帕累托最优；此时的社会生产效率被称为帕累托效率。帕累托效率表达的社会成员效用最大化和福利最佳状态，成为人类社会发展的普遍愿景。

人们对于经济效率的追求催生了"自由竞争"和"功利主义"。自由主义的效率观认为，自由竞争是促进经济高效率的原动力。自由竞争下的市场高度开放迫使市场主体努力提高生产率，尽可能地降低成本以获得利润。在排除市场失灵因素的情况下，竞争有利于优化资源配置和提高效率。功利主义从"最大幸福原则"的角度理解效率，认为人类具有趋利避害的天性，获取尽可能多的利益就成为人类行为的根本法则。追求效率最大化是功利主义的唯一价值目标。自由主义和功利主义更多是从价值生产的角度理解效率，而帕累托原则兼顾了资源分配。背后隐藏的深层意义即社会生产效率的提高并非确定指向全体社会成员生活质量的改善，依然可能存在状态差异和占有不均的问题。

对社会整体效率观点的把握将效率的含义从经济领域扩大到社会领域的方方面面。美国经济学家曼昆将效率的实质界定为"通过资源配置使所有社会成员获得总的剩余最大化"。这里的社会剩余涵盖了经济、政治、文化、生态在内的全社会产出，当然还包括人的主体性作用和人的成长与发展。社会整体效率强调社会产出对提高全体社会成员生活质量，促进社会全面发展的作用。在这个意义上，效率就成为一种关系范畴，反映人与客观对象之间、人与人之间的社会关系。在资源稀缺日渐成为社会常态的今天，如何实现社会资源的有效配置，如何充分利用存量资源的同时吸引增量资源，成为各国政府面临的难题。经济领域的效率提高，对于政治、文化、生态等其他社会领域的价值产出具有连锁带动效应。政府通过公共政策对社会价值进行权威性分配，凸显了效率的资源配置功能。"在社会层面，效率被看作是一个可以指导社会资本投放选择的理想手段，以便达到对社会资源的最大使用。通常情况下，资源往往流向能造福人类的方向。因为，交换就是选择。"如此，资源的有效配置就成为社会选择的结果。一定程度上，资源配置是否有效，要看它能否激发人的潜力和积极性。可见，分配过程中出现的资源占有不平等现象实际上发挥了对人类主体意识的激励作用，并落实到社会生产活动中。今天，人类社会所普遍推崇的"努力奋斗"精神，很大程度上是对这种不平等分配制度设计的认同。

西方传统公共行政思想，在政府实施公共服务职能的行为选择上，突出地表现为以效率为基本的价值取向。这种取向推动着西方国家政府实施了一系列旨在提高公共服务效率的举措。如政府退出部分公共服务领域的直接供给；利用服务标准的设计和服务质量的监控，为评估和修正政府的服务供给模式以及选择和替换后续服务供应者提供保障；建立合法的、经双方协商认定的合作框架、法定责任，并规定行政问责与对服务供给方问责的措施等。

借鉴西方的"效率优位"原则，"效率优先，兼顾公平"成为我国政府公共政策价值选择的主旋律。随着社会发展与改革的不断深化，对市场化和效率的过度追求也在一定程度上造成了公共行政的功利化、行政权力的异化、部门主义倾向和行政责任的缺失。

二、公共服务的公平诉求

在日常生活中，"公平"与"正义"常结对出现。相对于"正义"概念的道德哲学显现，更为直观和具有操作性的"公平"就成为人类社会的主流价值。实际上，正义才是人类的终极理想诉求，公平只是正义的一种价值形态。

对正义问题的探讨起源于人类对道德和价值问题的思考。古希腊的哲学家们将正义视为个体心灵的最高德性，是节制的欲望、勇敢的意志、智慧的理性三者的和谐统一，并认为国家是由一定数量的个体组成的，因此，对个体的正义要求同样适用于国家正义。现代正义理论的奠基人罗尔斯认为，"正义是社会制度的首要价值"。正义被上升为关乎人的价值尊严及发展的根本问题范畴，体现为人类对于自身本质以及权力、财富、美德等其他生活价值的确认。任何社会制度与社会规范的制定都应符合正义的人性追求。

在《现代汉语词典》中，"公平"的定义是"处理事情合情合理，不偏袒哪一方面"。在生活中，公平的含义更加广泛。不论是人与人之间、群体之间、国家之间，公平都意味着对等互利、礼尚往来、付出与所得平衡。相对于正义的整体性存在与否的场域判断，人们更加关注对公平的标准衡量。由于公平兼具正义理性和现实依据，通常被理解为贯穿于社会活动的起点、过程、结果中。起点公平，也称机会公平，即所有人具有均等的权利和事实可能性；过程公平，意味着规则一致，即所有人的行为和程序遵循同样的约束；结果公平，即回报适度，所得相对于付出的比例相当。尽管人们竭力追求最具普遍意义的公平，然而这种抽象的公平在现实生活中并不存在，事实上的不平等才是社会常态。如著名经济学家詹姆斯·布坎南所言："在私有财产和契约组成的法律架构里，受到市场机制的制约，经济竞争的不公正往往来自天赋。因为在规则和选择发挥作用以前，人们首先是带着天赋进场的。"既然无法界定广泛的普适性的公平，形而上的本体论意义就成为人们对公平观念的解读。罗尔斯认为，最广泛的基本自由权是平等的第一前提，利益是衡量不平等的依据，人的权利是否平等是衡量的根本尺度。因此，本体论意义上的公平，是特定历史条件下人与人之间的关系状态。这种对关系状态的主观把握，存在于不同历史时期人们的观念中，基于特定的社会生产关系具有不同的认识标准。

探讨公平意义设定的前提，就是为政府运用公共政策调节社会利益关系提供参照依据。"在社会生活中，处于不同社会地位的个体和群体具有不同的利益要求，需要政府对全社会的价值做权威性分配"。公平意味着价值或公共资源分配的合理性。合理性的标志以特定的社会共同体中绝大多数人的认可为准。为了实现绝大多数人的认同准则，如何避免掌握大量社会资源的强势群体单向话语权左右公共政策，如何保障弱势群体的利益诉求表达和决策参与就成为政府面临的严峻挑战。

在体育公共服务领域，公平正义的价值诉求主要体现在对公民主体地位的认同，对公民享有体育权益的确立，对其参与体育公共事务决策的保障，对公民体育需求的满足与回应。公众是体育公共服务政策制定中不可忽视的主体。体育公共服务政策应以公众的体育运动需求为导向，而并非服务行政部门的意志表现。公众的高度参与，有利于克服政策的盲目性和随意性,提高体育公共服务政策的公众性、合法性和科学性。现阶段，我国体育公共服务政策制定面临公共表达渠道狭窄的困境。借鉴西方改革经验，可以采取以下措施予以完善。（1）广泛的民意调查。调查人群的选取要考虑年龄、收入水平、健康状况、残疾人、流动人口、城乡等因素，由于民意调查的工作量较大，数据庞杂，因此相关部门可以委托民间和私营调查机构进行。（2）信息公开。政府和公众在信息数量和及时性方面表现出明显的不对称，及时的信息公开尤为重要。通信网络的普及为体育公共行政部门信息公开提供了便利条件，根据国家行政学院电子政务研究中心报告显示，截至2013年年底，我国各级党政机构和党政人员微博客账号数量已超过25万个，较2012年增长率为46.42%。（3）举行公开听证会。在当代法治国家，政策法规基本是公开听证会的产物。中央和各级地方政府在涉及财政支出、项目规划等体育公共服务重大决策之前,有必要举行公开听证会,听证人员至少应该由行政人员、领域专家、公众代表以及新闻媒体等组成。（4）公民请愿与投票。请愿与投票作为表达意愿最原始的方式并不过时，在某种程度上反而更贴近公众的实际需求，公民可以直陈意愿，参与体育公共服务政策制定。

公众参与的程度决定体育公共服务递送与供给结果的有效性。我国公共服务的政策制定、服务递送普遍存在滞后的状况，往往是公众的某种强烈需求始终无法得到满足，以至于累积到民众对政府失去信心的程度才会催生相应措施的实施。究其原因，主要在于服务递送过程中公众参与度较低，而公众的偏好又处于动态变化中，因此，政府不能及时掌握服务递送过程中的反馈信息，公共服务的灵活性受到限制。在体育公共服务的递送过程中，有必要赋予公众一定的行政权。借鉴发达国家的模式，可以采取以下措施让公众广泛地参与到体育公共服务的行政过程中。（1）建立由省、市、街道、社区构成的多级体育公共服务使用者委员会，赋予他们公共体育政策实施和服务递送的决策权和监督权。（2）政府降低门槛，鼓励并支持公众自发组织提供体育公共服务。我国现有的体育公共服务仍以政府和市场供给为主，而非营利的社会组织数量和能力可谓微乎其微。（3）构建志愿者服务通道。有关调查显示，我国公共领域志愿者服务参与率约为3%，而美国则高达44%。所以，政府管理部门要协调社会资源，构建畅通的志愿者服务通道,吸收管理、服务和体育等各类人才共同参与体育公共服务。

公众回应是评判体育公共服务效用实现的重要标准。体育公共服务以服务公众、增进公共利益为任务目标，所以，目标的实现程度就必须通过公众的回应来反映，而且公众的回应还是评价政府和其他管理部门绩效的一项重要参数。在对公众回应进行分析时，应当设置一个参照系，正因为体育公共服务反映的是公众的体育需求，所以科学的参照系理所应当是公众的期望值。2009 年，英国学者布鲁克斯和韦根对英格兰地区体育公共服务资源进行调查的结果显示：在资源配置效率、分配公平性及资源使用效率三方面都表现出现实状况和公众期望值之间的明显差距。显然，期望值会处于动态变化中，因此，也就要求体育公共服务的管理者要善于把握公众的需求变化，及时调整策略，缩小现实与期望之间的差距。

三、公平与效率的悖论

追求更加公平和公正的价值取向，也充分地体现在学术研究领域。人们在反思体育公共服务市场化、社会化改革的优势和弊端的同时，不约而同地将目光转向了寻求公平和公正的价值选择。然而，同所有的改革尝试一样，在我国的体育公共服务均等化试点改革实践中，公平公正的价值取向也遭遇了水土不服的尴尬。从世界各国的改革实践来看，追求公平往往意味着牺牲效率，而追求效率又不可避免地需要放弃公平。对于政府而言，公平与效率之间一直存在着统一与平衡的两难选择。

从公平的本质属性来看，公平本身就蕴含着分配的不平等。按照美国学者德博拉·斯通的观点，公平悖论主要表现在以下四方面。其一是对分配公平标准的判断，有学者强调以过程论，也有学者强调以结果论。不论是过程还是结果，标准不同都将影响对公平的评价。其二是公共政策需要对分配进行干预以实现分配公平，然而干预的程度涉及公共与私人之间的自由空间界限划分问题。持过程论观点的人认为自由就是按照自己的意愿处置和利用自己的资源，不受他人干扰和控制，因此不支持政府运用公共权力进行资源再分配。持结果论观点的人认为自由是建立在丰厚资源基础上的自愿选择，强调选择权的非强迫性和获取资源的保障性，因此支持政府发挥再分配职能。其三是财富创造的主体性归于个体还是群体。过程论认为个体是财富创造的主体，因此需要尊重个体获取与使用的自由，不需要政府再分配；结果论认为个体能够创造的财富仅占社会总价值的一部分，还有一些重要价值需要群体的通力合作才能创造，因此，政府有必要进行再分配以确保个体获得财富的途径。其四是个体从事社会生产活动的动机。有人认为个体进行生产和创造活动的目的是满足自身的需要，参与社会分配将会打击个体的劳动积极性，从而降低社会生产力；也有人指出在基本安全得以保障的情况下，再分配有助于提高人们的主动性和创造性。公平本身具有的悖论属性加剧了公平与效率之间关系平衡的难题。

对于效率的测量同样受到了学者的抨击。因为经济学家普遍认为，实现效率必须通过市场进行资源交换，而市场本身就存在悖论，如垄断、信息不对称、外部性和公共物品等市场失灵问题。市场交换依赖于政府要对所有权做出法律界定，还要为交换行为的契约履行提供保障，如果脱离政府，市场交换就无法实现。因此效率问题面临着政府与市场的双重挑战。此外，通过市场进行资源交换仅是众多类型社会活动中的一种，人们进行交换的目的有时也不仅仅为了取得价值，还可能来自工作本身带来的愉悦感和成就感，或者通过与他人合作创造价值的满足感。可见，市场交换是否是实现效率的必要途径在学界还存在争议。

对于公平与效率之间的关系，政府通常无法摆脱钟摆式的公共政策波动。以改革开放为界，我国公共政策经历了从公平至上但影响效率的"大锅饭"阶段，到效率优先兼顾公平的"抓住老鼠就是好猫"阶段，在效率取向的推动下，社会生产力被有效释放，社会财富大幅增长，国力显著增强，人民生活水平大幅提高。然而，随之而来的贫富差距和地区差异问题凸显，人们开始反思效率与公平之间的最佳平衡点，在"以人为本"思想的指导下，公共政策再度回归到追求公平正义的价值体系。

学者们也致力于探索将公平与效率相统一的可行途径。有一种观点认为，公平作为主观价值判断，主要依赖于人们的认同，或者说是社会共同体中绝大多数人的认同，这可以成为其在不同历史条件下通用的客观标准，可称为社会认同。如果某个公共政策的设计针对特定行为或过程进行规范并得到广泛的社会认同，则可以认为该政策具有一定的合理性。相对于绝大多数的不认同，广泛认同可被视为更接近于公平衡量的判断标准。关于效率的解释也可以基于同样的逻辑推理，如果某个公共政策设计得到广泛认同，通常也会激发人们的工作热情，从而提高社会劳动生产力，提高生产效率。可见，公平和效率在社会认同层面得到了统一。效率是公平的基础，效率的积累为公平向更高内容、更深程度的发展提供依据；公平是效率的前提，公平的协调整合功能促进全社会效率的提高。

从过程的角度理解公平和效率的关系，两者的统一是动态的平衡。这种动态平衡机制的形成，既依赖于政策体系整体功能的发挥，又离不开政策主体行为的协同一致；既需要建立不同群体的利益诉求表达机制，又要对汇聚的各种利益诉求进行统筹整合。

在绝大多数群体范围内形成共识，并在利益失衡时启动灵敏的平衡恢复机制。政府在这个过程中扮演着中央调节器的角色。

"市场失灵"现象的存在，进一步否定了传统经济学的观点，为政府通过政策手段干预市场、调节分配、谋取更高经济效率提供了依据。政府通过税收、利率、价格、行政管制等政策工具，克服市场的机能性障碍，减少外部效应和不确定性，实现公共物品的有效供给。除经济效率以外，政治效率也是社会整体效率的重要组成部分。政治效率虽表现为人们之间的政治权利关系与法律关系的和谐，但究其实质仍聚焦于社会生产和生活的公平与效率平衡。

实践中，尽管近年来我国积极实施体育公共服务改革，但体育公共服务供给能力有限的状况在一定时期内仍将持续，体育资源配置的结构性失衡与区域性失衡还将并存。目前，在我国体育公共服务改革中，政府仍然扮演着重要的服务供给者角色。尽管政府已采取措施吸引部分社会体育组织参与体育公共服务的供给，但此类组织力量和规模有限，缺乏市场竞争力，且大多与体育行政部门存在或显性或隐性的深刻行政依附关系，这种依附关系直接导致了政府角色转变的障碍、服务供应方选择的局限性、政府和供给方关系的行政化、政府有效监管的缺失，以及制度环境的不完善。市场化公平竞争受到限制。此外，政府供给行为的内部化，选择、监督、评价标准的不清晰，保障性配套供给不足几乎成为目前我国各地体育公共服务改革试点中普遍存在的严重问题。

体育公共服务供给的实质是一种覆盖公共领域的政府社会管理服务职能，以实现和维护公共利益为宗旨，并在此基础上体现公共精神、回应公共需求。为了解决体育公共服务改革面临的瓶颈问题，促进体育公共服务资源的合理配置，需要一个更宽广的研究视角，应对社会转型期的管理挑战。

第二节　从"单一主体"到"多中心"的治理模式

中国传统的高度统一和高度集权的治理模式，其隐藏的思维方式是将政府看作统治公共事务的主体，社会公众作为被统治的客体。伴随政府主体意识的强化和社会公众意识的游离，政府唯我独尊，而民众主权被虚置，民众主体意识被弱化，产生角色错位和角色冲突。政府被视为权力的中心，社会公众仅仅充当被管制的对象，是政府实现自身目的的工具。被公共权力边缘化的社会公众逐渐演变成与政府对立的力量。社会公众所拥有的权利取决于政府相关的制度安排以及政府的价值取向，民众失去了社会权利的选择权。由于政府的权力高度中心化，不断扩张的权力与日渐膨胀的利益驱使，使与民争利成为必然的结果。民众的利益缺乏公共权力保护，最终将导致社会冲突与暴力行为频发。在政府将民众作为被统治客体的同时，政府也被民众客体化成为民众批判的对象，进一步激化了政府与民众之间的矛盾。

交互主体性哲学的出现摆脱了主客体间对立关系学说，揭示了主体间的共同性，排除了外在力量的强制作用，抛弃了约束与被约束的主被动之分，构建了真正意义上主体间的平等交流、协商对话、求同合作的新型思维结构。以哈贝马斯的社会交往理论为代表的本体论主体思维方式的演进，使人们重新反思政府与民众之间的关系，促进了公共治理模式的变革。

首先，主体相互依赖表明新的治理模式下政府权力的有限性。主体与客体之间不再是传统哲学的认识与被认识、征服与被征服、改造与被改造的关系，而是两者共同存在、相互依赖，人与人之间的关系也应该是互为主体的伙伴关系。在公共政策的运行中，政府与民众之间的互为主体性表现在：政府的主体性需要社会民众的主体性加以确认，而社会民众的主体性通过与政府之间的协调关系得以形成。换言之，政府与民众、社会组织之间存在着权力依赖关系，即政府权力是有限的。在从事共同的集体社会活动过程中，政府与各相关社会组织之间必须相互关联，彼此交换资源，彼此制约，行为高度协同以实现各自的目标。

其次，主体间平等互动表明治理的核心是协商而不是控制。不同于传统思维方式的主从观念，新的治理模式下各主体之间互相依存，通过对话、交往、理解建立互动关系。在公共政策运行中，对政府与民众之间如何建立交流与对话模式具有重要的方法论意义。社会公共领域的主体多元共生，旨在政府组织与非政府组织之间、公共领域与私人领域之间，形成一种平等协商的互动关系，各主体间的权力界限被淡化模糊。

再次，权力主体的多元性，抛弃了传统思维方式中本体中心、客体边缘的理念，消除了明确的中心与边缘之分，将各主体统一到不同层次、不同领域的权力界面。权力主体不仅仅意指政府，还包括各类公共机构、私人组织。公共权力被进一步分散化，政府摆脱了单一主体的角色设定，以解决公共事务问题为导向的多元主体结构得以形成。

最后，网络化治理将成为常态。传统思维方式下主客体之间的联系与协调，通常依赖于某种中介力量的沟通与斡旋。高昂的机会成本与信息传递的谬误与缺失加剧了公共行政的效率低下与执行偏差。主体交互关系的形成，摒弃了中介的参与，将各参与者纳入相互联结、相互制约的网络形态，在不同的公共事务领域相互合作并共同承担责任。通过网络形态下广泛而自由的资源交换与利益博弈关系，最终达到各主体的政策目标。

以整体观和直观性思维为特征的管理理念突出表现为高度集权的治理方式。当政府的权力扩张、宏观调控与市场监管职能过度侵入市场竞争时，垄断就使得少数社会成员能够不当占有资源和超额利润，进而加剧了社会关系的不平等。在市场领域的过度介入，必然导致政府在社会管理和公共服务一定程度的职能缺位，公民权利无法得到保障。从经济学的角度来看，理性经济人的假设是公共选择理论的基本出发点，政府也被理解为"理性经济人"，具有追求自身利益的冲动；而政策主体在行使公共权力、管理公共事务、履行公共职能过程中秉持的公平正义价值取向，反映了主体行为的公共性。这种公共性与人类本性的自利性相背离。政策的实施与政府职能的实现需要通过政府公职人员的行为表现，难以避免个体自利性的纠缠，由此产生部分政府组织和公职人员的权力滥用及对公共利益的侵害。为了避免人的自利行为凌驾于主体行为之上，就有赖于政府、市场和社会的良性互动，多元治理模式就是保障政策主体行为以公共性为先、规范行使职能的方式之一。

主体交互性思维与多元治理模式为我国的公共管理提供了新的思路。新的治理模式要求政府与民众之间重塑平等信任关系，构建各主体间的交互平台，完善制度设计，整合不同利益群体需要，形成广泛共识的公共政策并付诸实施。多元治理模式涉及政府、市场和社会的关系变革，是提升公共政策合理性与有效性的重要途径。政策主体与公民、私人组织及社会组织之间的良性互动与有效协同是保证政策公平的基础与前提。

多元治理不同于多元主义。以罗伯特·达尔为代表的多元主义思想，其核心观点是："社会体系内存在许多相互竞争的利益集团，政治权力分散在这些相互竞争的各个利益集团手中，并非由单一的利益集团或国家独占。在这种权力结构中，相互冲突的利益集团通过直接或间接的社会活动，参与国家政治生活，影响政治决策，以实现本集团利益。国家政策是各利益集团讨价还价和妥协影响的结果。民主就成为建立在社会经济利益、意识形态、价值尺度各异的利益集团之上的一种多元社会结构。"可见，多元主义强调权力的分散与利益集团共治，将公共政策视为各方利益群体妥协谈判的结果。民众因其庞大的规模和分散的需求，无法形成统一的利益代言，话语权的缺失使民众往往成为政策利益的牺牲品。多元主义思想下的民主，实质上是少数人和少数利益集团的民主，并非充分考虑民众需求的社会化民主；而多元治理主要揭示政府、市场与社会的关系，目的是通过建立完善的机制使所有的政策主体在平等协商的基础上达成共识以解决公共事务问题。这是两者的根本区别。

实行多元治理模式有助于在公共管理活动中打破政府对公共权力的垄断，形成政府、私人部门、社会组织和公民多元主体平等协商、协同互动的治理格局。改变单中心权威秩序的思维方式，意味着政府为了有效行使公共职能，调动社会多行为主体基于一定行为规则，通过协商修正、利益博弈形成互动互信的关系模式。在这种模式下，私人部门、社会组织、公民在与政府的互动协调关系中，对政府行为加以制约，遏制政府的自利行为，提升政策的公共性。

多元治理模式同样适用于体育领域。传统的政府单中心垂直治理模式已经无法适应民众快速增加且日趋多样化的体育公共服务需求，各国政府致力于积极寻求新的服务供给和管理模式以解决滞后的体育公共服务供给与民众需求之间的明显差距。西方发达国家探索将政府、公私组织、志愿者团体整合起来，组成"合作政府"的多元治理模式。这一模式基于不同主体之间优势互补的原则，将各主体的资源互补共享、取长补短、相互依赖，共同提升公共服务的供给质量，成为体育领域公共管理的新趋势。这些主体之间不存在依附关系，它们相互独立、平等协作，虽然拥有不同的资源禀赋和群体利益，但需要明确其共同的核心目标是保障以全体民众为服务对象的体育公共利益之实现，清晰地理解体育公共服务产品及服务供给具备的公共价值，将体育公共服务准确高效均等地递送给全体民众。

在这一多中心、网络化的管理框架下，由政府、私营部门、非营利组织等组成多元治理主体，明晰不同供给主体间的职能。框架中的政府虽然仍处于政治核心位置，但不再直接参与体育公共服务的供给，更多的是扮演服务监督和战略协调的角色。政府通过组织资源，平衡不同部门间、不同地区间、不同资源占有者间的关系，并依赖其他社会生产主体的伙伴关系、协议和同盟向民众提供高质量的体育公共服务产品。

私营部门负责承包生产政府的公共体育服务外包项目，并提供公益性公共体育服务，如体育企业和职业体育俱乐部举办的公益性社区活动、免费的培训活动、志愿者活动等。私营部门因其先进灵活的内部机制，有利于减轻政府公共财政压力，提高资金使用效率，改善公共体育服务质量。但出于"营利"的目的，私人组织在公共体育服务中容易偏离"公共利益"方向。

非营利组织是公共体育服务网络内非常具有活力和群众基础的力量，包括各类体育协会、体育社团、俱乐部等，能够更加贴近公众的实际体育需求，是公共体育服务的重要供给主体。非营利组织的主要职责是：协助政府提供和生产公共体育服务，对社区内的公共体育事务进行治理。比如，成立社区业主体育委员会负责社区的公共体育活动和公共体育设施的维护；成立"邻里中心"为社区居民提供公共体育服务设施；成立社区网站进行公共体育事务的治理。非营利组织由于其灵活的内部约束与激励机制，有利于服务效率的提高，保证公共体育服务质量。但政府有必要加强对非营利组织的监督、引导和鼓励；努力做到承认公共组织的存在和价值并赋予平等权力；允许非营利组织的独立和自由，提供必要的资金和管理支持。

由于网络内各主体的天然价值取向有所不同，所以公共体育服务治理网络的稳定性与合力发挥需要克服以下挑战：主体利益诉求差异与目标一致的挑战；权力不对等导致管理的挑战。因此，实现不同主体间的良性合作关系就必须遵循信任、协商、契约、奖惩、鼓励、整合的机制。其中，信任是公共体育服务治理网络有效发挥作用的关键要素，行动主体之间相互信任，能够推动网络治理中的合作，有效解决主体间的分歧，减少集体行动的障碍，约束行动者自觉遵守网络规则，为实现共同的目标通力配合；平等的协商是主体间展开合作的主要形式,可以通过各主体代表共同参加的"联席会议"来进行有关事务的决策；契约是对参与者权利和义务有效规范的手段，尤其是政府与私人组织之间更需要契约的保证。政府要发挥其政治核心的作用，适当利用其优势，根据合作伙伴的特点和潜能发挥提供奖惩及政策上的鼓励与支持，如为了克服私人组织"营利"与"公益"之间的矛盾，可以在财政税收方面给予适当的倾斜和减免。

整合机制表现在，不同层级政府、政府不同部门之间要加强沟通和协调，形成一个治理网络。通过建立公共体育服务绩效和责任回应来明确各层级政府间的职责和责任。中央政府提供土地管理、财政支出、指导规划等；省级政府提供立法、资金、技术支持、熟练专业人员的培训等；地方政府主要提供体育基础设施的建设和维护（区域和设施规划）、为特殊群体和个人提供体育服务、提供具体的体育技能教育、举办社区体育活动、举办体育比赛等服务。

第三节　从"服务供给"到"价值创造"的路径选择

一、公共管理范式的变迁

纵观公共管理的发展历程，共经历三次具有代表性、可称为"范式"的改革，即从传统公共管理范式到新公共管理范式再到公共价值管理范式，每一个新型管理范式的出现，目的都和解决公众与政府之间的危机有直接关系。

传统公共管理范式诞生于19世纪中期，西方国家为了消除专制、解决政府部门频繁出现的腐败和效率低下等问题，逐步建立严格的官僚等级制度，政治（制定政策）与行政（执行政策）逐渐分离。这种管理范式较以往的文官制度有质的改变，但由于缺乏灵活性，而且官僚机构作为公共服务的唯一管理和供给机构，其以不变应万变的工作方式无法满足居民对政府、对公共服务日益增长的需求。

自20世纪70年代开始,西方国家普遍面临社会经济"滞涨"及政府机构臃肿等困境。此情形下，以英国为先行者，美国、新西兰等西方国家纷纷大力开展政府改革。改革的重要特征就是将民众定位为公共物品的消费者或购买者，发挥市场机制在公共服务领域中的作用。新公共管理范式的目标可以归结为"3E"（economy、efficiency、effectiveness），即经济、效率和效益。虽然新公共管理运动通过市场化"处方"很好地改善了资金使用效率，但同时也模糊了公私部门的差别，忽略了公民对公共服务的政治决策权。20余年的实践证明，服务效率的不断提升并未使民众对政府的满意度和信任感增加，民主与公平等问题仍然存在。因此，学者们不断对其进行批判，政府人员也开始反思，甚至有些国家新公共管理的部分核心内容（如准入竞争、项目外包等）已被严格限制。

伴随着新公共管理范式逐渐步入式微，英美等国相继展开探索公共管理之道。1995 年，哈佛大学教授马克·摩尔首先提出公共价值的概念。他认为政府的首要任务并非确保内部组织的延续，而是作为创造者，根据环境的变化和公众对公共价值的理解，改变组织职能和行为，创造新的价值。随后，英国政治家格里·斯托克 2005 年和 2006 年发表的两篇文章成为公共价值管理范式形成的标志。公共价值管理范式主张公众不仅是服务的消费者，更是"股东"，需要同相关利益者一起创造社会公共价值，与新公共管理过于追求效率和"泛市场化"相比，公共价值管理更加注重公平与民主。目前，英国、美国、新西兰已将公共价值理论应用到公共治理领域，并已经开始显现其积极影响，且逐步成为其他国家启动新一轮政府改革的效仿典范。

二、公共价值创造的内涵与要求

"价值"最初在经济学范畴中指代经济价值和商品价值。18 世纪末 19 世纪初，在英国哲学家大卫·休谟和德国哲学家伊曼努尔·康德提出的"事实"与"价值"二分法的基础上，德国哲学家赫尔曼·洛兹正式将价值的概念引入哲学领域。价值研究的出现，使人们开始关注主体和客体间的关系以及主体需要的满足（效用），对生产和生活实践具有深刻的指导意义。

公共价值一词，由美国哈佛大学教授马克·莫尔于 1995 年首次提出。他认为政府管理的最终目的是为社会创造公共价值，而所谓公共价值，即公民对政府期望的集合，也是公民在政府的公共管理活动中获得的效用。有学者认为，公共价值的创造取决于公共行政干预活动是否取得了积极的社会和经济效果。还有学者认为，公共价值的本质表现为公民的主观满足感，不以行政决策者的意志为转移；这一价值取决于公民的偏好，最终由行政官员的公共决策表现出来。

尽管对于公共价值创造的内涵，西方学者们还存在些许争议，发达国家政府却已经迫不及待地在实践中探索这一政府公共管理的新思路了。英国政府将公共价值创造作为政府公共管理部门提供公共服务的导向性标准。其内阁战略研究报告明确了实现公共价值和公共效用最重要的途径就是公共服务，探讨了如何找出公共价值并了解公众偏好，提出了如何运用有效检测公众偏好的技术应当注意的五个要点，形成规范性的操作手册供公共管理部门学习和参考。这一措施的出台，有效地提高了英国政府公共部门的工作效率以及民众的公共服务满意度；美国的教育政策改革更加直接地体现了公平、效率、优异和选择的公共价值取向。20世纪90年代中，为了解决公立学校效率低下以及学生学业成绩低于其他国家平均水平引发的公众抗议，直至2002年，美国联邦政府出台了《不让一个孩子掉队法案》。该法案以目标和结果为导向，强调优异选拔和按业绩奖励。NCLB法案虽然在实施初期提高了很多学校的成绩，但随着实践的深入，负面行为频现，如惩罚弱势学校、学校仅关注达标课程、对不合格教师和学生可以除名，这些给学校的师资储备和生源带来灾难性后果。2009年，奥巴马当选总统后，"力争上游计划"的出台强化了公平和绩效的衡量，致力于使"美国的孩子、美国的经济和美国社会都从中受益"。这一原则的出台，正是基于公共价值创造理论，摒弃了NCLB法案中行政性权威性资源分配和市场化的逐利性价值选择，关注了社会资源分配的合理性，强调公众效用和社会效用的实现。

可见，西方国家基于公共价值创造理论构建的公共管理体系是以满足公众需要为前提，充分考虑公共资源供给和分配的有效性和合理性，兼顾效率与公平，统筹多元主体的效用实现，最终达到社会整体效用的最大化。目前，我国关于公共价值创造理论的研究还处于探索阶段，现有文献以介绍西方的理论及实践经验为主，而进行某一领域的应用性研究较少。

从价值理性的视角，公共价值创造的实施取决于政府价值取向的统一。国家作为"肩负着为全体公民谋幸福的使命"的公共权力机构，公共性是其区别于私人部门的本质特征，即政府需要代表公共利益、坚持公共目标、承担公共义务、肩负公共责任。这里的"公共性"是一种以他人和社会为依归的价值取向，也是一种能够理解并顾及自我行为对他人影响的能力。如乔治·弗雷德里克森所言："一个人从只关心自我或自我利益发展到超越自我并能够理解他人的利益。"从这个意义上说，公共价值创造可被视为"以人为本"理念的具体昭示。然而，改革加速了重视个人权利的市场原则向政治领域渗透，淡化了管理人员的公共意识，使经济和利益成为主要的价值追求。来源于私人部门管理的技术、方法及模式，虽然极大地改善了传统公共行政的效率，但同时也延续了自利人的逻辑起点。政府放弃部分社会职能，也意味着削弱了政府的公共责任感。因此，公共价值创造的管理范式，对政府行为提出更高的要求，着力于以公平正义为宗旨，以公共利益为取向，以公共责任为依托，以公民参与为支撑。

公平正义是政府行为的终极价值，也是公共精神的内核蕴意。按照罗尔斯的观点，当每一个人的行为都接受相同的正义观念调节时，这个社会就是秩序良好的，所谓正义即公平。政府能够提供通畅的渠道满足人们表达公平正义的愿望，为不符合公平正义的现象铲除滋生的土壤，致力于维护公平正义行为的合理性与合法性。政府层面的公共价值创造突出表现为对公平的承诺与践行，如保障公民身份的平等，在社会交往中权利与义务的对等，享有社会服务与权益的平等，以及全体社会成员对于正义的信仰和对社会基本公平准则的坚持与维护。

政府是公共利益的核心代表。公共利益可被理解为社会群体中的每个个体都应享有的社会价值，也是社会群体赖以存在、维系和发展的基础。其界定有广义和狭义之分，广义的公共利益包括国家利益、正当的个人利益和社会公共利益；通常所言的社会公共利益则为狭义的公共利益，即对象意指的不确定性社会个体。实践中，这种面向不确定性对象的社会公共利益的满足主要通过公共服务的供给得以实现。政府通过追求和保护公共利益、体现公共精神、建立公共秩序，从而使人们自觉接受和遵守公共法则。

由公共权力赋予的公共责任是政府法定责任的一部分，也是公共精神的重要载体。公共责任的提法，源于对传统行政责任含义的扩充，包括法律责任、政治责任、职业责任和道德责任在内的诸多社会责任细分均可列入公共责任范畴。承担公共责任的主体也并非局限于政府机构及公职人员，在非营利组织、私营部门同样适用。从政府的角度而言，履行公共责任的要义就在于对公民负责，具体表现在服务意识的增强、对民生问题的关注、尊重民意、工作作风扎实、不断完善公共服务体系、提高行政效率。

三、公共价值创造是实现体育公共服务均等化的有效选择

公共价值理论的核心诉求即公共价值的创造，究其实质是一种新的公共服务管理范式。首先，公共价值的管理范式强调政府的一切决策行为必须以明确的公共价值取向为指引，而不取决于服务本身的经济利益，某些利益集团的诉求，或行政命令的执行，甚至行政组织运转的维系。其次，在公共价值的管理范式中，广泛的公众参与是民主含义的回归与超越。多途径地拓展公众参与、聆听和探究公众偏好表达就成为公共价值实现的最大挑战。最后，公共价值的管理范式主张通过公开竞争或磋商等市场化手段保障公共效用的最终实现。更加注重建立长期的战略性合作伙伴关系，摒弃狭隘的契约式约束，关注服务供给和递送中的信任和公共服务精神。

我国公共服务均等化目标的提出与公共价值理论的观点不谋而合。当政府致力于为社会公众提供基本的、大致均等的公共物品和公共服务时，如何解决不同地区、城乡之间的资源公平分配，如何满足不同群体的公共利益诉求，如何推动公职人员积极履行公共责任、树立服务意识，以及如何实现建立在公民参与基础上的公共服务能力提升都成为政府面临的治理难题，这些恰恰也是公共价值创造的核心要素。

依据公共价值理论，建立体育公共服务供给的长效机制，使政府和民众共享政策制定和执行的目标，协同行动，有利于节省政府管理成本，促进政府的监管、制度设计和制度供给等进一步完善；有利于加速政府职能转变和管理水平提高，解决政府的财政困境。实现多元化的供给主体、供给内容与市场化推动下的服务质量提高，为不同层次的居民赋予更多的体育公共服务选择权，有助于增进社会福利，促进社会公平与社会和谐。充分发挥社会资源在体育公共服务供给中的作用，尊重市场规律的自动调节功能，促使社会化体育公共服务供给者在服务创新、提供专业水平和竞争力等方面不断提高，推动民间体育组织和社团的成长壮大，有利于为体育公共服务事业的长效、可持续性发展形成良性循环。

四、体育公共价值创造的逻辑体系及机制保障

公共价值理论为解决目前我国体育公共服务改革面临的困境提供了一个崭新的思路。借鉴发达国家公共部门改革经验，公共价值的实现依赖于三个要素。第一是服务。公民通过公共服务的获取和使用而获得效用。第二是结果。与狭隘的产出或政府行为评价相比，现实可见的结果所具有的风险性更小，因而公众越来越关注对结果的追求。第三是诚信、合法性和信心。即公众对政府的信任程度，对政府行为的合法性认同，以及社会归属感和对政府执政能力的信心，可概括为公信力。这三个关键因素相互联结、共同作用成为后文的体育公共价值创造机制设计的逻辑基础。

基于公共价值理论构建的体育公共服务供给模式，既有别于供给手段的多样化选择，也不同于供给主体的多元化来源，而是谋求建立一种网络化多维动态供给体系，实现多元主体、多选手段、多层目标的综合性治理。结合发达国家体育公共服务配置实践经验与体育公共服务供给的流程，体育公共价值创造体系的设计主要综合考量了如下几点。

第一，需要明确政府在公共服务配置中应当发挥的作用和所扮演的角色。政府退出部分公共服务领域的直接供给，代之以承担服务目标和服务内容的确定、财政支付、服务结果的监督和评估职责。政府为公众提供体育公共服务过程中创造的价值是其公共价值的直接来源。体育公共服务反映了公众的体育运动需求和休闲娱乐偏好。因此，公众的广泛参与和公共需求表达应当贯穿在体育公共服务供给过程中的各个核心环节。体育公共服务的政策制定者应摒弃传统的官僚制行政管理思维，培养民主参与式需求导向意识，提高政策制定的合法性和科学性，减少人为干扰和行政权力干预，使体育行政管理者及时把握公众体育需求的变化，并做出有效回应。

第二，服务供应方的选择是影响服务质量和效率的重要因素，服务供应方之间竞争关系的健康程度决定资源配置模式的有效性。理论上，政府公共部门和各种营利性、非营利性社会组织都可以成为服务供应方，选择标准只在于能否以同等的服务效率与质量达到同等的服务目标；但从实际情况来看，发达国家的非营利组织能够提供专业化、

差异化的公共服务与政府供给形成功能互补，且非营利组织不存在对政府的行政依附或隶属关系，组织具有鲜明的非营利性和公益性特征，是承接政府公共服务供给的重要主体。

第三，对于服务结果有效性的客观衡量不仅仅是绩效目标，还包括更大范围的通过政府、公民、社会的共同参与创造和引领公共价值创造网络，即价值实现的间接来源。群众的满意程度也是衡量我国公共服务体系总体目标有效性的重要标准之一，如民众是否能够获得体育公共服务，是否拥护体育公共服务的供给，体育服务的供给是否具有多样性，公众是否具有选择权，是否能够获得体育公共服务的相关信息（如体育器械的使用、运动安全保护、日常运动损伤的应急处理等），体育行政管理部门对于公众的质疑和诉求是否快速有效地回应等。

第四，信任与合法性认同是服务价值实现的衍生来源。目前我国的体育行政管理体系，一方面延续了计划经济时期特殊国情下的"举国体制"发展战略；另一方面习惯于"上传下达"的官僚式体制。政策制定与服务递送的严重滞后、公众参与度低、公众偏好动态变化等因素的叠加，进一步加剧了体育行政管理者对服务信息的掌握与公众需求反馈之间的矛盾。长期处于压抑状态的公众的体育服务需求，终将演化为对政府行政管理能力的质疑。因此，以公共价值创造为目标的体育公共服务改革，要求各级体育行政部门必须勇于承担政治责任，尊重公众的自由选择权和体育需求偏好的表达权，使公众获得健康和满足感，对政府产生信任和信心。

第五，公共服务资源的有效配置还依赖于制度环境的改善和社会参与式服务网络的构建等保障体系的建立和完善。从制度层面来看，西方发达国家普遍采用建立合法的、经双方协商认定的合作框架的方式。这种合作框架从法律的高度明确政府以及服务供给方的责任，并规定行政问责与对服务供给方问责的措施。社会参与式服务网络的构建则强调不同利益群体的诉求表达以及广泛参与。在这个由多方构建的利益传输和服务供给体系中，不仅强调服务的作用和效果、个体需求的满足，更关注实现民众对于自身需求和呼声得到关注的满足感，以及非营利组织对自身发展的成就感，增加了民众与非营利组织对政府的价值认同。

体育公共服务作为一项社会福祉,政府承担着寻找和创造公共价值、拓展公众参与、建立有效的服务获取和递送机制等职能,在实践中,供应方选择、服务标准和服务内容的确定,以及服务监控等方面还需要利用市场机制加以调节,以提高效率、节省成本。为了协调体育公共服务的公共价值创造体系中不同层次网络中行动参与者之间的关系,保障公共价值目标的最终实现,还需要以下几个维度的机制设计予以保障。

第一,建立政策回应机制。在体育公共服务供给中,政府承担着监管者、代言人和法官的多重角色。健康的市场化环境、有序的竞争关系、透明的价格体系和健全的市场退出机制都需要政府从制度建设和行为监管层面加以完善。民众的体育服务需求具有多样化和层次性特征,政府在服务供给中充当代言人的角色,协调各个利益群体的冲突诉求并达成共识。同时,政府具有保障民众平等享有体育服务权利的义务,民众的意见反馈也是行政部门决策的重要依据。可见合理定位政府职能、转变定位、培育公共服务精神、积极回应民众需求是服务结果实现的重要保障。

第二,形成公共价值创造准入机制。非营利组织等社会主体应当成为参与体育公共服务的公共价值创造的重要组成部分。通过公共价值创造的互动机制实现各个主体的自身价值、维护主体权益。公共价值创造准入机制的设计,旨在为合适的社会主体架设参与服务供给的桥梁,强调各个网络层面中主体间互动式的广泛参与,保障政府对体育公共服务供给有效性确认和不良信息的及时反馈,督促服务供给方不断提高服务质量和效率,也为体育公共服务消费方中的弱势群体提供诉求表达的通道。

第三,完善服务传递机制。公共服务传递是实现体育公共价值创造的必要途径。基于我国国情,体育公共服务体系尚不完善,需要政府按照经济社会的发展需求以及各地区的统筹安排,对体育公共服务进行指导性调控,借助信息、通信、网络技术等现代化工具提高政府公共服务供给的及时性与准确性。信息化条件下,政府公共服务职能的行使不再受时间、空间的限制,与民众之间的沟通能够实现零距离、跨层级,自动化虚拟系统的应用使政府服务传递的速度大大提高。通过网络一站式服务,政府将各类服务内容、程序、接受方法等向社会主动公开。一方面，降低了民众获取服务的成本，使社会公众及时了解政策导向；另一方面，提高了服务供给的针对性和准确性。

第四，畅通社会主体在体育公共服务的公共价值创造中的偏好表达机制。由于资源占有和能力的差异，不同层次网络中主体的偏好表达也存在不均衡。政府应当为各类社会主体构建一个能够平等表达自身偏好的平台，在保障多数群体偏好诉求的同时，实现共同竞争、共同受益的格局。程序和分配公正体现在各社会主体参与公共价值创造网络互动中享有均等的表达、交换、利益获取的机会。必要的约束机制有利于避免垄断寡头的出现，兼顾弱势群体话语权。

第五，明确公共价值创造的评估与退出机制。有效的评估机制能够帮助政府准确了解民众需求并及时给予反馈调整，推动社会参与主体行为的改进以及服务质量、工作效率的提高。此外，为了协调公共价值创造结构中主体的力量变更，需要设立退出机制以合理地淘汰其中不合适的主体，避免公共价值创造结构的僵化和价值偏差。

体育公共价值创造的实现，其实质是在体育公共服务领域中构建一种新的公共服务管理范式，旨在以满足公众的体育公共服务需求为前提，充分考虑体育公共资源供给和分配的有效性和合理性，兼顾效率与公平，统筹体育公共服务产品的生产、供给、分配、消费等各个环节中各个主体的效用实现，目的是实现社会整体效用的最优化。在体育公共服务改革中，需要以公民的体育需求为导向，强调公平、民主和信任的同时，更加重视体育行政管理者的公共责任，培养管理者的公共服务精神，更加关注公众的参与性和满意度，提倡对公众诉求的快速有效回应，将公共价值创造作为体育公共服务政策制定、执行、跟踪、反馈等一系列过程的指导原则和行动目标。作为一种新的管理范式，体育公共服务领域的公共价值创造体系构建还将面临政策主体的权力分配、公民的民主修养培育、公共价值的识别与测量等难题，这些都有待深入研究。

第七章 高校公共体育改革与创新的现状与策略

近些年来，我国高校进行了公共体育教育的改革尝试，并取得了一些成果。本章将重点探讨高校公共体育改革与创新的现状与策略，主要包括高校公共体育教育改革的现状、影响因素以及理论基础，并探讨大学"公共体育专业化"的教学改革。

第一节 高校公共体育教育改革的现状调查

随着高校公共体育教育改革的不断推进，其虽然获得了一定的发展，但也出现了一些问题，主要表现在以下几方面。

一、体育专业理论知识教授不足

现阶段，在高校体育教学中，往往只重视对运动项目技能的传授，而忽略了体育专业理论知识的教学，现代体育教学应该加入这方面的内容。这是因为现代体育课程的目标是"健康第一"，体育在促进人们身心健康方面发挥着非常重要的作用，体育教学过程中，应该教给学生相关运动知识、健康知识、运动伤病的防治知识、养成体育锻炼习惯的方法、体育文化知识等，这些都有助于学生形成参与体育运动的习惯，促进学生身心健康的发展，从而实现体育教育的目标。

二、体育教学目标单一化

我国高校体育教育虽然进行了改革，但普遍存在着盲目追求体育教学目标的近期效益，过分强调学生的体育锻炼，片面地将体育教育目标与增强学生体质集中在一二年级上，缺乏对学生从事体育运动的兴趣、爱好、意识的培养，难以使学生成为终身参与体育的爱好者。高校体育教育改革的最终目标是实现素质教育的目标，让学生在体育教育中学到运动技能，学会与人相处，学会面对失败，学会战胜挫折，成为一个具有健全人格的人。

三、体育教学过程技术化

在一些高校体育教学的过程中，体育教师对学生过高的技术要求会削弱学生参与体育教学的热情和欲望，大部分学生由于偏重于文化学习而造成他们运动能力的不足。过高的运动技术要求，必然会使他们产生畏难心理，失去积极参与体育学习的热情和欲望。这些现象主要出现在一些本身对技术要求比较高的运动项目当中。

四、体育教学组织机械化

在高校体育教学中，仍然沿袭着以"课堂为主、教师主导作用为主"的教学方式，教学形式多数是"命令式、模仿式、检查式"的"三式"教学过程，但给学生独立学习的机会仍然较少，过分强调服从命令、听从指挥、遵守纪律，与体育运动的项目特征相悖。在进行体育教学组织时，大部分高校还是延续着中小学体育教学的组织形式，没有根据大学生和大学教育的特点对体育教学课程进行适应性的配套改革。

五、体育教学的内容和方法陈旧

现阶段，我国大部分高校的体育教学，仍沿袭着传统的以身体练习和运动技能掌握为主的内容和方法，教师通过主导式的教学方法，向学生讲述体育课程的主要内容，缺乏对学生主观能动性的关注。具体来说，随着时代的发展，高校体育教学面对的学生越来越时尚化、个性化，传统体育教学中的内容和方法，不能引起他们的学习兴趣，显得陈旧单一。只有不断开发新的教学内容，使用多元的教学方法，才能吸引学生进行学习，从而促进体育教学的顺利进行。

六、学生可选的体育运动项目偏少

在高校的体育教育过程中，有必修和选修两类形式的体育课，其中，在选修课的教学中，某些运动项目选择的学生人数过多，致使教师与学生比例不均衡。学生选择不到自己喜欢的运动项目，学习效果必然受到影响。这是大学体育教育必须加强的一个环节，高校应该尽可能地开设不同运动项目，满足大学生的多元化体育需求。

目前，我国高校开设的体育课程中，由于受场地和体育教师资源等影响，学生可选的体育运动项目非常少，并且在这些开设的课程中，大部分是一些比较常见的运动项目，一些新兴的体育项目不能进入到校园中，不能满足大学生追求新鲜和刺激的心理特点，使得大学生不能投入到体育课程的学习当中。

七、体育教学的评价体系不太完善

目前，我国的体育教学评价主要是通过学生掌握体育技能的程度，以及达到运动水平的高低来进行评价的。这种评价方式跟运动员的评价方式类似，虽然在一定程度上能反映学生学习水平的情况，但不能反映全貌。现代高校体育教育承担着学生道德教育、智力发展、身心健康、审美素养和健康生活方式形成的多元育人功能，因此，传统的体育教学评价方式显然不能很好地反映体育教育的目标，现阶段的体育教学评价体系是不完善的。

八、体育教学场地设施严重缺乏

随着我国高等教育的不断普及，越来越多的人进入到大学学习，高校采取各种措施进行扩建和改建，总是面临着经费的紧张和压力，因此往往会优先选择建教学楼、实验楼等教学设施，而忽略高校体育场地设施的建设，造成体育场地设施不足的局面。虽然我国早就出台了《普通高等学校体育场馆设施、器材配备目录》，但很多高校根本达不到目录中的要求，如室外游泳池的配备。

另外，由于学生体育需求的多样化，高校的体育场地设施只能满足基本体育项目的开展，如篮球、田径场地等，而像一些攀岩、轮滑、游泳项目，大部分学校还不具备这些条件，甚至像足球这样的项目，很多高校都没有一块专门的教学场地，因此，我国体育教学的场地设施整体上是非常缺乏的。

九、体育师资力量不够

现阶段，随着我国高校的扩招，高校学生的数量在不断增加，高校的体育课程在开设过程中，面临着师资力量不足的问题，这主要是因为我国大部分高校在招聘体育教师时，往往对运动技能要求非常高，对学历也有较高的要求。国家专业运动员或者退役职业运动员虽然运动技能非常高，但是其学历能达到要求的不多，普通高校毕业的体育学硕士生或博士生，其运动技能又不是很高，不能满足体育教学的需要。目前，我国有差不多3000所高校，这是一个非常庞大的数量，需要很多体育教师，因此，现阶段的体育师资力量是明显不足的，不能满足我国高校的体育教学需求。

第二节　影响高校公共体育教育改革的因素分析

一、宏观角度

（一）政治因素

政治对教育和体育有着非常重要的影响。这种影响必然也会通过一定的方式反映到高校体育的发展之中。主要包括以下几方面：

（1）政治决定了高校体育的领导权和管理体制。在我国，高校学生的体质健康历来受到党和国家的高度重视，各级教育行政部门都设有相应的组织机构负责领导和开展高校体育工作，对高校公共体育教育的发展提供了有力的组织保障。

（2）政治决定了高校体育的地位和基本性质。国家通过相关的法律和条例明确高校体育的地位和性质，使高校体育的发展能够最大限度地体现国家和政党的根本宗旨。

例如，《中华人民共和国宪法》第四十六条明确规定："国家培养青年、少年、儿童在品德、智力、体质等方面全面发展。"《中华人民共和国教育法》第五条规定："教育必须为社会主义现代化建设服务、为人民服务，必须与生产劳动和社会实践相结合，培养德、智、体、美等方面全面发展的社会主义建设者和接班人。"第四十五条规定："教育、体育、卫生行政部门和学校及其他教育机构应当完善体育、卫生保健设施，保护学生的身心健康。"《中华人民共和国体育法》第十七条规定："教育行政部门和学校应当将体育作为学校教育的组成部分，培养德、智、体等方面全面发展的人才。"这些法律法规从根本上确定了高校公共体育教育的性质，体现了党和国家对高校体育地位的确认和保障，对其健康发展具有重要的意义。

（二）经济因素

经济是社会发展的基础，也是高校公共体育教育发展的影响因素。主要表现在以下三方面：

（1）经济为高校公共体育教育的发展提供物质基础和条件。经济制约着教育经费和体育经费的投入，这势必直接影响高校公共体育教育发展所需要的场地、器材等物质条件的建设。现阶段，我国整体经济发展水平还较低，对教育和体育的投入明显不足，高校公共体育教育的物质条件远远不能满足高校公共体育教育发展的需求，已经成为严重制约我国高校体育特别是偏远地区高校体育发展的一个重要因素。解决这一矛盾，最终得依靠国家整体经济实力的增强。

（2）经济在一定程度上影响着人们对高校公共体育教育的态度。经济的发展带来的不只是个人收入的增加和生活质量的提高，在深层次上还会引发人们的观念、思维方式和行为方式的变化。其中存在一个客观的事实是，随着我国经济的发展，如今人们对自己的健康更加关注，这不仅提高了人们参与体育锻炼的积极性，也提高了人们对体育的认识。在经济发展浪潮的引领下，高校的各种人员——教师、学生、行政管理人员对体育的态度自然也会发生相应变化，这在客观上为高校公共体育教育的发展提供了良好的人文环境，对高校公共体育教育的可持续发展有着重要意义。

（3）经济对高校公共体育教育的内容、手段、方法、形式等产生相应的影响。经济的发展必然影响着高校体育内容、方法、手段、形式的相应变化，如新兴运动项目在高校中的开展、现代教育技术和媒体在体育教学中的应用等，都与经济的发展有着直接的关系。

（三）文化因素

教育和体育本身都属于文化的一部分，受到文化的制约，教育和体育目标的确立无不折射出一个国家和民族的文化传统与特性，如生活习俗、思维方式等。因此，高校公共体育教育的发展必然也受文化的影响，具体表现在两方面：

（1）通过价值观如生命观、养生观等影响高校公共体育教育的指导思想和人们对体育的态度。例如，中国传统文化中强调身体、心理、环境三者的和谐统一，这对我们确定高校体育的目标是有积极意义的。

（2）各种民族、民间传统运动项目为高校体育提供了取之不尽、用之不竭的内容资源。可以通过挖掘、整理和创新，源源不断地将之转化为学生喜闻乐见的体育活动内容。这不仅丰富和拓展了高校体育的内容体系，而且也有利于传统文化的继承与发展。

二、中观角度

（一）教育因素

高校公共体育教育是高校教育的重要组成部分，高校公共体育教育的发展必然受制于教育的发展。从教育的相关理论上来说，教育的发展与高校公共体育教育的发展是一致的，但在教育系统内部，作为子系统的高校公共体育教育与其他子系统的发展并不平衡。这一方面取决于高校体育在教育系统中的地位，另一方面则是由相关的教育政策和体制所决定的。概括而言，教育系统内部影响高校公共体育教育的因素主要有教育目的、教育思想、教育体制和政策法规等。

1. 教育目的

（1）教育目的决定了高校公共体育教育在高校教育中的地位。例如，我国的教育目的强调培养德、智、体、美等方面全面发展的人，这从本质上规定了高校公共体育教育与德育、智育、美育等在高校教育中具有同等重要的地位，是培养全面发展人才不可缺少的重要方面。

（2）教育目的直接决定了高校体育教育的目的。也就是说，有什么样的教育目的，就有什么样的高校公共体育教育教学目的，二者是一致的。

2. 教育体制和政策法规

（1）教育体制和政策法规直接影响了对高校公共体育教育的投入力度。在教育经费有限的情况下，高校体育经费的多寡一般是由教育体制和政策法规所决定的。

（2）教育体制和政策法规决定了高校公共体育教育工作的方向。例如，教育行政和管理部门对高校体育工作的评估方法，在很大程度上对高校体育工作起着风向标的作用。

（3）教育体制和政策法规还决定了高校公共体育教育发展的重要条件。例如，体育教师的数量与质量，对体育教师的专业发展有着重要影响。

3. 教育思想

教育思想对高校公共体育教育发展的影响具体表现在三方面：

（1）影响高校体育指导思想和目标，如"终身体育""健康第一"等教育思想对我国现阶段高校体育的指导思想和目标的影响是非常大的。

（2）对高校体育方法的影响，尤其是体育教学方法的选择与运用。

（3）在一定程度上间接影响了高校体育教育的内容。

（二）体育因素

高校公共体育教育不仅是教育的重要组成部分，而且也是体育的重要组成部分，其发展也受到体育自身发展的影响。但相对而言，体育对高校公共体育教育的影响不如教育直接，影响的范围和程度也有一定限度。体育对高校公共体育教育的制约与影响主要表现在对高校公共体育教育的发展战略、投入力度等方面。

1.体育发展战略

体育的发展战略直接影响高校公共体育教育在体育中的发展地位，即是将高校公共体育教育放在优先发展的位置，还是将竞技体育或群众体育放在优先发展的位置。谁处于优先发展的地位，在很大程度上直接影响其发展的规模和速度。在我国，虽然一直强调高校公共体育课对竞技体育或群众体育的基础作用，但总的来看，高校公共体育教育并没有得到应有的发展地位。

2.体育投入力度

高校公共体育教育的发展有赖于对高校体育的人力、物力、财力、时间、信息等方面的投入。目前对我国高校公共体育教育的投入主要来源于教育系统，而体育系统以及社会方面的投入则相对较少，这对高校公共体育教育的发展是极为不利的。

此外，体育的另外两个子系统——竞技体育和群众体育对高校公共体育教育的发展也有一定的影响。就竞技体育而言，其丰富内容和强烈的观赏性，不仅成为高校公共体育教育内容和手段的重要来源，而且对在校园中普及体育知识、传播体育文化和运动技能，提高师生对体育的认识及参与体育活动的积极性等方面都有着非常重要的意义。

三、微观角度

（一）高校的体育条件

对于高校来说，体育条件始终是制约其公共体育课发展的主要因素，这种制约表现在不同地区与同一地区中不同高校之间体育发展的差异性和不平衡性上。一般来说，影响高校公共体育课的条件因素主要包括体育师资、体育经费和体育场地设施等。

1.高校体育师资

体育师资条件是制约高校体育发展最重要的因素，这一因素可以分为师资的数量和质量两方面。高校体育的发展，不仅有赖于一定数量的体育教师，而且还有赖于体育教师的素质。经过多年的努力，我国的体育师资队伍建设已经取得了长足的进步，基本上满足了高校体育发展的需求，但地区间的差异比较大，特别是广大偏远的西部地区，体育师资依然存在比较大的缺口，而且由于多种原因，边远地区学校体育师资流失的现象也比较严重，这个问题如不能尽快解决，将会进一步拉大边远地区和城市高校体育的差距。

2.高校体育经费和体育场地设施

没有基本的体育场馆设施和必要的体育经费，高校公共体育经费短缺、场地器材不足仍然是制约高校公共体育课发展的重要因素。

此外，班级规模对高校体育的发展亦有很大的影响，特别是对体育课程的实施——体育教学以及高校群众体育活动的组织形式、内容、方法以及效果等影响尤为明显。在体育师资和场地器材条件不变时，适当的班级规模将更有利于体育课程和高校各种体育活动的组织与实施。

（二）高校师生的体育观念

对高校体育来说，各种高校体育规章制度和政策的贯彻与实施，各种体育活动的开展，都需要校长、教师、学生的共同配合。没有对高校体育的地位、作用等方面的正确认识，是无法有效地实现高校体育目标的。因此，高校师生的体育观念，在一定程度上影响着公共体育教育的进行，如果师生们对体育的功能和认识是正向的，认可体育的价值和功能，那么高校体育教育改革在推进和执行中，就会更加顺利。

第三节 高校公共体育教育改革的理论基础

一、人本主义理论

（一）人本主义理论主要内容

人本主义理论已经发展成为一个完整的理论体系，具体分析如下。

1.有意义学习理论

卡尔·兰塞姆·罗杰斯，人本主义理论的主要代表人物之一，有意义学习理论的提出者和奠定人。1969 年，罗杰斯出版了《学习的自由》，书里首次对有意义学习理论进行了阐述。有意义学习理论认为，仅仅是促进知识增长的学习还不能够称作有意义学习，有意义学习必须是融合学习者各部分经验的学习。精神集中、自觉学习、客观评价自己以及综合发展是有意义学习的几个主要特点。罗杰斯指出，人们天生就具有学习的潜质与能力，然而真正有意义的学习需要具备以下三个条件：

（1）学习的内容本身具有意义。

（2）个体的学习目标与学习内容密切相关。

（3）个体参与学习的态度是积极主动的。

在教育过程中，为了实现有意义的学习，罗杰斯主张，教育者应为学习者构建舒适的外部学习环境，尽量不威胁个体的学习行为，师生关系要融洽、要和谐，教师要对学习个体表示充分理解，要懂得维护个体的学习形象，使学习者逐渐减少对教师的防御意识，学习者也要提高自身学习的积极主动性，教师要指导学习个体的正确学习，提高学习者对客观世界的适应能力。

教育的最终目标就是要实现自我、形成完美的人性，并达到人所不能及的最高境界。促进学生的健康成长是教育的主要目标，教育就是要指导学生怎样学习，要想办法提高学生对外界环境的适应能力，帮助学生发展成为全面进步又有个性的人。罗杰斯认为，认知和情感两种因素的结合就是人的学习，教育者所要做的就是要促使这两种因素的结合。罗杰斯还强调，将学生培养成为完整的人就是教育的总目标，重点要从知识、认识能力以及情感意志等几方面入手。

2.需要层次理论

马斯洛是需要层次理论的创立者，他认为，人类得以生存并不断发展的内部驱动力就是动机，而产生动机的基础与源泉就是人的需要，所以人的需要是其行为表现的心理驱动力。马斯洛将人的需要由低到高逐级排列，就像一座金字塔。这座金字塔充分阐明了人的不同层次需求之间的关系，人在成长与发展的过程中，倘若没有满足其低层次的需要，层次较高的需要也就难以满足了，因此，马斯洛认为，低层次需要的满足是满足高层次需要的必要条件。

（二）人本主义理论对公共体育教育改革的指导

1.体育教育目标是促进学生的自我实现

现代人本主义思想指出，体育教育的终极目标就是要实现自我、形成完美的人性，并达到人所不能及的最高境界。

高校体育教育改革要充分体现人本主义观念，即以人为本，对每一个学生的需求都表示足够的尊重。要对学生的兴趣和动机选择满足，并实施分层教学，具体要以学生运动技术能力的个体差异为依据进行，鼓励学生坚持学习自己感兴趣的体育课程，对学生的体育潜能不断挖掘，并鼓励其充分发挥自己的特长潜能，从而不断实现自身擅长运动项目的更高目标，提高自己的专项运动技能水平，并在此基础上不断突破，从而促进其身心的健康发展，提高其社会交往能力以及社会适应能力。

2.体育教育内容应该尊重学生的自由发展

体育教育应充分给予学生自由选择的机会，他人应尽可能少地干涉，这样才能培养起良好的独立性，建立自信心。在体育教育教学实践中，不存在体育课程在任何时候都适应所有的学生，必须尽量提供多种多样、侧重点不同的体育课程方案，使其适应不同学生的个性特征，通过体育教学活动的开展引导学生根据自身的发展需要来进行选择。在教学过程中，应使学生所学的知识与其生活经验相互结合，同时，重视学生情感因素和认知因素的有效结合。

3.体育教育过程应该重视学生的情感体验

现代人本主义主张以学生为中心，因此，在体育教育教学的过程中，让学生通过学习获得经验，并让学生在学习中发现自我，学会尊重他人，建立自信心，促进自我个性的形成。因此，学校应该做的是要给学生营造良好的人际环境，教师对学生报以真诚的态度，给予学生充分的尊重、理解和信任。让学生在一定程度上感受到被关爱和重视，在体育学习过程中，可以全身心地投入，从而有更好的情感体验，更好地参与到体育教育当中。

二、动机激发理论

（一）动机理论

动机是个体从事某种活动时指引该活动去满足自身一定需要的意图、愿望、信念等。动机直接导致行为的产生，工作动机直接导致工作行为的产生。

个体的动机是极其复杂的，目前，心理学家们从不同的认识角度对动机进行了不同的分类，常见的分类方法及内容具体参考表 7-1。

表 7-1　动机分类及内容

分类依据	动机类型	动机内容及其表现
动机起源	生理性动机	与个体的生理需要相关，具有先天性，如饥、渴、性、睡眠等动机。在一定程度上受社会生活条件的制约
	社会性动机	与人的社会性需要相关，是后天习得的，如兴趣、交往动机、成就动机、权力动机等
动机原因	内在动机	由活动所产生的快乐和满足引起，不受外界条件的影响，如个体从事某项活动能感到快乐而非是为了得到他人的表扬
	外在动机	由活动以外的刺激诱发引起，受外界条件的影响，如员工努力工作是为了获得更高的报酬或领导肯定等而并非工作兴趣

分类依据	动机类型	动机内容及其表现
动机作用	主导性动机	在个体活动中的作用强烈、稳定，处于支配地位
	辅助性动机	在个体活动中的作用较弱、较不稳定，处于辅助地位
动机行为与目标关系	近景动机	与个体的近期目标密切相关，如努力工作以获得更多绩效奖金
	远景动机	与个体的长远目标密切相关，如努力工作期望成为本行业的专家
动机行为带给个体的体验	丰富性动机	又称满足和兴趣动机，激发个体进行探索、创造、成就和自我实现的动力，与个体的生存、安全、痛苦、危险等无关。个体通过动机产生行为追求快乐
	缺乏性动机	又称生存和安全动机，如个体行为不能达成目标满足自身需要，个体会体验到痛苦和不安，会通过动机产生行为消除痛苦

研究表明，动机是个体产生行为的主要原因，它能为个体的行为提出目标、提供力量并使个体的内在达到一种平衡。个人的动机是由需要、外在条件和对它们之间关系的认识所决定的，并直接对个体活动的发动、调节、维持以及终止产生影响。

个体动机以个体需要为基础，需要是推动个体活动的原动力，但并不是所有的需要都能转化为动机而引起个体的行为。具体来讲，当个体产生某种需要时，心理上就会产生不安和紧张情绪，进而导致动机的产生，动机直接引起个体的行动，并促使这种行动达成某种目标以满足个体的需要，这个过程周而复始，构成了个体各种复杂多变的心理活动。

成就需求，具体是指个体对成就的需要。个体对成就的需要具体表现为：个体希望可以找到一份良好的、适合自己的工作，然后以这项工作为事业，并通过工作的完成来追求事业的成功。渴望有所成就的个体，当实现成就时，就会感到满足，就会有一种精神刺激的快感，这种刺激与满足会为其更好地投入工作产生积极的影响。

在教育系统中，对于学生的成就需要研究来看，学生的成就需要就是获得良好的知识、技能，并得到教师的肯定。有关心理学家指出，如果学生的成就动机很强，他们就会更加主动地投入到学习中。由此可知，越强的成就动机，越能够更好地促进潜在兴趣向实践兴趣的转化。

（二）动机激发理论对公共体育教育改革的指导

1. 重视学生体育学习动机的培养

高校体育教育改革重点强调的是，让学生在 3~4 年内集中对一个专项体育项目进行学习，使学生的体育专项兴趣比较稳定。高校体育教育改革就是要对学生在体育运动某一项目上的潜在能力及时进行发现与培养，并且使学生集中学习这一项目，以促进学生体育专项技术能力的提高，加深学生对成就感的体验与享受，从而在将来的终身体育学习中把这一专项体育运动项目作为锻炼的主要方式。

2. 重视学生体育学习兴趣的培养

兴趣是对学生的运动行为具有激发和保持作用的内部动力，也是对学生的自觉性与积极性造成影响的关键因素。以学生的发展为核心，把学生的主体地位重视起来，这是新课程改革的关键问题，也是促进动作技能练习效果增强的重要理念。所以，教师要对不同学生的差异与需求表示关注，以促进学生学习兴趣的激发，鼓励学生充分发挥自身的主观能动性，让学生积极主动地参与到体育学习中来。

3. 丰富学生的体育运动体验

通过体育教育改革，应让学生在体育教学中有丰富的情感体验，尤其是体验到参与体育运动的乐趣。如果运动过程非常枯燥，就会使学生失去运动乐趣，导致其运动动机的下降。因此，在运动训练初期，一定要合理选择训练内容，科学安排训练时间和负荷，选择对学生比较有吸引力的运动内容和项目。

4. 创设良好的体育教学环境

体育教育改革应体现在多方面，重视对学生良好体育教育教学环境的建设。应为学生创造良好的体育教学硬件环境和软件环境，并注重高校体育文化氛围的营造，以此来影响学生，使学生产生体育参与和学习的兴趣、动机，并提高体育参与和学习的积极性与主动性。

三、运动技能形成原理

（一）形成运动技能的影响因素

运动技能的形成，主要是通过身体的运动来完成的，在个体学习运动技能的过程中，主要受以下几个因素的影响：

1. 身体素质

身体素质是影响个体运动技能学练效果的一个重要因素，甚至直接影响个体是否能完成某一项运动技能。在一些体育运动项目中，有些有难度的动作对运动者的身体素质水平要求较高，充分体现了身体素质对运动技能学练的影响。

2. 智力水平

运动技能的学练是一个系统的学习过程，而个体的学习过程受智力因素的影响，因此，运动技能的学练也受个体智力水平的影响。具体来说，在体育运动活动中，个体要判断与选择运动的环境条件与反应。个体智力发展水平与运动技能形成的关系被一些专家用运动智商来说明，也就是说，在对运动员进行智力测验后，其测试的分数越高，那么其学习运动技能的速度与效率也越高。

3. 思维能力

学习体育动作技术，需要对技术动作的各环节的关系、空间位置、完成顺序等进行充分的理解与掌握。这就要求个体具有良好的思维能力，否则就很难理解动作的力学、运动学等的特点和特征，更不要说完成某个运动技术动作。此外，在运动技能的学习过程中，学习者还需要对教学者的相关讲解、示范等信息进行正确地分析，并全面吸收，这样才能建立正确的动作定型。因此，个体加工信息的快慢与好坏，会在很大程度上决定个体对运动技能任务完成的快慢与好坏。

（二）运动技能的形成过程

运动技能的形成主要包括以下几个过程：

1. 泛化时期

学生在对某种技能动作初步掌握之前，对这种技能进行掌握的动机要先产生，并且要对与这项技能相关的知识加以学习，而且要对这项技能的基础与重点有所了解，对这个运动技能的大概的、笼统的表象要在头脑中形成。简言之，个体要在头脑中浮现出某种运动技能的组成活动方式，并且一定的动作映像要在大脑中形成，而且要使得在大脑中形成的动作映像能够引导个体对运动技能的练习，这就是泛化时期。运动技能形成的泛化时期，学生要把做什么和怎么做的问题解决好，这就是泛化时期的主要任务。具体来说，学生要注意对教师所做的示范动作进行仔细观察，通过观察对运动技能的基本结构和要点有所了解，而且要明确组成该运动技能的各个动作之间关系是什么样的，从而保障正确的动作映像在大脑中的形成，这样有利于指导今后对运动技能的练习。泛化时期，个体大脑中对动作映像的形成是十分关键的。如果大脑中形成的动作映像是正确的，就有利于促进学生对这项运动技能的掌握与学习；反之，就会阻碍或错误地引导学生学习运动技能。学生在大脑中形成的动作映像是否清晰而且准确，主要受以下三个条件的影响和制约：

（1）教师是否能够做出正确的示范动作。

（2）学生是否可以仔细观察并准确感知教师的示范动作。

（3）学生的已有知识经验是否丰富。

2. 分化时期

运动技能形成的分化时期，根据学习者对技能的掌握情况和程度，可以分为以下两个阶段：

（1）局部动作的学习与掌握

在体育运动技能的学习过程中，学生在开始练习动作技能时，他们有比较小的注意范围，只能在单个的动作上集中注意力，对动作的细节还不能够很好地控制。与此同时，在以往的学习与生活中，一些习惯动作在学生的大脑中已经形成，而且要学习的动作技能往往与之前形成的习惯性动作有所差别。所以，学生在没有掌握新的动作技能之前，如果不在个别动作上集中注意力，就容易在学习新动作的过程中受到之前习惯动作的干扰。由此可以看出，学生在对局部动作进行掌握之前，其会表现出这样的行为特征：慌张、顽固、四肢不灵活，经常出现不必要的动作和错误的动作。

（2）完整动作的学习与掌握

体育运动技能学习过程中，学生对局部动作进行学习与掌握阶段结束之后，学生对动作技能的一些局部动作已经有所掌握，这时自然就进入到对完整动作初步进行学习与掌握阶段。学生对局部动作进行掌握之后，就要结合组成动作技能的单个动作，促使连贯动作的形成与掌握。然而学生经常会把单个动作之间的交替忘记或忽略，他们在转换动作的时候，会不自觉地表现出停顿与拖延。学生是交替完成协同动作的，也就是说先对一个动作集中精力来完成，而后再集中精神完成另一个动作，如此反复进行。

这一时期，学生的注意力开始从认知向动作转化，从个别动作开始向动作组织与协调转化，学生在不断增加练习的时间与次数之后，就会加快交替动作的速度，从而逐步增加动作技能结构的层次，如此循环往复，整体的动作系统就大致形成了，也就差不多形成了动作技能。和之前的泛化阶段相比，学生已经降低了完成动作时的紧张程度，但是紧张感依然存在，如果注意力不集中，一些错误动作就会出现。但是总体来看，几乎已经没有不必要的动作和错误的动作了，动作完成的速度也有所增加，能及时发现并改正错误动作。

3. 自动化时期

自动化时期是运动技能形成的最后一个时期。这个时期，学生掌握的动作技能的每个动作已经形成了有机的整体，各个动作也基本稳定了，而且每个动作之间的协调也已经走向自动化了。一旦有一个开始信号出现，学生就可以快速准确地连贯完成整个动作技能的每个动作。这时学生的意识几乎不再控制动作了，学生完成整个动作的中途没有停顿与迟疑，而是一气呵成的。动觉信号主要是调节动作连贯性的，动觉信号是从个体感受器那里而来的，此时学生已经准确地掌握了运动技能。

（三）运动技能形成原理对公共体育教育改革的指导

对于高校公共体育教育改革来说，运动技能的形成要求体育教育教学必须充分尊重运动技能形成的原理。具体要求如下：

1. 改革选项课教学模式

由运动技能的形成原理可知，足够的练习时间是学生掌握运动技能的基础条件。因此，高校体育教育改革对选修课以学期为一个周期、选择一个体育项目的模式进行了改革与突破，鼓励学生在大学一年级和二年级时间内不断学习体育项目的运动技能，这样练习的时间和次数就有了足够的保证，学生对运动技能掌握的熟练度也就增加了。

2. 提高体育教师的教学能力

如前所述，学生运动技能的学习受多个因素的影响，其中，教师对动作技能的科学示范、正确讲解、实践指导等，对学生的动作技能形成具有重要的影响作用。因此，高校体育教育教学改革应不断加强师资建设，提高教师的教学能力和指导能力。

四、专业化理论

（一）专业化理论的特点

利伯曼认为，专业化理论具有以下几方面基本特征：

专业化的纲领是具体化的。

专业化是非营利性的，主要以服务为主。

专业化需要经过长期的专业教育才能获得。

专业化要对高水平的理智性技术进行应用。

从事专业化工作的人需要负的责任有判断与采取行为。

专业化具有明确的范围，对社会必要的工作进行专门分类：

1. 促进体育教师的专业化

体育教师在高校体育教育中发挥着非常重要的作用。通过培训促进体育教师对体育专业系统知识的掌握，使体育教师的教学技术水平提高，提高其在体育科研与教学中解决问题与困难的能力，以此来提高其在社会上的地位与名誉。

2. 对体育教师进行在职培训

现阶段，加强体育教师的在职培训，有助于提高教师的专业教学能力、科研能力，促进体育教师的专业化，进而提高体育教学水平和质量。

第四节　大学公共体育专业化教学改革探讨

一、大学公共体育专业化教学改革的困难

（一）对体育的功能认识不足

受我国传统文化的影响，大部分人对体育的观念还停留在体育就是简单的跑跑跳跳，动动胳膊动动腿上，对体育在促进人身心健康、教育人面对困难和挫折、促进人的社会化等方面的功能认识不足。高校师生对公共体育课的观念也是停留在完成体育教学任务和体育课程，满足国家体质健康测试的要求，因此，在进行公共体育专业化教学改革的时候，他们对改革的战略意义和价值认识不足，高校各个部门的管理人员对学校体育工作的认识存在偏差，从而不配合行动，进行拖延和推卸责任等，给大学公共体育专业化教学改革带来了一定的困难。

（二）学校体育场馆和设施无法满足专业化教学的需要

在大学公共体育专业化改革的过程中，往往会遇到体育场馆和设施的一些问题。主要包括以下几方面：

（1）一些热门体育项目，如羽毛球、游泳、篮球、乒乓球等场地设施严重不足。

（2）室内体育场地严重不足。目前，我国大部分高校的室内体育场馆都是非常少的，不能满足一些室内体育教学的需要以及学生在室内参加体育运动的需求。

（3）体育场馆及设施比较陈旧。由于高校经费的短缺，一些高校内的体育场馆及设施比较陈旧，存在一些安全隐患，或者是容易造成一些运动伤害。

（三）体育教师的专业化程度不高

目前,我国大部分高校体育教师的专业水平不是很高,他们往往只会一项专业技能,特别是一些年龄偏大的体育教师,往往在示范体育动作的时候,不能非常规范地示范动作,缺乏教学讲解与组织能力,一些教师还缺乏为人师表和教学执行力,专业化程度不是非常高,在一定程度上不利于大学公共体育专业化的改革。

（四）缺乏运动伤害的法律保障体系

长期以来,为了规避运动伤害事件的出现,很多体育教学都删除了那些有风险的体育教学内容,如很多高校都取消了长跑、体操等,在具体教学过程中,也不敢加大运动技术的练习量和强度,这样的现象在公共体育专业化的教学改革中也很明显,特别是一些学校运动伤害事故的发生,让很多高校都紧绷神经,奉行着"只要不出事"的体育教学宗旨,非常不利于体育教学改革的推进,这主要是由于我国缺乏运动伤害的法律保障体系而造成的。

二、大学公共体育专业化教学改革的策略

（一）确立大学公共体育专业化教学改革的目标

大学公共体育专业化教学改革应确立以提高大学生体质健康水平,掌握 1~2 项运动技能,养成终身体育习惯的指导思想。大学公共体育专业化教学改革应全面贯彻党的教育方针,树立"以人为本、健康第一、全面发展、终身受益"的体育教育理念。通过体育教学和体育活动,促进学生体质健康水平的提高,使学生学会和掌握体育锻炼的方法和技能;培养学生团队精神、拼搏精神、百折不挠的精神,使学生成为身心健康的合格人才,从而实现"健康工作五十年,健康生活一辈子"的目标。

（二）创新大学公共体育专业化教学改革的思路

长期以来,学校体育教学虽然经过不懈努力取得了一些成果,但效果不明显,让学生掌握 1~2 项运动技能的承诺并没有实现,学生的体育兴趣依然没有被有效唤起。

之所以会如此,有些研究者认为问题的关键还在于学校体育教学改革的思路没有突破,教学改革的手段与方法、教学的模式、课程的组织形式和内容、教师的授课方式等缺乏开拓与创新。为此,必须确立以持续培养学生体育兴趣为导向的学校体育教学改革思路。大学体育教学改革也需要从充分满足学生的兴趣入手,这是培养学生终身体育观念、养成锻炼习惯的需要。具体可以从以下几方面进行:

(1)持续培养学生的体育兴趣。学生的兴趣项目一经确定,就要为学生提供学习的条件和营造学习的环境,经过大学课内外始终如一的专注练习,使学生掌握1~2项兴趣项目的运动技能,这是以持续培养学生体育兴趣为导向的高校公共体育教学改革的有效途径。这与以往提供学生选择和学习多个项目的大学体育课完全不同,它的最大优点是能集中学生的精力,使之在较短时间内掌握1~2项运动技能,形成一技之长,提高学生的满足感和成就感,并由此形成对该运动项目持续浓厚的兴趣。一旦有了体育兴趣,就很容易养成自觉的体育锻炼习惯,进而有效促进体质健康水平的提高。

(2)当代大学生的体育兴趣是多样、动态、变化的,要全面适应大学生可能的体育兴趣点,就必须有意识、有计划、有目的地建立可进可出的体育特色课程群,丰富课程内容,但对于增设的休闲体育课程,应加大教师教学培训力度,拓展教师的专项教学技能。

(3)努力建设学校体育教学与管理的信息化服务平台,在有条件的场馆场地要引入现代教育技术手段和教学训练、即时视频反馈系统,以突破传统体育教学模式。应使用生动、形象、直观的视频教学辅助手段,为学生的课内学习、课外活动和社团体育活动提供便利条件,激发学生的学习热情,培养其对体育的兴趣。

(4)为学生开设健康教育和健康管理方法通识讲座,并通过体质健康水平评价实验课,让学生提高思想认识,掌握方法,促进体质健康水平的提高。

(三)加强大学体育师资队伍的建设

目前,大学体育师资队伍的结构逐渐发生变化,由单一技能型开始向复合型的方向转变,部分高校公共体育已开始与学校优势学科相结合,通过学科交叉,在体育人文、体育管理、体育材料、运动生物力学、体育工程等方向上形成了公共体育学科特色，相应录用和引进了具有相关学科知识结构的师资人才。随着学生体质健康监测与运动干预的逐渐加强，具有生理、生化、医学等知识结构的专门人才开始进入大学公共体育师资队伍，复合型师资队伍的特征愈发明显。

大学公共体育已不再是"把体育课上好"的简单概念，围绕学生体质健康促进及学生体育兴趣的培养，需要在教学改革、课外体育社团、科学研究与探索、特色体育人才培养、校园体育文化建设等多方面开展工作，提升公共体育学科地位。调查发现，已有学校开始确定自身的公共体育学科发展重点方向，并按发展的重点方向规划5~10年的师资队伍建设目标，其重点方向涉及高校体育教学改革与体育社团促进、体育人文与城市发展、时尚与传统体育、体育与新材料、大学生体质健康与促进、体育建筑与设计等。

（四）促进大学体育社团的发展

大学体育社团或体育俱乐部已成为推动大学体育工作的重要抓手，是落实课内外一体化理念的重要手段。我们知道，体育课堂教学时间有限，教学内容的局限性较大，运动技能的掌握仅靠课堂教学的有限时间是远远不够的。体育社团或体育俱乐部是学生自愿参加的体育兴趣组织，进入体育社团的学生通常都是对该体育项目比较有兴趣的同学，比较容易形成自觉锻炼的行为。通常，体育社团或体育俱乐部的活动都是在课外，活动时间安排、活动时间的长短比较灵活，不需要教师强制性地管理和过多地投入，只需要有效引导。通过体育社团或体育俱乐部活动，学生可以有效强化课堂上学习的内容，有助于学生熟练掌握运动技能，养成终身体育锻炼的习惯。

因此，高校要采取多种手段，有效促进体育课堂教学与体育社团联动发展，体育社团应在体育辅导教师的引导下，自主组织活动。同时，为扩大体育社团的影响力，要发展出一定的规模，通过编发体育社团活动简讯，评比体育活动先进社团，参与组织或承办校、院两级竞赛活动，做好大学生运动队的选拔与组建工作，以提高社团的知名度。

总之，大学体育社团或体育俱乐部是培养大学生体育兴趣的有效载体，通过这一载体可有效落实课内外一体化的教学理念。为此，学校要有计划地加大体育社团或俱乐部的人力、财力、物力投入，提供活动必需的场地，制定各项管理制度及配套措施。

（五）加大大学体育场地设施的建设力度

我国大部分高校都是政府管理的事业单位，在学校的硬件建设上，大部分经费都来自于政府拨款，大学用于体育场地设施建设的经费非常少，因此，为了解决大学体育场地设施匮乏的问题，应该多渠道筹集资金，如利用校友的捐助、企业赞助等形式，加大我国大学体育场地设施的建设力度，满足体育教师的教学需要和学生的课外体育锻炼需求。

（六）为学生购买必要的运动保险

长期以来，困扰我国体育教学的一个重要问题是学生的运动安全问题。在大学公共体育专业化的改革过程中，为了保障体育教师和学生可以全身心地投入到体育教学和体育课程中，保障教学改革的顺利实施，高校可以与一些保险公司合作，设计一种运动保险类别，为学生购买相应的运动保险，为师生解决参与运动的后顾之忧。

（七）促进大学校园体育文化的发展

大学校园体育文化是校园文化建设的重要组成部分，对营造"德、智、体、美"全面发展人才培养的氛围，丰富文化体育生活，养成文明的生活方式，树立自强不息和团结协作的价值取向具有重要影响。体育是培养全面发展人才的重要组成部分，不仅在促进大学生体质健康上发挥作用，而且也可以实现大学生的素质教育。大学校园体育文化的建设不是一朝一夕的事情，它是一项系统工程。可以从以下几方面进行：

（1）承接高水平的体育竞赛及体育展示活动。近年来，随着大学校园体育场地设施的不断完善，许多学校已具备了承办高水平体育竞赛活动的硬件条件，部分大学已开始尝试有选择地引进高水平的赛事进入高校校园。例如，上海大学已尝试引进全国女子篮球和女子足球职业联赛，把上海大学作为上海女篮和上海女足的主场进行运作，这两项赛事已为上海大学校园体育文化建设发挥了重要作用。高水平的赛事进入校园，可以使大学生更近距离地接触和感受运动员的拼搏精神，扩大体育精神在校园文化建设中的渗透力。除此以外，大学还可以利用体育场馆的优势，承办一些以体育为主题的展示和项目推广活动，让体育的每一个元素都能对大学生产生影响。

（2）打造校园体育标志性建筑品牌，扩大校园体育宣传的覆盖面。良好的体育场馆条件和标志性体育建筑是校园体育文化建设和宣传的最好载体，围绕标志性体育建筑，丰富多样的体育竞赛活动的举办是对校园体育的最好宣传。特别要注重有组织、有计划地开展各类以图片、视频、文字、标语、雕塑、实物展等为主要内容的宣传，形成全年度、全方位、多形式的校园体育宣传系列，覆盖全校园，覆盖全年度，是扩大校园体育文化影响力的策略。为此，建议大学体育工作应与校宣传部门联合组建校园体育文化推广团队，制订推广规划，确立校园体育文化推广特色，建立可持续推广校园体育文化的长效机制。

（3）形成校园特色体育项目。校园特色体育项目的高度普及和制度化管理，最容易形成校园体育特色。如清华大学的游泳、足球，上海第二工业大学的健球等。通过打造特色体育项目的品牌，形成在同行中的影响力，吸引更多的学生参与，形成项目更大的普及和影响力。当然，在进行项目推广的过程中，如果能结合运动项目自身蕴含的文化加大宣讲力度，则会起到更好的效果，如高尔夫、网球的诚信与修养，跆拳道的规范与礼仪，马拉松的坚持不懈等。

（4）邀请体育明星进校园活动。体育明星是很多大学生喜欢和追逐的偶像，有条件的高校可以邀请一些体育明星进入校园，通过近距离地接触球星，可以满足大学生的心理愿望，还能够促进其更加热爱和投入到自己喜欢的运动中去，同时可以增加校园体育文化氛围，促进大学校园体育文化的发展。

总之，大学体育有责任从学校体育的全局出发，充分发挥大学公共体育在人力、财力、物力等方面的优势，创新大学公共体育专业化教学改革，创建以体育兴趣培养为导向的体育教学模式，大力促进体育社团大发展，树立"健康第一"的指导思想，明确大学公共体育教学的目标，建设综合素质比较强的体育师资队伍，为学生购买相应的运动保险，努力加大对学校体育场地设施的建设力度，促进大学公共体育专业化教学改革的不断推进。

第八章　创新教育背景下高校公共体育课程内容资源的挖掘与开发

当前，创新教育已经成为社会关注的重点之一，在教育事业的发展上起着重要的作用和影响。在这样的背景下，高校公共体育会得到进一步发展，可以说，这种良好的社会环境为高校公共体育的发展提供了积极的助推力。体育教学内容作为体育教学发展的重要方面和影响因素，其挖掘和开发也是非常重要的。本章首先对体育教学内容的基本理论进行了阐述，接着对高校公共体育教学内容的现状、体育课程教材建设，以及创新教育背景下我国高校公共体育教学内容的开发与发展进行分析和研究，由此能够对创新教育背景下高校公共体育课程内容资源的挖掘与开发有一个全面且深入的了解和认识。

第一节　体育教学内容的基本理论

一、体育教学内容的概念与分类

（一）体育教学内容的概念

所谓的体育教学内容，就是为了对学生身心发展起到积极的促进作用，以现有的体育教学条件为依据，来有选择地进行体育知识和技能的传授，从而实现一定的教育目标的知识体系。

在体育教学中，教学内容的选择是教育者以教育的一系列要求为主要依据，通过对前人体育和教育实践经验进行综合的总结，以教育原则为主要依据，从丰富的体育技能理论当中精挑细选而来的。教学内容在教师与学生中间扮演着中介和媒体的角色，这就在很大程度上决定了教师和学生之间的信息交流。从某种程度上说，体育教学内容也在很大程度上决定着体育教学的效果和质量。

（二）体育教学内容的分类

体育运动项目众多，其内容也是非常丰富的，因此在将这些内容进行分类时，采用何种逻辑分类就成为一个重要的课题。合理地对体育教学内容进行分类能够使教师和学生更加深刻地认识体育教学内容，从而更好地参与到学习之中。

目前，体育教学内容的分类方法主要有以下几种：

1. 按照体育教学目标分类

按照这一标准，可以将体育教学内容分为掌握体育运动技能的练习、掌握科学锻炼方法的练习、提高安全意识与能力的练习、发展体能的练习、发展学生心理素质的练习、提高学生社会交往能力的练习、提高基本活动能力的练习等几种类型。可以说，这种分类也是体育教学中一种比较常见的教学内容分类方法。

这种分类方法能够使以多种目的的身体练习为依据进行人为的规定得以实现，同时也能够使教学内容具有一定的目的性，是非常有利于打破陈旧的、以竞赛为目的的教学内容编排体系的，这也使学生能够学到比较多的体育教学内容得到有力保证。

2. 按照体育的功能分类

具体来说，这一划分标准是根据我国体育课程相关的文件，以三维健康观、体育的本质特征、体育与健康课程等五个领域的目标重新构建体育课程的内容的。由此，可以将体育教学内容划分为五方面，即运动参与、运动技能、身体健康、心理健康以及社会适应等。

3. 按照人体基本活动能力分类

按照这一标准进行分类，实际上就是按照人的走、跑、跳、攀登、负重等进行分类，进而对各种各样的运动项目和身体练习的方法进行重新分类组合。可以说，这是在体育教学实践中比较常见的一种分类方式。

这种分类方法的主要特点为：比较灵活，不会受到正规的体育运动项目条框的限制。

所以，这种方法在有利于组合教学内容的基础上，还能使学生的各种身体动作和发展基本活动能力进行发展，所以这种分类模式对于低年级的学生是比较适合的。但这种分类在学习掌握体育运动技能、发展体能等方面的局限性比较强，对于高年级学生来说，其要求往往无法满足，容易使高年级学生在体育运动的动机方面较为缺乏。

4.按照身体素质分类

体育教学的一个重要目标就是发展学生身体素质。按照这一标准，是一种按照力量、速度、柔韧、灵敏、耐力，或者是按照与动作技能相关的体能——力量、速度、灵敏、平衡、协调、反应，或者是按照与健康相关的体能——身体成分、肌肉力量、心肺耐力、肌肉耐力、柔韧性等进行分类，进而对各种各样的运动项目和身体练习进行重新分类组合。

这种分类方法的主要特点为：具有较强的针对性，对于使学生正确认识各种体育运动项目与身体练习以及对体能的发展相当有利，同时还能够有目的、有针对性地发展学生的体能。但是不可否认的是，这一分类方法也存在着一定的弊端，即在体育运动项目当中，许多项目并不是以提高某一方面身体素质为前提的，因此对待这类项目时这种分类显得比较模糊，而且这种分类在学生对体育教学内容的文化特性的认识上可能将学生带入误区当中，学生对体育运动文化方面的认识不足。

5.按照运动项目分类

按照这一标准分类，具体来说，就是按照各个运动项目的名称和内容而进行具体的系统分类，以此为依据，可以将其分为球类、体操、田径、武术、体育舞蹈、冰雪运动、水上运动等，对各式各样的运动项目以及特点加以详细的划分。这也是体育教学中最常见的教学内容分类方法。

这种分类方法在理解上较为容易，有助于学生了解和掌握体育运动文化。但是这种分类方法也存在着一定的缺点，如将导致一些在教育上可能有突出作用，但并没有列入正规体育比赛的项目当中的一些运动项目被忽略，而且即使在正式比赛的项目当中，也可能由于规则、技能等方面具有相当高的水平，但与学校体育教育并不相符，所以如果将其纳入体育教育内容当中必须进行一定程度上的改造。

6.综合交叉分类

综合交叉分类，实际上是一种将基本部分与选用部分、理论与实践教学内容、各项运动的基本教学内容与发展身体素质练习教学内容等相互交叉的综合分类方法。

这种分类方法的优点在于能够准确地将不同学生的不同年龄阶段身心发展特点和对学生学习的基本要求反映出来，对达成体育教学的目标有非常突出的作用，不仅对保持运动项目的固有特点和系统性有所帮助，同时还能使学生进行身体锻炼的实效性得到增强。需要注意的是，这种分类方法无法用同一标准进行衡量，在某种程度上会导致一定的混乱。

综上所述，对体育教学内容的分类方法有很多种。体育教学内容的分类可以分成不同的层次，在不同的层次可运用不同的分类方法，但是在同一层次上则必须采用同一个分类标准进行分类。

二、体育教学内容的层次

体育教学内容不仅有各种各样的分类方法，还具有不同的层次划分，如最常见的是宏观层面和微观层面的划分，具体如下。

（一）宏观层面

从宏观层面来看，体育教学内容主要包含了上位层次（国家课程和教学内容）、中位层次（地方课程和教学内容）和下位层次（学校课程和教学内容）三个层次。

1.上位层次

在体育教学中，上位层次的教学内容主要是由国家教育行政部门规定的各种教学内容，其为国家对教学方法进行的行政规划和管理，能够将国家的意志反映出来，因此，这就要求各个学校都必须以之为依据展开教学活动。

在体育教学内容的开发上，往往具有一定的专门性，从而在使未来公民接受基础教育之后达到一个共同体育素质的目的。在对体育课程标准或教学大纲的制定以及教学内容的编写上，要以不同教育阶段的性质与培养目标为依据进行。一般来说，相较于地方体育课程，国家教育部门制定的课程和教学内容要丰富得多。由此可以得知，国家体育课程和教学内容在体育教学中起着主体性的作用。

2. 中位层次

学校体育教学内容的中位层次主要包括地方课程和教学内容。这一层次的教学内容是在国家规定的各个教育阶段的体育课程内来进行开发的。这一层次教学内容的开发必须与当地的具体实际结合起来进行，一般来说，其开发者往往是省一级的教育行政部门或授权的教育部门。地方体育教学课程和教学内容能够更好地与当地体育发展的需要相适应，与当地体育发展的现状相适应。其能够更加高效地利用当地体育和教育资源，因此，其价值是非常大的。

3. 下位层次

学校体育教学内容的下位层次是学校课程和教学内容。这一层次的课程和教学内容的特点主要表现为多样性和选择性，其中，学校的教师是主体，在国家课程和教学内容、地方课程与教学内容的前提下来具体实施，并科学评估本校学生的特点和需求，充分利用当地社区和学校的体育教育资源，以学校的办学思想为依据展开教学。在体育教学中，体育课程资源的开发要以国家教育方针、国家或地方体育课程和教学内容等为依据，教学内容的设计要将独特性和差异性体现出来，并且使每名学生的体育需求都尽可能得到满足。

综上所述，上位层次、中位层次和下位层次这三方面的体育教学内容是我国的基础体育教学的内容体系的重要构成要素，它需要国家教育部门、地方教育部门以及学校三者的协调努力，如此才能对体育教学内容的科学化发展起到积极的促进作用。

（二）微观层面

课程是以教学内容为载体而实现的，以教学内容论的观点为主要依据，教学内容包含的意义也是多层次的。以教学内容的具体化的程度为依据，可以将体育教学内容的微观层次分为以下几方面：

1. 第一层次

微观层面的第一层次，就是体育课程标准所示的学习内容，以体育与健康课程标准规定为例，运动参与、运动技能、身体健康、心理健康、社会适应这五个学习领域就是从这一层次而进行的分析。实际上，这种分析是活动领域的一种表述，与常规意义上的体育教学内容是有所差别的。

2. 第二层次

第二层次是第一层次的具体化形式。从某种角度说这是能力目标分析，不是通常意义上的体育教学内容，如体育与健康课程标准明确的水平目标: 获得运动的基础知识，说出所做简单运动动作的术语。

3. 第三层次

在这一层次中指的是教学中需要具体运用到的硬件与软件等物质设施，换句话说，就是属于普遍意义上的教学内容教具，比如，篮球、足球、体操、武术等运动项目，以及与这些项目相关的场地器材。这一层面是属于常规意义上所说的体育教学内容。

4. 第四层次

这一层次是具体的练习方法手段，具体来说，就是某项教学内容（如篮球）的下位教学内容。较为常见的有：练习教学内容（篮球运动的各种练习方法），游戏教学内容（与篮球运动关系密切的游戏）等。

三、体育教学内容的特点

（一）健身性

增强体能、增进健康，是体育非常重要的一个功能。从实质上来说，体育教学内容学习就是学生体育知识、身体练习和技能的学习。通过对身体练习的运动负荷量以及强度进行合理的安排，通过一定的手段加以调控，从而使学生的体质得到增强，变得更加健康，是体育教学的主要目的所在。体育教学内容对于学生增强体质、增进健康的作用，是其他所有教学内容所不具备的。

（二）娱乐性

发展至今，体育项目更加丰富多彩，而这些项目最早往往都从各种游戏发源而来，然后经过长期的演变和发展而来。在体育教学中，各项教学内容也是如此，往往都是从体育运动项目中而来的，由此可以认定，这种体育教学的内容必定带有一定的乐趣性和娱乐性。在体育教学过程中，这种运动娱乐性不仅在克服困难、协同作战、争夺胜利、表现欲望等心理过程中得到体现，还能够在学生对新的运动的体验和对学习进步的成就感，在运动的环境、场地、比赛规则、比赛形式等变化和加工方面也得到相应的体现。当学生学习某项运动技术时，本身就会存在着对这种运动本身乐趣性的追求动机，因此可以说，体育教学内容本身就有一定的娱乐性特征。

（三）运动实践性

从实质上来说，体育教学内容是身体运动的一种实践，这也是其与其他教学内容不同的地方。体育教学内容可以说"是以有关身体运动的学习和身体运动的技能形成为主要培养目标的内容；是以运动为媒介，以大肌肉群的活动状态进行教育的内容"。体育教学内容的学习不仅仅是学生大脑思维的活动，学生对内容进行理解的同时，还要在实际上来进行运动学习以及身体练习。学生在参加体育学习的过程中，要通过运动中的肌肉本体感觉的形成与动作的记忆，来对自己是否真正掌握了教学内容加以判断，因此在体育教学内容中，学生的学习是要将思维和行为联系起来的。所以体育教学内容的学习尤为强调练和做等实践行为，因而，运动实践性的特点便显现出来了。

（四）非逻辑性

相较于其他学科教学内容来说，体育教学内容往往不存在一般学科教学内容之间清晰的由易到难、由简到繁的阶梯性结构，在逻辑结构上，从基础到高级的体系也并不明显，体育教学内容的排列并不是直线递进式的，而是复合螺旋式的。体育教学内容的组成是众多的相互平行的、可以替代的运动项目以及身体练习，其中有着丰富的体育与健康的理论知识。从某种意义上来说，体育教学内容的非逻辑性特点能够促使体育教学内容在选择时有更强的灵活性。

（五）开放性

这里所说的开放性特点，主要是指人际关系方面。体育教学内容丰富多彩，但大多数内容的主要形式都是集体性活动，这种集体性教学活动与其他教学是有所差别的，往往是进行时空的变换。因此，在体育教学中对运动的学习、练习和比赛当中学生之间有着非常频繁的交往和交流，相较于其他学科的教学内容来说，体育教学内容在人际交往方面的开放性特点更加显著。体育教学内容正是由于人际交流的开放性特点，教师与学生之间、学生与学生之间的关系才能够更加密切而开放。在这样的情况下，通过体育教学内容的学习能够为学生有效地提高社会适应能力提供一定的帮助。

四、体育教学内容的选择

（一）选择体育教学内容的主要依据

在选择体育教学内容时，要以相关的依据来进行有针对性的选择，具体来说，选择体育教学内容时需要对以下几方面的依据加以考量。

1.对体育课程目标加以考量

体育课程内容在实现体育课程目标的过程中以存在的方式为手段，而不是目的。体育课程目标存在多元性的特征，体育运动项目和身体练习也是可以提到的，这就在一定程度上赋予了体育教学内容选择更加显著的多样性特点。

体育课程目标在体育课程编制的过程中，在每一个阶段内都作为教学内容的先导和方向，所以它经过了多方专家的合理思考和验证，对各方面的影响都进行了认真合理地验证，同时，这也是体育课程的目标能够成为教学内容选择重要依据的原因所在。

因此，进行体育教学内容时，目标是必须遵循的，相应的体育课程目标对应着相应的体育课程内容。

2.对学生的需要及身心发展规律加以考量

在选择体育教学内容时，是必须对学生的需要进行考量的。体育教学的主要目的是促进学生身心发展，因此对体育教学内容进行选择的一个必要的因素就是学生对于体育的需要和兴趣，这对于有效地学习是非常重要的，一定不能忽视。学习需要学生的主动参与，而主动参与就是说，学生自身积极和努力是必不可少的。一般来说，学生如果面对感兴趣的事情，那么其参与的动力就会大大增加，学习的效率也将倍增。这与一些教学学习所提出的观点是相符的，比如，学习是被迫的而不是学生出于兴趣而进行的，那么学习在某种意义上来讲可以说是无效的。

学生对教学内容的接受程度的决定性因素就是其身心发展规律以及特点，由此可以推断，体育教学内容必须使学生可以接受，并且感兴趣。所以进行体育教学内容的选择时，学生的特点对教学内容当中的各项要素起到重要的决定性影响。因此，这就要求一定要重视学生的实际情况。

3. 对社会发展的需要加以考量

学生的个体发展必须与社会的发展相适应。体育教学能够在健康方面为学生打下良好的基础，所以在进行体育教学的内容选择时，不仅要对学生本身的需求加以考量，同时也要充分考虑到社会现实发展的需求。在选择体育教学内容时，一定要对学生走入社会后发展所必需的体育素质加以重视，所以体育教学内容必须使学生在社会发展当中各方面的需要得到满足。除此之外，体育教学内容必须做到与社会生活和学生生活联系在一起，这样才能让学生体会到它的作用，其功能得以实现，因此，体育教学内容的选择与社会实际相符是非常重要的。

4. 对体育教学素材的特性加以考量

在体育教学内容的选择上，体育教学素材是最重要的因素，体育素材有着较为显著的特性，具体来说，主要包括以下几方面：

（1）内在逻辑关系性不强

体育教学素材的最大特性，就是内在逻辑关系性不是很强，这种特性使得体育教学内容的选择无法完全按照难易程度和学生素质来进行。因此，体育教学内容往往只是以运动项目来进行划分，各个教材内容之间的关系是平行和并列的，比如，篮球和足球、体操和武术。从表面上看，这些内容之间好像是有一定联系的，但是，这种联系并非能够认得非常清晰，而且并没有先后顺序，仅凭一项也无法判断能够作为另一项的基础。因此，在这样的情况下，是无法将教学内容内部的规定性和顺序性确定下来的。

（2）一项多能和多项一能

通过一个运动项目，能够有非常多的体育目的，这就是说，在这个项目中有着目标多指向性的特点，这就是所谓的一项多能。以健美操为例，有人利用这个项目来锻炼身体，有人用这个项目进行娱乐，同时这个项目还有表演的作用。在很多情况下，进行健美操运动往往能实现多个功能，换句话说，就是学生在掌握了一项运动技能之后，就能够实现多种目的。

多项一能，则主要将体育教学内容之间具备相互的可替代性作为突出点。比如，像从事投掷练习，其实现练习目的的途径有很多种，扔沙袋、投小垒球、掷实心球、推铅球都可以。如果要达到通过体育运动得到娱乐放松的效果，那么，可以采取的有效途径有踢足球、打排球、打篮球、打网球等。由此可以看出，想达到目的并非只有一个项目可以实现，不同的项目也同样能够做到。正是这个特性的存在，使得在体育教学内容中没有不可或缺的项目，使得体育教学内容的规定性不是特别显著。

（3）数量庞大

庞大的数量往往就会导致其内容较为庞杂，并且在归类上难度较大。人类文明诞生以来，创造出的体育运动项目数不胜数，丰富多彩，并且每一个运动的技能对于练习者的身体素质也有着各种各样的要求。因此，体育教师往往只对其中的一个或者几个项目精通，没有人能够做到精通全部的体育项目。鉴于此，体育教师的培养才要求一专多能，体育课程的设计者也很难寻找出最合理的运动组合运用到体育教学内容当中，同时也几乎不可能编写出适合所有地区和教学条件的教材。

（4）不同项目乐趣的关注点有所差别

以篮球和足球为例，在激烈的直接对抗中通过娴熟的技术和精妙的战术配合而得分，是其主要乐趣所在。而在隔网类运动当中，双方队员在各自的场地中通过巧妙的配合将球击到对方场地而得分，则是其主要乐趣所在。由此可以得知，体育运动都有各自乐趣的特性使得体育教学内容的选择上乐趣是无法忽略的内容，这同时是快乐体育理论存在的事实依据，并且是这一理论在体育改革进程中发挥着关键影响的原因所在。

（二）选择体育教学内容的基本原则

选择科学合理的体育教学内容，不仅要有一定的依据，还要遵循一定的原则，这样，才能保证所选择的体育教学内容具有科学性、实用性和正确性等显著特点。具体来说，选择体育教学内容应遵循的原则主要有以下几方面：

1. 基础性原则

体育教育的本质是以身体锻炼为手段，从而使身心健康水平得到有效提高的一种教育方法。在选择学校体育教学内容时，一定要牢记这一体育教育的本质，将其基础性原则把握好。具体来说，就是帮助学生有效掌握体育与健康基本知识与技能，为学生打好身体基础，并培养其长期进行体育锻炼的意识，为促进身心健康、形成良好的个性、提高体育文化素养、培养终身体育思想奠定坚实的基础。

2. 实用性原则

社会的发展水平和发展要求对体育教学的内容起到重要的决定性影响，因而，体育教学内容必须与社会发展的趋势相适应，并能够反映出社会发展的要求。因此，体育教学内容的选择要有利于学生对体育的兴趣爱好以及实际从事体育运动的能力的培养，还要为学生在进入社会后能够继续地进行体育锻炼服务。除此之外，在选择体育教学内容时，还要注意在牢固打好基础的同时，将社会上比较普及的、大众喜欢的，且有着良好的健身娱乐效果的项目作为理想选择。

3. 适应性原则

在进行体育教学内容的选择时，具体到某个学校后，学校要充分考虑到所在地区、气候、地理、经济、文化等实际情况和特点。除此之外，学校的器材、场地是否能够支撑内容的开展，以及学生的基础适应性等也是需要考虑的重要方面。

4. 科学性原则

由于学生在不同阶段的身心发展特征是不一样的，因此体育教学内容的选择要对学生的个体差异性进行充分考虑，从而为每位学生都能够从中受益提供便利。另外，体育教学内容的选择还要和不同学段学生的身心发展特点相符合，从而便于更有效地促进学生的身心健康。

5. 兴趣性原则

学生对体育活动的注意，以及学生学习体育的方向在很大程度上要受到学生的体育兴趣的影响。学生的体育学习兴趣也对学生体育学习的主导力量起到一定的决定性影响。因此，在选择学校体育教学内容时，要充分考虑到学生自身的兴趣、需求和能力的实际，使学生能够体验到成功体育的乐趣，并对学生学习体育的兴趣发展有利。

6. 教育性原则

在选择体育教学内容时，应从教育的基本观点对体育教学素材进行选择，深入分析其是否与教育的原则相符，与社会的固有价值观是否同步。同时，还要对它是否有利于学生的身心发展和身体锻炼进行明确分析。

在选择体育课程内容时，要求必须与体育课程的主要目标相匹配，将"健康第一"的指导思想确定下来，并以此作为选择体育教学内容最基本的出发点，同时还要对其中的文化内涵加以重视，在学生学习体育技能的同时，对体育文化修养带来的益处加以深刻体会。学校体育在培养学生时，应首先考虑对学生的品德、智力、体质等方面的全面发展是否有利，将理论与实际结合起来，在使学生了解人体科学知识的同时真正锻炼身体，还要从思想文化等方面下功夫，使其在双方面同时发展。体育教学内容的选择还要充分考虑到不同学段学生的发展特点和规律，其个体差异与不同需求将会在其中起到很大的作用，因此，确保每一位学生受益是非常重要且必要的。进行体育教学内容的选择时，还要与各方面的实际相符，从而选择时有足够的空间和灵活性。

7. 民族性与世界性相结合的原则

在进行体育教学内容选择时，要在保留我国民族传统体育当中精华部分的同时，积极借鉴并吸收国外好的课程内容的设置。不能对自己民族的东西盲目自信，但同时更不能有崇洋媚外的思想。体育教学内容的选择就应该与时俱进，将当今时代中国的特色充分体现出来。

（三）体育教学内容选择的过程与步骤

在进行体育教学内容的选择时，在依照相关依据、遵循一定原则的基础上，还要按照一定的程序和步骤进行。具体来说，主要包括以下几方面：

1. 积极评估体育素材的价值

在进行体育教学内容选择之前，体育教师应当对当今社会给予足够的关注，要以社会的生产生活、科技教育等发展的实际为出发点，对社会的发展对人的影响与要求进行充分考虑，并以此为基点对现有的体育素材进行分析与评价。要对所选内容能否促进学生的身体健康，能否督促学生主动进行体育锻炼，能否提高学生的思想品质进行充分的分析论证，以得出的结论为依据来选择合适的教材内容实施教学。

2. 有效整合运动项目与练习

在体育教学中，不同的体育运动项目和身体锻炼形式，对学生的身心产生的作用和影响也是不同的。因此，在选择体育教学内容时，就要求在以本学校的体育教学目标为根本前提的基础上，对各个体育运动项目对学生身体功能的不同方面发展是如何促进的进行仔细分析，然后将各个体育运动项目与身体练习进行整理与合并，并对其进行合理加工，使之成为体育教学内容。

3. 选择有效的体育运动项目

由于大多数体育运动项目都可以成为学校体育教学内容的基本素材，而且体育运动项目与身体练习所具有的多功能性与多指向性特点对它们显著的可替代性起到重要的决定性影响，因此，学校体育教学内容在运动项目方面可选择性强。但是由于体育教学时间有限，全部体育运动项目和身体练习的教学是不可能完成的，因此，体育教师要以社会的需求与条件为依据，对不同阶段学生的身心特点与兴趣爱好进行充分考量，将那些典型、常见的体育运动项目和身体练习选出来作为学校体育教学的内容。

4.分析所选内容进行的可行性

在将体育教学内容选好之后，就要对该体育教学内容的可行性，以及本地区地域、气候和本校的场地、器材等条件的制约与影响加以分析，对教学计划在这些特殊环境中的可行性进行充分考虑，并要保证各地、各校执行的弹性，为教师实施体育教学内容留下足够的余地。

五、体育教学内容的编排

（一）体育教学内容的编排方式

体育教学内容的编排方式主要有两种：一种是螺旋式，另一种是直线式。具体如下：

1.螺旋式排列

体育教学内容的螺旋式是当某项运动项目的教学内容的有关方面在不同年级重复出现时，逐步提高教学要求的一种排列方法。

2.直线式排列

与螺旋式教学内容的排列方式不同，直线式教学内容的排列意味着，学习了某一体育运动项目和身体练习的相同内容，基本上不再重复出现。

上述两种编排方式，能够使新课程标准中对体育教学内容的要求得到较好的满足，并以体育教学内容当中的自身理论为主要依据，与当前体育教学内容当中的各种情况的现状有机结合起来，创新地将各方面的内容合理编排在体育教学中，因此，在未来很长一段时间内，这种编排方式都具有非常强的实用性特点。

（二）体育教学内容编排的注意事项

在进行体育教学内容编排时，需要对以下几方面的事项加以注意：

1.要充分考虑学生的基础与实际需要

体育教学的对象是学生，因此，应使得体育教学的内容与学生的实际情况和实际需求相适应，因为只有这样，才能使体育教学的内容与学生的实际需求更加相符，才能对体育教学质量的不断提高起到积极的促进作用。在进行体育教学时，教师要在考量体育运动和身体练习本身的难易程度的同时，也对相应的教学内容安排加以考量。教师在安排体育教学的内容时，要以学生的实际需要、学生的体能和运动技能基础及其生产发展的阶段特征等方面为依据来进行体育课程内容的安排。

2. 要高度重视不同的体育运动和身体练习的特征

在对体育教学的内容进行编排时，要对各种运动技能的学习、改进、巩固、提高和运用加以重视。教师在课程安排时，要在让学生懂得相应的知识的同时，也能充分运用好相应的知识。

第二节　高校公共体育教学内容现状分析

通过对当前高校公共体育教学内容的发展状况的分析可以得知，我国体育教学内容发展现状不太乐观，这主要从以下几方面得到体现。

一、设计上没有将学生的主体作用体现出来

从健康的角度来说，体育教学内容的选择和设计都需要充分考虑到学生的身心发展和学习需要，在组建体育教学内容时，要以学生的需要、学生的发展以及学生的主体作用为最终的归宿和根本出发点。但在具体的操作实践中，很多的体育教师并没有对学生的具体的发展需要加以充分考虑，也没有重视体育教学中学生的主体作用。

二、内容太过陈旧

在长期的发展过程中，对于体育教学内容体系的完整性，我国体育教学一直以来都是始终加以强调的，这也导致对一些比较具有前沿性和现代性的教学内容产生忽略的情况，从而使得体育教学的相关知识和技能都比较老旧，并没有及时得到相应的更新，由此便使得学生产生枯燥、乏味之感。

从当前的形势来看，尽管一些具有健身、娱乐的体育教学内容不断涌现出来，但

由于受到一些教学指导思想的制约和限制，将教学内容的改变性和开放性体现出来，或者体育教师在具体的体育教学实践当中重新选择相应的体育教学内容都是非常困难的。如此一来，便造成了一些受到学生广泛欢迎和喜爱的体育项目无法被纳入到体育教学内容体系之中。

三、内容太过单一

从宏观的角度来看，体育教学内容太过于死板，这就导致了一些局限性产生，具体表现在以下几方面：

（1）由于体育教学大纲在规定方面太过于细，这就使得编排出来的体育教学内容往往是大同小异的，在确定体育教学内容时，体育教师往往也只能"照章办事"，无法将灵活性和统一性的问题处理好，这就造成很难充分发挥出创造性作用。

（2）由于受到过于死板的规定的影响，选择体育教学内容方面选择余地和选择幅度都受到一定的限制，没有对学生的具体发展需要进行充分考虑，并且选修的教学内容占有非常少的比例。

（3）体育教学内容过于单一化，很难将体育教学的教学目标体现出来，而且体育教学内容中，很少有关心学生生理健康、体育文化、娱乐体育的相关内容。

四、内容偏多

体育教学包含的内容丰富多样，从表面上来看，看似对学生的全面发展给予了足够的重视，但实际上，很难在规定的时间内将这些教学内容——教授完。对于能够在规定时间教授完的内容，也大都是对一些表面性的知识进行综合性的讲授，没有使学生对所学运动项目有一个更为深刻的认识，这是非常不利于学生更好地掌握运动项目技能的。

第三节　高校公共体育课教材建设

一、高校公共体育课教材建设的意义

高校公共体育课教材建设的意义和作用是非常重大的，具体可以从以下几方面得到体现：

第一，高校公共体育课教材建设能够将最符合体育教学目标和学生发展需要的那一部分内容选出来作为教学内容，从而使内容的庞杂和在选择上的无目的性的现象得到有效避免。

第二，高校公共体育课教材建设通过加工，能够使体育的素材与体育教学的需要更加相符，从而使体育素材与体育教学内容之间的差异性得到有效消除。

第三，高校公共体育课教材建设可以通过编排、配伍的工作，来进一步提高选出的但还杂乱的体育教学内容的系统性和整体性，从而将体育教学内容的教育作用更好地发挥出来。

第四，高校公共体育课教材建设能够通过物质化的工作，使编辑加工后但还抽象的体育教学内容走近教学情景和学生，使体育教学内容更能成为体育教学的生动载体。

二、高校公共体育课教材建设的基本层次

通常情况下，可以将高校公共体育课教材建设大致分为两个基本层次，具体如下：

（一）编制体育课程标准和编写教科书

一般来说，国家和地方教育行政部门会组织专家负责这个层次的工作。具体来说，这个层次的工作内容主要有：从各种身体活动的练习中筛选出素材，进行教材的分类、加工、排列等。

（二）以课程标准和教科书为依据将教材变成学生的"学习内容"

一般而言，高校的体育教研组或体育教师是这个层次工作的主要负责人，这个层次的工作内容主要是：以体育课程标准和教科书的要求和规定为主要依据，与所面对的学生的具体情况和教学条件的实际有机结合起来，把面对一般学生情况和一般教学条件的教材变成适合一个班的学生和本校场地设施条件的教材。

三、高校公共体育课教材建设方法

在当前的教学实践中，高校公共体育课教材建设中所采用的有效方法有很多，其中，较为典型的有以下几方面：

1. 简化方法

高校公共体育课教材建设的简化方法，实际上就是将各种高水平、正规的竞技运动项目在各方面（包括竞赛的规则、技术、器材和场地等）进行简化，从而使其能够与体育教学活动的开展更好地相适应。这种方法是当前高校公共体育教学中对教学内容进行教材化最为常用的一种方法。通过采用这种方法，能够使得教学内容与学校的条件、学生的能力和需求、教学的目标以及教师的教学能力等各方面相适应，教学的操作性也更强。

2. 文化性方法

这种高校公共体育课教材建设的方法是通过将竞技运动中的文化要素提取出来并加以强化，进而在教学中让学生通过各种文化性的要素来对运动文化的情调和氛围进行充分地体验。通常情况下，这种公共体育课教材建设的方法适宜做技能的辅助教学内容，对于学生体验和理解体育文化性质是较为有利的。这种体育课教材建设方法对于高中和大学的学生往往是较为适用的。

3. 理性化方法

高校公共体育课教材建设的理性化方法，主要通过对各种运动项目所包含的各种运动原理和知识等方面进行充分挖掘，并将其组织安排在教学过程中。这种高校公共体育课教材建设方法对于高年级的学生是较为适用的，能够使其更好地理解和掌握各种知识和原理，并能够在以后的学习中实现举一反三。

4. 变形方法

这种方法从基本结构方面改造原运动，使其成为一种新的运动。与教学的需要和学生的特点相适应是这种公共体育课教材建设方法的主要目的。当前，"新体育运动项目"就是这一类运动，这种体育课教材建设在处理那些高难度的运动项目或受场地器材制约很大的运动时往往能够取得理想的效果。

5. 生活化、实用化方法

生活化、实用化的高校公共体育课教材建设方法，具体来说，就是多种小的教学方法的结合，其中，野外化、冒险运动化等方法也属于该范畴。

所谓实用化，就是使得教学内容与实用技能相结合；而生活化则是教学内容与日常生活相结合；野外化则是将正规的场地变为野外的非正规场地，或将各种场地运动转变为各种野外运动；冒险运动化就是增加一定的惊险性，激发学生的学习兴趣。这些方法能够与现实生活各种需求相结合，并使得教学内容的趣味性增加，从而将学生学习的积极性更好地调动起来。

6. 动作教育方法

动作教育是一种体育教育思想和体育教材方法论，其最早是在欧美出现的。高校公共体育课教材建设的动作教育方法特点显著，主要表现为将一些竞技体育运动以人体的运动原理为依据，将运动进行归类，并且提出要针对少年的教材设计，其中，比较典型的有教育性舞蹈、教育性体操。

7. 游戏化方法

高校公共体育课教材建设的游戏化方法，实际上就是通过一定的"情节"将各种单调的教学内容进行丰富和拓展，使其附有一定的游戏化成分，使得各种教学内容能够在轻松愉悦的氛围中被学生所接受。这种方式能够改变教学内容单一、枯燥的特点，能够使学习的效果有所提升。

第九章　体育公共服务体系构建现状研究

体育是中华民族伟大复兴的标志性事业。当前，体育公共服务已然成为我国政府公共服务实践的重要组成，尤其是随着民生和全民健身战略的提出以及我国经济社会由生存型向发展型转变，体育公共服务体系的构建越发显得重要。

第一节　体育公共服务体系构建的时代背景

一、体育公共服务体系构建是服务型建设的重要组成部分

随着市场经济蓬勃发展，改革开放日益深入，我国政府正努力实现从经济建设型政府向社会服务型政府转变。公共服务体系的构建既是体育公共服务自身发展的要求，也是我国体育发展和强国建设的应有之义，同时也是经济社会发展的重要组成部分，也与全体公民的体质健康、卫生保健、文化教育有着密切的联系，是推进政府在体育发展上的职能转变，促进体育公共服务生态良性发展的重要内容。因此，将体育公共服务纳入政府职能的范畴，构建体育公共服务体系，在我国当前的经济社会和体育强国建设背景下不仅具有强烈的必要性，也具有非常大的可行性。

二、由体育大国向体育强国迈进的战略举措

改革开放 40 余年来，我国的经济建设取得了重大发展成就，经济建设积累的丰硕成果对体育事业的发展起到了强劲的推动作用，国家财政对体育事业的投入有所增长。例如，我国在 2008 年的北京奥运会向全世界展示了我国竞技体育强大的国际竞争力后，由体育大国向体育强国迈进的目标定位对这一新制度的诉求更为凸显。体育大国主要

是指国家的体育发展数量和规模在国际上居于重要地位，而体育强国，则是国家体育发展的综合实力、总体水平明显领先于其他国家。建设体育强国，需要制定具有战略性、基础性及长远性的措施，我国应把握这一历史转轨的契机，科学地进行目标定位，积极调整发展战略，为实现体育强国做出新的贡献。

三、社会对体育公共服务提出迫切要求

20世纪90年代以来，我国明确建立社会主义市场经济体制，社会公众对体育公共服务需求的数量和质量日益高涨。就现状而言，我国体育公共服务在基础设施的有效供给、资源配置的均等化等方面依然任重道远。此外，青少年体质状况的不断下降，人口老龄化趋势的不断加剧，这些都已经构成国家综合竞争力提升和人力资源可持续发展的近忧远虑。

体育公共服务的制度构建尚不能适应公众日益增长且多元的需求，制度创新能力与解决我国体育公共服务地域性差异大和发展阶段差异大等问题存在着较大的距离。尤其是在当前，体育公共服务的需求与供给问题使体育事业发展与经济社会发展更加紧密地交织在一起，而处理好这一关系，就是要把"坚持以增强人民体质、提高全民族身体素质和生活质量为目标，高度重视并充分发挥体育在促进人的全面发展、促进经济社会发展中的重要作用"，作为一条主线贯穿于今后一个时期体育事业发展的全过程。

由于我国民众对体育需求具有多元化、多层次、多样性等特征，体育公共服务就不再是群众体育或全民健身的简单延伸或拓展，而将是竞技体育、群众体育和体育产业三者有机联系且相互促进而形成的面向全体人民的产品、服务和制度系统。因此，构建体育公共服务体系对推动我国体育制度创新具有战略意义，也就是要以全民族的健康和体育公共需求为价值导向，把构建体育公共服务体系上升到完善体育发展战略和路径创新的层面进行考量和谋划，坚持体育为人民造福的理念和目标，切实维护民众的基本体育权益，努力满足公民的多样化、多层次性的体育健身需求。

第二节　体育公共服务体系构建的理论源流

公共服务研究领域正在逐渐成为学术界的一个焦点，多学科聚焦的对象，对其展开的研究近年来呈现出质、量俱增的态势。公共服务之所以难以界定，是因为公共服务本身具有历史性，随着时代的发展，其内涵和表现形式各异。在这种情况下，梳理和考察公共服务理论的演进脉络及其变迁历程就显得尤为重要。

一、从公共服务到体育公共服务

从类型上来分，服务可以划分为私人服务和公共服务，私人服务以追求个人利益、经济利润为目标，公共服务则以公共权利或公共资源的投入为标志，其最终目标是促进社会福利最大化。享用公共服务成为公民基本权利，是社会发展和文明进步的结果。

体育公共服务特指体育领域的公共服务，为满足体育公共需求而提供的产品和行为的总称。由于体育公共服务属于公共事业范畴，具有典型的公共服务特征，社会资源和市场力量往往缺乏对于体育供给的愿望和能力，尤其是体育公共服务的投入和效益差距较大，且效益往往具有延后效应，进一步降低了社会资源和市场力量提供体育公共服务的动力。同时，由于不同社会发展阶段体育公共服务的内容和形式不同，弄清体育公共服务供给的指导思想和体育政策形成的理论基础，是分析体育公共服务供给的前提。

二、不同理论视角下公共服务的价值取向及核心观点

（1）传统的公共行政理论。从传统公共行政理论孕育的历史语境来看，它是社会力量对市场力量破坏性的一次反击。这种回归政府全能主义的公共服务模式，有效地遏制了市场调节的恶果，扩大了公共服务的范围，丰富了公共服务的内容，使公共服务成为社会财富二次分配的主要形式，有利于社会朝公平的方向发展，缓和了社会矛盾，弥合了过度的贫富差距。

（2）新公共管理理论。新公共管理有两个重要的价值取向，第一是市场化，第二是顾客导向。新公共管理理论旨在适应新的社会经济状况，其内涵主要有："强调职业化管理、明确的绩效标准与绩效评估、项目预算与战略管理、提供回应性服务、公共服务机构的分散化和小型化、竞争机制的引入、采用私人部门管理方式、管理者与政治家、公众关系的改变九方面的内容"。

通过对新公共管理运动理论脉络的考察，认为公共服务的理性化运作是其理论旨趣的主要方面，突出表现在：第一，新公共管理运动重新调整了政府在公共服务中的地位；第二，在公共服务领域实行现代管理技术、管理经验，采用项目预算、业绩评估、绩效工资等有效的管理手段；第三，重视公共服务的产出与结果，即重视公共服务的效益，改变传统公共服务只关注投入而不管产出的粗放型经营方式，同时根据民众的需求，有针对性地实行公共服务供给多元化的模式。

（3）公共治理理论。新公共管理仅仅指涉技术层面的问题，而忽视了公共行政的价值理念以及政府、市场和社会三者之间的关系如何协调等问题。20世纪90年代初，公共治理理论在西方发达国家应运而生，明确提出了公共行政的价值理念，即善治、公平正义，"以终极核心价值和思想的多元化为追求，从政治、经济、社会、文化价值等诸多领域，对政府与市场关系、政府与公民社会关系、政府内部关系、政府组织体制、公共事务治理规则、公共事务治理操作手段等诸多方面进行了全方位的反思和探索，以寻求全面医治现实问题、构建公共事务良好治理的整体性思维框架"。公共治理理论从公共服务的价值目标函数、公共服务的治理过程、公共服务的主客体、公共服务的治理手段与方式等多方面，对传统的公共行政管理服务及新公共管理理论进行反思。

三、体育公共服务供给的基本模式

根据供给主体，可以将体育公共服务供给的模式分成四种模式：

一是主流供给模式——政府代理供给。对公众集体消费的物品，无法依靠个人达到公共利益最大化，只能依靠政府才能实现体育公共服务系统效益最大化。这是由于政府作为公共服务最大的供给主体和公共服务制度的制定者和提供者，对其他公共服务供给主体提供制度激励，进行公共物品产权界定，规制其他供给主体的负外部性问题，为体育公共服务供给方式的规范提供应有的支持。

就体育公共服务而言，要求政府代理机制提供的领域有：市场外部性突出的领域；经济效益特别差的领域；全国性体育公共服务。

二是竞争性供给模式——市场化供给。体育公共服务领域可以通过市场化供给的产品和服务有：竞争性强的产品和服务，如常用体育器材、健身休闲俱乐部、体育培训市场、运动营养与保健品供应等；排他性强的产品和服务，如高尔夫俱乐部、体育医疗与康复、垂钓俱乐部、私人健身会所、攀岩活动等。

三是补充性供给模式——社会自愿供给。随着公民社会浪潮的兴起，在政府与市场之外，兴起第三种力量，包括三种公共服务生产：社会团体生产、社区生产以及家庭生产。并随着关系网络的不断扩展与利益结构的多元化，使非政府组织在某些领域提供公共服务成为一种必然趋势。

社会团体组织主要通过体育志愿者服务、利用各种非营利性组织或私营机构来整合社区的体育公共服务资源参与体育公共服务。社会自愿供给主要存在于公益性、互助性领域，如购买体育彩票、全民健身志愿者、大型体育活动的志愿服务、体育文化宣传、业余训练与比赛等，但这种供给方式也存在着范围小、资源少、效益低、专业化程度低等问题，可作为体育公共服务供给有益的补充。

四是综合供给模式——多元混合供给。混合型机制是政府部门之间、政府与非政府部门或市场主体合作生产公共物品或提供公共服务的一种新型搭配关系，其主要特征是多元共治、合作提供、目标协商。通过混合型供给方式，将市场化过程中的公共服务碎片化进行了有效整合，实现了公共服务的整体系统性。

多元混合供给模式是目前最受推崇的公共服务供给模式，其集合了多种供给模式的优势，但由于各种供给主体之间的界限不清、政府部门监管不力、服务质量评价机制不健全等原因，容易导致腐败、公共安全与公共秩序失控、私人部门追求利益最大化等问题。

第三节　体育公共服务体系构建的价值导向与制度创新

关于体育公共服务体系构建的价值导向与制度创新，本节将从以下几方面进行研究分析。

一、构建体育公共服务体系的价值导向

体育公共服务体系的价值导向，具体表现如下：

（一）体育公共服务体系的价值取向——以人为本

1. 保障公民的体育运动权益：构建体育公共服务体系的逻辑起点

体育参与和运动权利作为人类追求生命健康的一项独立权利，正在被纳入世界各国的法律之中，各国政府通过将其纳入法制体系对体育权利的内涵、政府在其中应履行的职责等予以确认，从而使体育参与和运动权利在政府公共服务实践中经历了从应有权利阶段，到法定权利阶段，再到实有权利阶段的发展演变，而体育权利所涵盖的具体内容也在实践中不断分解和明确，如体育健康权、体育结社权、体育控诉权和请求权、受体育教育权、体育创作权及体育社会保障权等，都是在各国实践中不断开拓和延展出体育的具体权益。

2. 满足公民基本体育运动需求：构建体育公共服务体系的最终归宿

当前，随着公众对生命权和健康权的认知不断发展，人民群众日益增长的对体育的需求与社会体育资源有效供给之间的不足，成了我国体育事业乃至经济社会发展过程中的主要矛盾。因此，建立和完善体育公共服务体系就成为破解上述瓶颈问题的应然之举，同时也为体育事业发展提供了重要机遇和广阔空间。

3. 以民众为中心的构建理念：体育公共服务体系科学有效的内在要求

在公共服务供给的机制设计中就会存在两种不同的理念，一种是以提供者为中心的理念，另一种则是以使用者为中心的理念。随着人本理念的深入人心和我国民生战略的实施，经济社会发展的落脚点应是服务于人民的合理需求实现。同时，随着强国战略的提出，我国由体育大国向体育强国转变和实现的过程中，离不开民众对我国体育事业发展的认可、参与和享有，只有切实使我国民众享受到体育事业发展的福利，我国体育事业才能在体育强国战略目标的指引下，充分发挥中国特色社会主义的巨大优越性，进一步提升体育事业发展，从而使体育事业成为全民的事业，使体育的公共性得到最大限度彰显。

（二）体育公共服务体系的实践导向——公平公正、注重效率、统筹兼顾

体育公共服务体系作为一个复杂的系统，其构建过程也是复杂的系统工程，需要处理好体育系统与其他环境变量的关系，处理好体育公共服务与其他相关公共服务的关系，政府部门应着眼于建立健全的体制机制，加强顶层设计，在以人为本的价值先导理念的指引下处理好公平与效率等价值取向的关系，进一步梳理体育公共服务的内容，厘定体育公共服务的责任和供给主体，明晰程序和路径，制定体系化建构的时间表和路线图。

统筹兼顾的原则要求充分地吸纳市场和社会等多元力量，构建体育公共服务体系良性运行的大格局。市场供给以市场化运作的方式，利用经济规律聚合以体育企业为代表的体育公共服务的生产主体，这样不仅能够直接高效地回应多样化的社会需求，也能够高效地配置体育资源。统筹兼顾还要求从发展阶段和发展层次的角度对体育公共服务体系进行前瞻性的规划布局。应看到体育公共服务的内涵是动态的、发展的，在特定的历史阶段和国情之下界定体育公共服务的内涵，甚至是其具体内容，不仅是一个事实的区分，而且还是一种价值判断。

二、制度创新

推动制度创新的能力是体育强国建设进程中建设服务型政府的重要体现。在构建体育公共服务领域，制度创新主要涉及体育公共服务供给内容的制度创新和供给方式的制度创新。

（一）体育公共服务供给内容的制度创新

首先，努力突破全民健身的瓶颈性障碍。随着人民群众生活水平的不断提高，人们对健康的需求将成为生活的基本需求，而政府提供的体育公共服务与广大人民群众的需求存在较大差距，因此，要建立健全体育公共服务网络，加大改善社会基层体育设施条件的力度，有效提升体育公共服务能力。

其次，要强化竞技体育的公共产品属性。竞技体育是满足人民群众精神文化生活的一种特殊公共物品，能引领群众体育的发展，能在培育践行社会主义核心价值观的过程中发挥更大作用。因此，竞技体育与群众体育可以相互促进、协同进步和发展，而将竞技体育纳入体育公共服务体系是服务型政府建设的内在要求，是实现体育强国战略的专项要求，也是世界竞技体育强国的共同经验。

最后，对体育产业的体育公共服务供给潜力进行发掘。体育场馆服务业、体育竞赛表演业和体育健身休闲业作为体育产业三个重要组成部分，都具有准体育公共服务性质。体育产业的发展，可以通过盘活体育公共服务存量资源来提高体育公共服务效率，扩大体育公共服务人群规模，丰富体育公共服务内容，提升体育公共服务质量。

（二）体育公共服务供给方式的制度创新

根据以人为本的价值先导理念和公平公正、注重效率、统筹兼顾的实践导向，把满足民众的体育公共服务需求建立在促进资源配置效益最大化和资源配置公平合理化的制度建构上，协调群众体育和竞技体育，协调体育事业和体育产业关系，从而更好地激发体育的经济价值、社会价值和政治价值。对构建体育公共服务体系而言，至少存在以下三种诱导性因素可资利用：

一是培育体育公共服务的市场供给主体。社会主义市场经济制度的完善有助于促进各类资源有效配置，按照市场机制配置体育资源，积极培育体育公共产品和服务的市场供给主体，能够改善体育公共服务领域政府投入不足以及区域之间投入失衡的结构性矛盾，并且在此基础上解决因历史积累和地域差异所造成的体育公共服务需求差异化和分层化的问题。根据目前国内外的实践经验，对市场力量的制度性吸纳和利用包括公私合作、凭单制、服务购买、合同出租等，其中公私合作的形式更多运用于体育公共设施领域，比如，由政府财政和社会资本共同投资对体育公共设施进行规划和建设。

二是加强对体育社会组织的制度性吸纳。成熟的体育社会组织可以与政府进行更加有效的信息沟通，提高政府在购买体育公共服务的过程中契约签订和项目实施的效率，从而达到优化资源配置、降低行政成本、提高服务效率的目的。随着各种体育组织和社会利益团体作为初级的行动团体提出政策倡导，拓展参与体育公共服务生产与供给的渠道，多元供给的局面将逐步形成，而政府则应在制度层面对社会组织进行规范和管理，逐步完善监管长效机制，确保其提供的体育公共服务能够优质高效地满足群众的体育需求。

三是激活公众力量参与体育治理。我国地域辽阔、民族众多，不同区域和社会阶层的群体对于体育公共服务的需求存在一定的差异性，政府和其他供给主体提供的产品和服务需要建立在公众偏好及评价的基础上，这样才能使体育公共服务供给与需求达到均衡，供给效率达到最优。

第四节　体育公共服务体系的基本架构

根据当今我国民众对体育公共服务的现实需求，以及体育公共服务内容与供给方式创新等方面的要求，本节将对科学有效、合理完善的体育公共服务体系进行研究分析。

一、体育公共服务组织体系

体育公共服务组织对体育公共资源进行系统的有效配置，是组织并向公众提供基本体育产品及体育公共服务的功能载体，是满足公众对体育公共服务需求，保障公民体育权利实现的重要力量。体育公共服务组织体系建设所要打造的是一个生产、供给、配置体育公共组织服务的庞大体系。

体育公共服务组织体系的建设与完善，既要契合我国群众体育发展的整体发展需要，也要体现组织建设在体育公共服务母体系中的角色与职能，通过体育公共服务组织的建设，从根本上满足人民群众健身参与过程中的组织服务需要。

二、体育公共服务监管和绩效考核体系

体育公共服务的绩效考核主要是针对体育公共服务水平的评估，是在有明确的体育公共服务数量和质量标准基础上的评价。明确的标准化既是世界各国促进基本体育公共服务均等化的经验，也是我国实现基本体育公共服务均等化的重要前提和核心步骤。因此，提高体育公共服务水平除了通过建立科学的规划体系、组织体系、设施体系、运行体系外，还应建立一个有效的体育公共服务监管和绩效考核系统。

无论是体育公共服务监管还是绩效考核体系的建立，都应以公众需求为中心，提高民众对政府体育公共服务的满意度；以服务为根本，促使体育行政主管部门树立服务意识；以奖惩为手段，提高体育行政部门的责任意识；以公共性为特征，追求实现公共利益的最大化。这些原则与体育公共服务体系整体的构建理念应是完全一致的。

第十章 体育公共服务体系多元化建设研究

第一节 体育公共设施体系建设

体育公共设施是体育公共服务体系的重要组成部分和基本条件，是各级政府部门履行体育公共服务职能的重要内容。体育公共设施主要是指由各级人民政府或社会力量举办，向公众开放用于开展各类体育活动的公益性体育馆、体育场、游泳池、灯光球场、社区体育中心、体育健身苑点、体育公园等的建筑物、场地和设备。从我国整体体育公共设施的发展现状来看，我国体育公共设施在改革开放以后，数量稳步增长、种类不断丰富、整合力度逐渐增强，政府对体育公共设施资金投入持续加大，大型体育场馆的作用也得到越来越有效的开发。

一、体育公共设施体系建设的重大意义

（1）承担体育事业发展和全民健身重任的物质载体。各级政府履行公共服务职能的重要内容就是加强和改善体育公共设施服务。作为广大人民群众开展体育活动的基础，体育公共设施的规划和建设直接关系到广大人民群众的身体素质和精神面貌，对于构建和谐社会具有十分重要的现实意义。从贯彻落实科学发展观，构建社会主义和谐社会的战略高度，大力推进我国城乡体育设施建设，完善布局，为群众提供方便、多样的健身设施。

（2）建设和完善体育公共服务体系的基础核心环节。体育公共服务体系建设是一项庞大而复杂的系统工程。我国体育公共服务体系主要包括体育公共设施、组织、供给、政策法规、绩效评估5个子体系。体育公共服务体系是由满足公众体育公共需求的各

级各类体育场馆和健身场所设施等要素构成的有机整体。

（3）直面当前我国体育公共设施建设的现实问题。改革开放以来，随着我国经济的连年高速增长、国家财政逐步宽裕以及人民群众对体育需求的不断增长，我国体育公共设施建设日新月异，政府的投入大幅度增长，体育公共设施对竞技体育、群众体育以及体育产业发展的作用日趋显现，为我国体育公共服务体系的建设提供了重要的载体，是我国体育公共服务体系的坚实基础。

（4）保障和维护人民群众生命健康和切身利益。改革开放以来，人民群众对物质文化需求不断增长，同时广大人民群众对体育及体育公共服务的需求也在不断增长。建立健全体育公共服务体系的根本目的和出发点就是要满足我国人民群众日益增长的体育参与健身需求，体育公共设施体系的建设则是广大人民群众参与体育活动的必要前提和物质条件。

二、体育公共设施体系建设的基本构架

体育公共设施体系建设是一项参与主体多样、涉及部门众多、服务对象广泛、内容供给多元的庞大系统工程。加强体育公共设施体系的建设与完善，需要对我国体育公共设施的主要总体框架和所属内容进行理论和现实的厘清。在体育公共设施建设的体系框架中，城市社区体育设施的建设是重要组成部分。它又可按照行政级别分为市级、区级和社区级体育公共设施。例如，城区健身步道、自行车道等。

大型体育公共场馆的建设现在已经成为城市建设的亮点，也是城市的标志性建筑。体育场馆设施作为城市里的独特建筑，在设计和建筑风格上要展现出城市的主体形象，具有鲜明的指示性和个性，给人们留下深刻而美好的印象。实现大型体育场馆规划建设更加科学、功能布局更加合理、运营能力明显加强、使用效率大幅提高、体育公共服务水平显著提升，强调了大型体育场馆在体育公共设施建设过程中的重要地位，同时也体现了体育公共场馆设施在体育公共服务体系建设中的重要作用。

三、我国体育公共设施发展现状

改革开放 40 年来，我国体育公共设施的建设在质量上和数量上都取得了显著的进步，设施种类日趋多样化，国家财政投入不断增加，体育设施的普及率也有了明显提高。

（一）我国城市社区体育设施发展现状

一是城市社区体育设施数量逐年增长。随着改革开放的不断深入，我国城市社区体育设施的建设不仅在质量与数量上得到了较快较好的发展，而且普及率有了明显的提高。

二是城市社区体育设施类型不断丰富。随着大众体育健身意识的日益增强以及体育项目的不断更新，开展全民健身活动为主的非标准体育场地逐年增加和不断多样化，城市社区体育设施的类型得以丰富，由传统的单一型逐步走向现代的多功能型。目前，我国社区主要有健身路径、羽毛球场馆、乒乓球场馆、网球场、篮球场、室外和室内游泳池、台球馆、保龄球馆、棋牌室等大众化的体育设施，同时一些新兴时尚的体育设施逐步进入发达城市中的高档社区。

三是城市社区体育设施投入不断加大。随着我国经济社会的迅猛发展，国家经济实力的不断增强，大众对体育健身与体育休闲娱乐的需求日益旺盛，各级政府部门对城市社区体育设施的建设力度逐渐加大，投入逐渐增加并更趋向合理化。

四是城市社区体育设施法规日益完善。为了满足和保障大众体育健身、休闲娱乐的需求，国家各部门陆续制定、出台和修订了一系列相关的法律法规，旨在从法律层面确保我国社区体育设施的建设与管理。与此同时，各级地方政府根据当地的实际情况也制定和出台了社区体育设施建设与管理的具体条例和办法与之相呼应。

五是城市社区体育设施满意度逐步提升。随着我国社会经济的快速发展，新建小区的健身路径被列入小区建设的规划，也成为民众购房考虑的一个因素。各级政府对城市社区体育设施的建设越来越重视，加上各项体育法律法规的逐渐完善与不断落实，我国城市社区体育设施的建设与管理取得了显著的进步。

六是城市社区体育设施资源整合不断推进。城市公园、广场、绿地的开发与利用逐步得到重视，城市公共开放空间已成为大众体育健身、休闲娱乐的好去处，为促进社区体育设施资源共享起到了非常积极的作用。

（二）我国高校体育公共设施发展现状

一是高校体育公共设施数量不断提升。在我国体育公共设施分布中，农村地区所占的数量和比例偏少，与占人口比重较大的农村之间矛盾突出。从个别地区的调研状况中，也可以看到高校体育公共设施数量较少，而且所占比例不合理。

二是高校体育公共设施建设规划开始起步。完善的体育公共设施建设规划是高校体育公共设施发展的前提，可以保证高校体育公共设施在标准和系统方面的一贯性。和城市体育公共设施规划相比，高校体育公共设施规划出台的时间较晚。和城市体育公共设施规划较为不同，高校体育公共设施细化没有得到进一步推行。只有具备一定条件的县、乡镇建立了综合性群众健身活动中心，在一定程度上促进和提高了高校体育场地设施的建设规模和水平。随着我国城镇化建设的推广，很多地方开展新农村建设和新型农村社区建设，成规模、人口密度较大的农村聚居区已经出现，为我国高校体育公共设施服务发展提供了良好的契机。

三是农村公共体育设施建设用地以集体用地为主。高校体育公共设施用地属于文化、体育用地范畴，和城市体育公共设施建设相比，高校体育公共用地属于管理性、公益性设施用地类型。

四是高校体育公共设施属地管理制度进程开启。高校体育公共设施建设是提升体育公共设施服务满意度的前提，其中的后续管理是关键。农村地区体育公共设施建设完成后，作为公共产品，在小农意识较为浓厚的农村地区管理的难度较大，因此，需要强化针对农民体育设施的制度建设。

由于我国地域差异较大，很多地方积极创新高校体育公共设施管理模式，取得了较为丰富的经验。我国高校体育公共设施的管理制度，很多地方政府进行了积极探索。我国高校体育公共设施管理问题是伴随着体育设施完备而产生的要素问题，而属地制度化是解决高校体育公共设施的管理问题，针对管理问题提出相应的制度建设建议，对未来我国高校体育公共设施管理水平的提升具有重要意义。

（三）我国大型体育公共场馆发展现状

一是大型体育场馆数量快速增长。同时，随着省运会、城运会、全运会等大型体育赛事在各城市的轮流承办，进一步加快了各地大型体育场馆的建设。近年来大型体育场馆建设的主要特征是数量增加。一方面表明各地对场馆需求量非常大，另一方面表明各地以往场馆设施数量严重不足，在短期内新建了大量场馆，导致大型体育场馆数量快速增长。

二是大型体育场馆建设投入急剧攀升。近年来，地级市成为大型体育场馆建设的主体，许多地级市计划建设的体育中心的投入也在数亿元甚至数十亿元，如湖北宜昌市计划投资 25 亿元建设体育中心。

三是大型体育场馆建设规模日趋扩大。目前国内正在筹建中的部分体育中心、体育场，如大连奥体中心、青岛奥体中心、河北奥体中心等体育场的规模均在 6 万人左右。各地新建的大型体育场馆有许多用地面积接近 100 万平方米左右。场馆建设规模的日趋扩大带来的问题必然是场馆建设投入的骤升。

四是大型体育场馆功能逐步多元。大型体育场馆功能设计的复合化、多元化是其建设发展的重要趋势。各地在大型场馆建设过程中普遍融入了宾馆、酒店、会展、休闲设施、商业和办公等多种设施，甚至部分城市大型体育场馆在建设过程中直接将体育和会展功能结合，建设体育会展中心，满足体育和会展等多种功能需要，如南通体育会展中心、哈尔滨体育会展中心等。

五是大型体育场馆服务能力稳步提高。为群众提供的服务项目和服务内容不断丰富，除了日常的全民健身、体育技能培训和健身指导外，多数大型体育场馆还向群众提供体质监测、个人陪练、体育用品、赛事组织与策划等个性化、差异化的体育服务。此外，许多大型体育场馆利用附属空间和配套设施开展多元化经营，为群众提供休闲、娱乐、餐饮和商业等多种服务，多元的群众体育消费需求得到满足，服务质量不断提升。

六是大型体育场馆积极提供公共服务。大型体育场馆在构建体育公共服务体系和供给体育公共服务中发挥着重要的作用，在承办体育赛事、开展全民健身和惠民服务等方面不断创新，取得了较为突出的成就。

（四）我国体育公共设施整体需求特点与变化趋势

为全面了解居民对于我国体育公共设施的需求状况与变动趋势，通过调查发现，民众对于我国体育公共设施的需求特点与变化趋势表现为以下几方面：

一是城乡居民对体育公共设施的需求差异明显。调查显示，在参加体育锻炼的城乡居民中，城镇居民在正规体育公共场所（单位、社区、健身会所等）中进行锻炼的人数比例明显高于乡村居民。城镇居民参与体育锻炼的意向比农村居民更为强烈，城镇居民对于体育公共设施的需求也更为迫切。

二是缺乏场地设施是制约当前体育公共服务供给的重要因素。场地设施是居民参与体育锻炼的基本保障，从侧面反映出我国居民对体育公共设施的需求仍没有得到有效满足。

三是场地设施的资源整合是居民对体育公共设施的重要诉求。一方面，我国居民的体育锻炼需求不断增强，特别是城市居民的体育锻炼意识更为突出；另一方面，我国居民的体育锻炼需求得不到有效满足，体育场地设施不足已成为制约居民参与体育锻炼的重要因素。

四、我国体育公共设施发展存在的主要问题

通过分别探讨和分析，体育公共设施建设的诸多问题归纳为：第一，我国体育公共设施建设布局不合理；第二，我国体育公共设施使用效率低下；第三，我国体育公共设施建设投资主体较为单一。

（一）我国城市社区体育设施建设中存在的主要问题

1.建设与布局失衡

一是从城市社区体育设施建设与规划角度来看。我国城市社区体育设施建设少规

划、轻落实，致使建设成效不明显。近年来，虽然我国社区体育设施的规划编制工作已启动，指标体系逐步完善，但由于我国对城市社区体育设施建设的研究起步相对较晚，城市社区体育设施建设与规划的完善是一项艰巨而复杂的任务，还需经历一个繁杂的过程。

二是从城市社区体育设施功能与布局角度来看。首先，我国长期形成"重竞技体育""轻大众体育"的传统思维定式，造成了体育设施建设主要用于满足竞技体育需要，可以用于群众体育发展的体育设施建设滞后的局面。当前，我国城市体育公共设施以竞技型居多，与群众体育息息相关的休闲型体育公共设施数量偏少。为了举办国际国内大型体育赛事，专门建造大中型体育场馆，其中以大型综合体育场（馆）居多，大型国有体育场馆的赛后利用一直是困扰我们的一大难题。其次，现在的居住区公共设施配套是按照"谁开发、谁配套"的原则进行，地块开发规模大小不一而导致体育设施配套的不一。

三是从城市社区体育设施数量与质量角度来看。我国城市社区体育设施的总量供给不足，类型功能相对单一，难以满足大众日益增长的多元化需求。

2. 管理决策与内部发展的失调

一是从管理决策角度上看，在实践层面，因缺少相关政府职能部门的监督与指导，多数房地产开发商出于对房地产销售利益的追逐，在社区规划中缩减乃至取消体育设施场地的规划，降低社区体育相关设施的标准，导致大量社区缺乏体育设施或体育场地。设施被占用、利用不充分而处于闲置状态，大众的体育健身、娱乐休闲的需求却难以满足。在利益的驱使下，甚至有些开发商挪用或挤占体育设施建设的空间，严重阻碍了社区体育设施的正常发展。管理决策上的弊端，是导致社区体育设施严重浪费与匮乏的重要因素之一。

二是从内部发展角度来看，我国大多数城市体育设施缺少整体规划，没能从城市总体规划全局考虑，部门之间缺乏有效的沟通，常常各自为政，互不联系。在服务方面，没有专业人员进行指导使用，体育设施如同摆设。

3. 利益需求与人文关怀的缺失

一是从体育需求角度来看。随着我国体育的发展和普及，人们对于体育锻炼、提升健康水平的需求不断上升，进而，对体育健身的需求也在不断变化，特别是人们对体育设施以及体育健身环境提出了更高的要求。

二是从人文关怀角度来看。首先，社区体育环境缺乏吸引力，个性化不明显，雷同性大，决策者与管理者往往只注重空间的物理质量，很少考虑居民需求的多元化，缺少与居民的生活方式有机结合，质量较低，现代化气息不强。其次，我国社区体育设施类型中以小型、单一、简易的体育场地设施为主，从需求角度上讲，与目前大众所喜爱的项目不相配套，加上体育活动缺乏组织指导，难以满足大众的体育需求。最后，建设者对社区文化内涵把握不明确，缺乏人情味，对设施使用者的环境行为心理考虑较少，社区体育休闲空间缺乏领域感、缺乏近人的尺度和气氛。

4. 投资主体单一，缺乏法律保障

一是投资主体单一。体育场地投资模式以政府为主导，具有明显的政治色彩，投资结构相对单一。首先，由于受传统体育发展思维的束缚，我国竞技体育与大众体育发展不平衡，用于竞技运动训练比赛与场馆设施建设的体育彩票基金远远超过发展大众体育的投入，行政区划的"条块分割"式的管理体制限制了社区间体育设施资源的共享。其次，由于我国社区体育设施主要性质是非营利性和公益性，属于公共产品或准公共产品，企业和社区开发商却以追求利润最大化为主要目的，主动投资于此类行业，大众体育场馆设施建设很难融入市场，导致建设资金非常有限。

二是缺乏法律保障。在城市建设和发展过程中，许多城市只关注城市基础生活设施的建设，而体育设施的建设往往被忽视，通常造成城市体育设施的建设管理滞后于城市发展的规模，甚至延缓了城市发展的速度，出现不和谐的现象，究其原因主要是体育设施的发展得不到强有力的法律保障。重视程度不够，人力分配、资金投入不足，是社区体育设施建设的重要影响因素，但从某种程度上来说，这些因素的存在恰好说明我国体育发展的相关法律法规存在一定的漏洞，缺乏法律保障是社区体育设施发展滞后最主要的因素之一。

5. 资源封闭，整合率不高

据课题组调查发现，我国城乡居民参加体育活动的主要场所是公园、绿地或广场等非正规体育场所，利用的正规体育活动场所如大型体育场馆、商业性体育设施等所占的比例较低，学校体育设施对外开放程度不高，表明单位、学校、社区所拥有的体育设施尚未得到充分利用，闲置浪费现象严重，而公园、广场和绿地等城市公共开放空间将成为大众体育健身、休闲娱乐的好去处。

（二）我国高校体育公共设施建设中存在的主要问题

就我国高校体育公共设施建设和发展的实际而言，虽然初步解决了设施短缺、管理低效等问题，但是存在的问题依旧较多，通过对高校体育公共设施问题的分析，可以为科学合理地认识高校体育公共设施发展状况，提供对策建议。

1. 高校体育公共设施规划与农村变革的背离

我国高校体育公共设施规划在一定程度上是滞后于我国农村经济社会发展的。但随着我国城镇化发展过程中，农村居民的居住条件和生活习惯都将发生明显变化，城镇居民和村庄居民的体育观念和体育参与行为也都发生了一定的变化。同时，当前的新型农村社区建设为体育公共设施发展提供了良好的契机，很多地方政府都把包含高校体育设施在内的公共事业发展纳入区域农村发展长远规划，这种规划与实践对我国广大农村地区进行体育公共设施建设具有重要意义。

2. 高校体育公共设施利用率不高

体育设施建设的目的是通过体育设施的合理安置，提高农村居民利用体育设施锻炼的频率，进而促进农村居民有效参与体育的程度。农村学校的开发状况较差，根本无法实现政策的原初目的，很多地方中小学校出于校园安全及教学开展的需要，不愿意对外开放学校场地设施，在多数情况下，农村学校即使对外开放，当地群众也很少有到学校进行体育锻炼的习惯。在高校体育公共设施利用上，很多农民的主要健身场地主要是自家庭院或室内及绿地、公园、广场、空地等，室外小型运动场和体育健身苑点的比例不高，我国高校体育公共设施的利用率不高。

利用农村中小学校体育设施推动高校体育活动开展是我国高校体育政策的重要构成部分。既有体育设施建设本身的原因，目前高校体育公共设施的主要类型是篮球场、乒乓球台。同时，农民群体体育参与积极性不高也是高校体育公共设施使用率不高的重要原因之一。高校体育公共设施利用率不高，直接体现了我国体育行政部门利用财政投资建设体育场地设施、提高高校体育参与率的政策设计遇到了一定挑战，从实践来看，高校体育公共设施数量的提高并没有相应地提高农村居民体育参与率，提高体育设施的利用率还涉及村落对于现代体育文化的接受等。

3.高校体育公共设施投资主体单一

高校体育设施的投资主体相对单一，主要依靠政府财政拨款这一渠道，对财政资金拨款有很大的依赖性，但地方政府筹资能力和配套能力都处于较低水平。出于高校体育公共设施的公益性、非排他性、低盈利性等特点，社会力量和民间资本关注并投入高校体育场地设施建设的极少，高校体育产业化的可能性、抓手较少，难以在农村社区推进体育社会产业化。

4.高校体育公共设施管理水平不高

公共文化体育设施管理是当前政府面临的难题之一。县级及以上政府是区域体育公共设施的管理主体。但是在农村地区，高校体育公共设施的管理存在很大的漏洞。比如，管理的主体、责任部门很难常态化地接触城镇和高校体育设施的"地气"，更难以加强对高校体育公共设施的管理。管理制度常常是"重有轻合理性、重存在轻可行性、重形式轻执行"。而农村场地器械配置和安置的合理性、体育设施的陈旧老化及损坏问题、体育设施的安全问题，常常在高校体育公共服务推进过程中不受到重视。同样，高校体育公共服务的运行过程中，"无人员、无制度、无经费"的现象贯穿于高校体育公共服务的推进全程，这与体育强国建设、全民健身战略实施及推进高校体育公共事业建设的初衷相背离。

（三）大型体育场馆在提供体育公共服务中存在的突出问题

1. 公共服务设施不完善，服务功能较为单一

各地新建的大型体育场馆的功能以承办各类大型体育赛事为主，场馆设计以赛时需要为出发点，场馆的竞赛功能和竞赛设施比较完备，但对场馆赛后运营和配套服务的考虑较少，未能对场馆进行多功能、复合化的设计，导致场馆的体育公共服务设施不配套、不完善，各种公共服务设施严重不足，限制了场馆对于体育公共服务的供给，使得场馆的服务功能过于单一，不利于体育公共服务的供给。

2. 公共服务设施重复建设问题严重

大型体育公共场馆作为政府提供体育公共服务的重要主体和场所，各级政府负有建设、管理大型体育公共场馆的职责。但是由于各地政府未就场馆建设规划进行有效沟通协调，盲目筹措资金建设，导致大型体育公共场馆出现重复建设，个别地区甚至出现场馆供给过度的现象，严重浪费了大量国有资产。

3. 场馆管理水平较低，资源闲置较为严重

一是场馆管理专业化水平较低。目前，场馆供给体育公共服务过程中，专业化水平较低是管理水平较低的重要表现之一，国内尚未通过服务质量认证或体育服务认证等第三方认证的场馆占大多数，场馆内部未建立科学规范的管理制度，体育公共服务和场馆服务保障的国家标准尚未制定，场馆运行没有统一的规范标准。

二是场馆运营收入过低。场馆在提供公共服务的同时，适度进行市场开发，可以提高运营收入是反映其运营能力的重要指标之一。

三是场馆利用水平较低，资源闲置较为严重。一是我国场馆规模普遍较大，主要满足于竞技体育的比赛，而从健身功能性角度和满足民众健身需求的角度出发，政府斥巨资修建大型体育场馆甚至不如中小型的全民健身中心。二是我国大型体育场馆存在一定程度的重复建设，且功能性大多相同。三是出于对体育场馆设施的保护以及出于盈利目的，大型体育场馆的实际利用率不高，甚至许多场馆被用于大型文艺演出，严重破坏和浪费了场馆资源。

四是民营机构难以参与场馆体育公共服务供给。部分场馆在自身运营举步维艰或资金严重短缺的情况下才选择引入民营机构，让社会资源和市场力量参与提供体育公共服务。封闭的场馆经营市场，严重限制了市场机制和竞争机制的积极作用，抑制了场馆运营主体的工作热情和积极性。

4.公共服务供给不足，服务内容过于单一

大型体育场馆作为政府投入巨资建设的社会服务设施，主要用于提供体育公共服务，从各地大型体育场馆提供服务的情况来看，基本上履行了体育公共服务职能。体育公共服务的种类相对较多，从各地大型体育场馆提供的服务种类来看，以各种体育健身、体育培训和健身指导等体育公共服务为主。部分地方大型体育场馆仅仅是为了一次性承办大型体育赛事而建，没有完备的配套设施，导致这些场馆的体育公共服务供给严重缺乏，服务内容过于单一。而且，大型体育场馆的公共属性，应向民众提供公益性体育服务，但部分大型体育场馆完全市场化，提供的服务价格过高，服务项目设置完全商业化，将大部分中低消费群体排除在服务范围之外，难以体现公益性，进一步限制了大型体育场馆体育公共服务的供给。

5.公共服务成本过高

我国大型体育场馆多为竞赛型场馆，为承接大型体育赛事而建，投资额巨大，运营成本过高，如南京奥体中心一年的运营费用高达6000多万元。大型体育场馆作为体育公共场所，提供体育公共服务。由于赛事、活动资源较为稀缺，大型体育场馆在非赛时也主要用于对群众健身开放。部分大型体育场馆为节省运营成本，甚至不对群众健身开放，进一步加剧了场馆的闲置状态和体育公共服务供给的不足。

五、我国体育公共设施建设中存在的问题成因分析

（一）我国体育公共设施建设体制大环境的转轨和脱节

一是我国经济体制的转轨导致体育公共设施资源不对称。在随着我国由传统农业经济向现代工业经济过渡的历史进程中，出现了城市现代生产、生活方式之间不断进

步的不对称组织形式和社会存在形式及农村相对落后的生产和生活方式，即所谓"城乡二元结构"。

二是我国现行的体育管理体制导致体育公共设施资源配置不平衡。首先，城市社区体育公共设施。从长远的角度看，高校体育场地设施的维护、更换和管理成本远高于建设成本。在高校体育公共设施实际运行过程中，以政府为主的投资方和地方社区的受赠方存在典型的博弈心态。其次，大型体育场馆。我国大型体育场馆多属事业性质，场馆供给公共服务受到这种体制的制约和限制，具体分析原因：预算管理制度束缚供给体育公共服务灵活性；编制管理导致人员流动不畅，冗员过多；场馆工作人员的流动受到现有编制管理制度的严重束缚；社会保障制度不健全，场馆供给体育公共服务负担过重。

（二）我国体育公共设施供给制度的滞后和缺失

1. 精英取向制度设计的固有缺陷，导致高校体育公共设施供给与需求脱节

由于决策过程中没有充分考虑民众需求的变化，尤其在当前我国农村推进城镇化改革，农村地区经济社会发展差距巨大，农民体育文化需求呈现多元化、复杂化等特点，传统意义上的精英决策模式导致服务供给与需求脱节。

高校体育文化、人口结构和体育健身习惯等与城市具有一定差异。从城市角度考虑，增加高校体育公共设施，推动高校体育发展的思路需要进一步验证。现有研究表明，民众体育健身需求呈现典型的阶层差异性，同时年龄等都是影响体育健身需求的重要因素。

2. 不良投资机制导致大型体育场馆供给体育公共服务难以获得补偿

体育场馆在政府提供体育公共服务的过程中是重要的代表物，地方财政应依法保障场馆供给体育公共服务的成本支出，但从实际情况来看，地方财政对于场馆的保障乏力，尤其是对于体育公共服务中的场馆供给投入严重不足，可以说，地方财政资金的短缺，造成体育场馆供给体育公共服务的成本难以获得及时和足够的补偿，导致难以供给体育公共服务。

由于场馆多为竞赛型场馆，为了保证赛后正常运营和体育公共服务，需对场馆进行相应的改造，所需资金量较大，同时，场馆赛后运营和文体活动开发均需启动资金，但是政府在场馆建成后对场馆的再投入十分有限，导致场馆赛后运营资金严重缺乏，日常运营和公共服务的供给受到了极大限制。在现行的事业单位会计制度下，所有的场馆都不计提折旧，多数场馆未设立发展基金，场馆维修经费严重不足。

（三）我国体育公共设施建设缺乏科学长远规划

1.城市规划滞后、规划程序缺乏协调和城市土地资源稀缺

城市规划是城市建设与管理的指导性文件，是城市发展的龙头。在规划的制订与审核过程中，主要以城市规划行政部门为主导，缺乏其他相关部门间的沟通与参与，规划往往遵循传统的城市社区的硬性指标来进行，如根据城市的建筑密度、容积率、绿化率、停车位以及消防通道等；但是，在这些指标中，大众体育设施建设用地往往被市政部门所忽视。在社区体育设施的建设过程中，由于用地规模、建设时间以及投资主体的不同，很容易出现政府、企业和物业之间互相推诿的现象，即便预留了体育设施建设用地，由于难以落实投资主体而导致设施建设迟迟不能开工。

2.高校体育公共设施规划滞后，导致高校体育公共设施无法可依

地方政府在农村建设过程中，探索农村公共文化体育设施规划的问题，在国家层面上始终没有得到认同，所以地方政府的探索得不到有效推广，国家层面的高校体育公共设施规划仍旧处于缺失状态,导致地方在建设高校体育公共设施过程中无法可依。

3.大型体育场馆设计先天不足，未能充分考虑体育公共服务供给问题

大型体育场馆的建设理念和规划设计对于其供给体育公共服务具有重要影响。场馆在规划设计阶段就应考虑其赛后运营和体育公共服务的供给，但在我国场馆的规划设计中较少考虑场馆的赛后运营和体育公共服务的供给，以赛时需要设计为主，导致场馆赛后运营困难，不利于赛后场馆的对外开放和体育公共服务的供给。

我国部分场馆在选址中考虑到承办大型赛事对人流疏散、交通的影响以及城市内

较高的土地成本，将部分场馆建在城市郊区。场馆建在城市郊区虽对举办大型赛事影响不大，但对场馆提供体育公共服务和经营状况来说影响却很大。

（四）我国体育公共设施建设法律监管不到位、配套政策不完善

1. 城市社区体育公共设施相关法律法规不到位

目前，我国城市社区体育设施的建设主体是政府，主要以政府主导投资或募集社会资金为主，其性质带有明显的公益性和非营利性。任何组织和个人不得侵占、破坏体育公共设施。在法律的层面上，虽然《体育法》对城市社区的体育设施建设进行了立法保障，但在基层社区体育公共设施的建设与管理还是相当不规范，出现了一些法规空白或执行不到位，加上政府微观层面管理的缺位以及体育行政部门的不作为，社区体育设施被挪用、以土地置换的方式被侵占的现象相当严重。为了体现法律的时效性，相关的法律法规也应该与时俱进，不断健全和完善，提高其保障作用和免干预能力。与此同时，各级政府应该保障法律法规的统一性和可操作性，并加大执行力度。

2. 大型体育场馆相关配套政策不完善

一是公共服务标准缺失，监督考核缺位。大型体育场馆提供体育公共服务，国家应有相应的体育公共服务标准，以规范和约束大型体育场馆提供体育公共服务。但目前有关大型体育场馆等体育公共场馆的基本体育公共服务和公共服务标准并未出台，大型体育场馆管理机构因公共服务标准缺失，在实际的工作中也无所适从，不知该提供什么样的体育公共服务。因此，体育公共服务标准的缺失在一定程度上造成了大型体育场馆体育公共服务供给不足。另一方面，由于国家尚未出台大型体育场馆体育公共服务考核机制，导致没有监管主体对大型体育场馆提供体育公共服务的情况进行监督和考核，许多大型体育场馆缺少提供体育公共服务的主动性和积极性。二是税费政策不妥，扶持政策缺乏。

六、我国体育公共设施发展建设的对策建议

（一）分类推进体育公共设施体制改革，增强各类体育公共设施公共服务能力

1. 明确主体，加强监管，提升城市社区体育设施发展的管理成效

在城市社区体育设施发展过程中，政府的作用主要表现在管理和保障两方面。一是管理方面，通过行政和法律等手段对城市社区体育设施进行规划布局，制定相应的监督管理政策。二是保障方面，主要指资金保障和后期保障。对政府在社区体育设施领域的投资范围，起到资金保障的功能，严格界定政府的投资范围；协调各部门，按指标要求验收建成的社区体育设施。完善监督机制的主要任务是解决如何发挥政府、媒体、社区组织等主体的监督作用，如何消除监督机制的阻碍因素，如何建立一套符合市民利益和可行的监督机制等问题。

明确体育职能部门的职责，提升监管能力。体育职能部门理应成为体育场地设施建设与监管的主要职能部门。在体育设施建设过程中，管理与监管是体育行政部门的主要职能。

探索城市社区体育设施管理模式，提高管理水平。城市社区体育设施作为一种具备准公共产品性质的物质存在，就可以适当地通过市场的供求机制来对其进行资源优化配置。在社会主义市场经济体制下，城市社区体育设施的供给越来越需要多元化的主体，政府虽然还是城市社区体育设施的产权所有者，但是政府可以更多地吸纳社会力量参与其管理，采取多样化的管理形式。

2. 创新管理体制，改善高校体育公共设施供给环境

改变决策形式，形成自上而下决策和自下而上表达的有机结合。短时间内，高校体育公共设施供给过程中自上而下的决策形式不会得到彻底性的改变。现阶段，高校体育公共设施建设过程中，需要进一步重视农民体育需求的表达。由于我国农村地区区域广大、民众需求多元化，因此应坚持区域化、民族化的供给原则。

改变既往"农民体育健身工程"的发展思路，不要求全国统一的体育设施供给，而是充分考虑区域特征和民族习惯，结合农村常住人口的体育需求特点，进行高校体育公共设施供给。重视农民群体的体育需求，强化以农民群体的需求为引导，促进农民所需的体育设施供给，奠定农民体育设施有效利用的基础。改变管理形式，创新管理制度，完善产权结构。强化制度建设，明确各类主体的责任。

3. 积极推进场馆管理体制改革，增强场馆供给公共服务能力

场馆供给公共服务长期受事业单位管理体制限制，急需参照事业单位改革的要求，深入推进场馆管理体制改革，设计有利于场馆公共服务的各项制度，提高场馆供给的公共服务水平。

（二）强化顶层设计，优化供给制度，提升体育公共设施专业化水平

1. 整合资源，优化城市和社区体育公共设施供给制度

对体育公共设施规划进行顶层设计工作是开展体育公共设施建设的重要前提。加大扶持，拓宽投资，保障城市社区体育设施发展的财政投入。城市体育公共设施是城市公共基础设施的重要组成部分，其建设资金的投入也是公共财政支出的重要组成部分。应以政府投入为主，各级财政结合城市总体规划保证体育公共设施建设资金的需要，同时可以采用体育彩票公益金或社会捐赠等多种资金投入方式，促进体育公共设施建设资金来源的多元化，了解现实矛盾。在吸引社会企业或个人参与投资与管理过程中，引进激励机制，政府可适当采取免税收或适当减免土地出让金等优惠政策，甚至还可以制定奖励政策，对社区体育设施面积超过规划规定的企业进行奖励，旨在引导企业自觉主动参与社区体育设施建设。

整合资源，协同发展，扩大城市社区体育设施服务功能的外延。整合城市社区体育设施资源可以从以下三方面来实现城市社区体育设施系统内外的资源共享：一是调整城市中大、中小型体育设施的布局与比例，使其趋于合理化。因为不同规模的体育设施互相之间具有功能与经济互补作用，它们之间是相辅相成的，具有相互促进、共同发展的密切联系。二是扩大社区系统外体育设施资源的共享。三是促进社区系统内

体育设施资源的共享。

2. 革新滞后投资和供给形式

改变投资形式，形成政府投资为主、其他投资为辅的投资格局。体育与其他公共服务项目整合，不仅不会减少高校体育公共服务的投入，在很大程度上可以吸引其他资金注入，有效增加高校体育公共服务的投入。促进公共服务中心建设，不仅将使体育活动获得较好的社会认可机会，同时与其他项目在一起，将最大化地吸引村民对体育活动的关注。

3. 加强专业化运营，提升大型体育场馆供给体育公共服务水平

场馆的专业化运营，应在相应的体育公共服务标准和运行标准等标准体系中运行。目前，国家体育总局等相关部门正在进行场馆相关服务标准和运行标准的研制工作，相关标准出台以后将为场馆的标准化、规范化管理提供客观依据。同时，场馆也应加强对现有标准和场馆运行规范的执行力度，建立并健全场馆服务质量控制体系，精简和优化服务流程，提高服务质量。此外，与政府部门、社会组织合作，将场馆打造成各类体育社会组织的活动基地，由社会组织利用场馆资源组织开展各种体育活动，为群众提供各种专业化体育服务。场馆服务内容的丰富，运营的专业化，有助于提高场馆供给体育公共服务的专业化水平。

（三）科学规划，优化体育公共设施的整体布局

对全国体育公共设施规划、建设和利用应做统筹安排，要立足于整体性视角确立体育公共设施的发展规划。针对各类体育公共设施存在的不同状况，具体建议如下：

1. 优化城市社区体育设施空间布局

编制专项规划纳入控制性详细规划，进一步完善设施规划编制体系。社区体育设施的建设应遵循城市规划的基本规律，将规划编制分为总体规划、分区规划和详细规划三个不同的阶段。三个阶段是层层递进和不断细化的过程。其中总体规划是以城市总体规划为基点的顶层设计。控制性详细规划阶段是其中最关键的一个环节，主要协调好土地使用、单位产权、交通状况、周围资源等诸多问题的制约，设计好近期建设

规划，布局好大中小型体育公共设施健身区域，明确社区体育设施建设的具体要求，综合考虑城市社区体育设施的布局与规模，确保城市社区体育设施建设的顺利进行。在控制性详细规划编制过程中，体育行政部门应和规划部门一起编制城市体育设施专项规划，提前考虑好近期的主要工作预案，明确各类体育设施的规模、布局和建设时序。规划、整合、盘活现有资源，促进城市体育公共资源共享。

承担社区体育设施建设的企业，应当积极配合城市规划、市政、消防、城管及体育等相关部门的工作，以协调解决建设过程中出现的问题。体育行政部门应当制定出相关指标，建议有关部门在制订社区体育设施建设规划时，应充分考虑居民参与体育健身的便利性、安全性以及体育健身设施、健身环境的优劣等，并将这些重要指标进行量化，形成一套完善的验收与评估管理指标体系。

城市社区体育设施按规模大小可以分为社会体育中心、社区体育中心和社区健身设施三个级别。选址是社区体育设施的空间布局的关键，怎样布局才更加合理，居民能够最大限度地使用体育资源，这需要考虑周围的人口、环境和交通等多方面综合要素。各级社区体育设施的布局与功能不尽相同。社会体育中心建设规模较大，综合性强，主要满足承办社区内的各种大型体育赛事的需求；而社区级体育中心规模相对较小，功能较为单一，主要是满足居民日常体育锻炼和举办日常社区活动；社区健身设施属于微型体育设施，主要分布在每个小区中，旨在使大众可以享受到便民的体育服务。

2. 加强高校体育场地设施的整体规划

我国高校体育公共设施发展，首先要立足于整体视角确立高校体育公共设施的发展规划。对于高校体育公共设施的规划、建设和利用的统筹安排，学者们进行了较为系统的研究。完善国家整体规划、省市规划和区县规划的编制工作，在区域经济社会发展中列举体育公共设施专项规划，并且在我国区域体育公共服务发展的基础上，适时调整高校体育公共设施的各项指标。在高校体育公共设施建设方式上，建议以划拨方式供给所需土地，利用村级公共用地建设高校体育公共设施。将高校体育公共设施供给责任进行分解，采取委托代建制，建设高校体育公共设施。建成以后，由体育公共设施所在地的村级组织或专业体育社会团体承担高校体育公共设施的管理责任。

3.大型体育场馆设计优化，"建修"并行

优化场馆公共服务功能设计，鼓励共建场馆。提高大型体育场馆的公共服务功能，首先从源头上解决问题，更新发展理念，从场馆的规划和设计入手，优化场馆功能设计，完善场馆公共服务功能，充分考虑赛后供给体育公共服务的需要，对场馆进行多层复合化设计，融入多种功能，比如，文化、体育、社区服务等多种公共服务功能，实现场馆建设用地的集约利用，提高场馆的容积率和建筑强度。将场馆单一的体育中心设计成为城市的综合体和城市生活中心，为大型体育场馆赛后供给体育公共服务提供硬件基础。从目前场馆建设的情况来看，群众身边的场馆最为缺乏，需求最为迫切，但用地也最为紧张。

加快中小型体育公共场馆建设，改善体育公共服务供给基础。鉴于各地热衷大型场馆建设，而大型场馆后期利用困难、闲置比较严重的问题，今后各地应适度控制大型场馆的建设：各地承办大型体育赛事应充分利用现有场馆，通过对现有场馆增加临时看台、活动座席等临时设施以及搭建临时场馆等措施，满足承办大型赛事的要求，尽量控制新建大型体育场馆，将有限的资金主要用于中小型场馆建设，加快场馆建设。

改建现有场馆，提高现有场馆公共服务能力。为促进场馆体育公共服务的供给，增强现有场馆的公共服务供给能力，应注重对现有场馆的改造，增设公共服务设施，提高现有场馆的公共服务能力。

此外，应注重对部分年久失修的大中型场馆的转型改造，由于部分大中型场馆修建的年代较为久远，而其承办大型活动的功能也已被新建的场馆所替代，应逐步转型为以全民健身为主。应注重和加强对现有场馆的转型改造，完善服务功能，以提高现有场馆的公共服务能力。

（四）完善相关法律法规及配套政策，扩大体育公共设施服务功能外延

1.改善城市社区体育设施发展的制度环境

改善当前社区体育设施规划、建设和管理需要的法制环境，共建良好的社区体育设施发展法制环境，保障其健康可持续地发展。

要制定和完善指标体系，从而提高法律法规可操作性。逐渐完善社区体育设施指标体系，分区分类进行指导。社区体育设施指标体系主要包括建设指标体系和验收指标体系。社区体育设施建设指标体系是衡量社区体育设施建设的基本要求，主要指体育设施规划设计标准、相关配套设施标准以及设备标准。由于我国地域差异性大，统一的指标体系也难以符合不同城市不同社区的实际需要，应根据不同城市不同档次的社区进行分类，按就近原则，区域统筹社区间的体育设施，适时进行动态调整。建立合理而详细的社区体育设施验收指标体系。目前，我国城市社区体育设施的验收指标体系还不完善、可操作性差，导致社区体育设施建设的质量与数量难以度量，不重视验收工作成为我国城市社区体育设施建设过程中非常突出的问题。

2. 强化政策供给和执行，促进高校体育公共设施建设工作的开展

做好高校体育公共设施需求的调查研究工作。深入基层调查研究，既是我们党的优良传统，也是我们制定政策的前提和依据。我国农村地区覆盖范围广阔，民众的生活水平和生活习惯相差很大，由此带来的体育锻炼意识和体育锻炼需求也存在较大差异。特别是近年来，随着农村城镇化进程的逐步加快，农村地区的常住居民结构也在悄然发生改变，这都直接影响着体育公共设施的供给。因此，深入到广大农村地区进行自下而上的调查研究十分必要，这有助于我们了解农村居民在体育公共设施需求上的特点及其变动趋势，明确农村在体育公共设施供给中的突出矛盾与突出问题，为做好高校体育公共设施的规划与政策制定奠定基础。

通过资源整合和组织建设提高高校体育设施利用率。在体育公共设施建设中坚持经济基础、群众基础好，土地容易解决的县先建的原则，不断完善有关设施，同时，要重视突出当地壮、汉、苗、瑶等不同民族风格。

3. 建立财政保障，保障大型体育场馆服务能力

加大财政保障力度，保障场馆供给体育公共服务。应增加对场馆建设的资源投入和配置，纳入地方基本建设财政预算，确保场馆建设所需资金。体育工作的重要保障，是群众体育事业发展的重要依托。

第二节　体育公共服务组织体系建设

本节主要从体育公共服务组织体系建设基本状况、体育公共服务组织体系建设存在的问题、体育公共服务组织体系构建模式以及体育公共服务组织体系建设的发展对策进行研究分析。

一、体育公共服务组织体系建设的基本状况

（一）我国体育公共服务组织体系建设的阶段

第一阶段：政府投入为主一元化。中央和地方各级体育事业单位，分别接受同级政府体育主管机关的领导和监督，为社会提供体育公共服务产品，相当于政府的体育生产"车间"。

第二阶段：探索社会化、市场化。依据社会化的内涵和改革要求，需要打破政府部门垄断体育公共服务的局面，形成以政府为主导、各种社会主体共同参与的体育公共服务供给格局。

第三阶段：政府、市场、社会多元化。我国体育公共服务组织体系建设任重道远。从计划经济体制到市场经济体制，我国体育公共服务经历了以政府投入为主的一元化组织体系，随后通过不断探索社会化、市场化，形成了政府、市场、社会多元化的框架，但体育公共服务组织体系仍然需要不断完善。我国体育公共服务组织体系仍然处在变迁与完善的过程中。随着经济社会的不断发展，政府由管理型向服务型逐渐转变，群众的自治意识和能力得到不断增强，许多原本由政府行使的体育权力得到逐步有序的下放，群众体育组织也呈现出多元化的发展趋势。

（二）我国体育公共服务组织体系的框架结构

1. 政府：体育公共服务的责任主体

一是明确主要作用。计划经济体制下，体育系统是我国政府行使体育管理职能的

唯一系统，这个系统不仅自成体系、相对封闭，而且与系统外环境交流较少。建立市场经济体制以来，这一系统的外环境发生了翻天覆地的变化，原先的政策优惠难以为继，系统的稳定性受到了很大的影响。受原有体制路径依赖效应的影响，当下政府体育管理职能总体上变化不大。

我国的政府体育管理职能主要由体育系统承担，尽管机构形式在县级层面有所不同，但管理职能较为相似。经济人假设的有限理性、各层级政府掌握信息的不对称和不完全，使政府作为一系列有形或无形契约签订的起源，只是一个有限理性人与契约的结合，可以说，制度的建构是不完全的。虽然在理性能力和信息完全程度上政府占有较大的优势，但仍然囿于有限理性的宿命之内。

二是厘定具体内容。从全民健身的角度，我国体育公共服务体系中主要有场地设施、体育组织、体育活动、体育指导培训、体质监测等需要政府的供给和保证。

2. 市场：体育公共服务的优化配置

一是市场参与体育公共服务的必要与可能。按照新公共管理的相关理论，通过竞争性理念的引入，各种市场主体参与公共服务供给，可有效地回应公众的需求。

第一，体育公共服务中市场参与的必要性：弥补低效。

在政府供给中，政府综合公民的体育公共偏好，提供体育公共服务产品。公共政策方面，对公民急需的体育公共服务供给不足，但是竞技体育产品却是非公民自愿选择的超量供给。很大程度上不是公民体育需求的表达，而是压力型的官僚体制下官员基于自身利益最大化而推动的超量供给。城乡差距持续性增大。政府改革在体育领域步履维艰,运动项目中心和各种体育协会成为政府改革的避难所,变相造成了政府扩张。

第二，体育公共服务中市场的优势：市场机制。

市场机制指在市场运行中形成以价格、供求和竞争三位一体的互动关系为基础的经济运行和调节的机理。市场机制分为价格机制、供求机制和竞争机制。

二是市场在体育公共服务供给中的角色定位。市场是指在商品生产和交换领域扮演重要角色，以追求经济效益为主要目标的组织类型，其主要的表现形式是企业组织。

在现实生活中，企业参与公共服务供给确实存在并逐渐发展。按照组织分工理论，市场在体育公共服务中主要扮演以下四种角色：第一，市场扮演体育公共服务的"提供者—生产者"角色。第二，市场扮演体育公共服务的"生产者—被采购者"角色。第三，市场扮演体育公共服务的"生产者—合作者"角色。第四，市场扮演体育公共服务的"购买者—提供者"角色。

3.社会组织：体育公共服务的重要载体

民间组织这一称谓一直被使用着，它涵盖了社会团体、民办非企业单位、基金会所三类组织。

一是体育社会团体。社会团体是指中国公民自愿组成，为实现会员共同意愿，按照其章程开展活动的非营利性社会组织。我国的体育社团组织体系庞大、种类繁多。既有规模巨大、层级较多、会员众多的大型正式体育组织，诸如各行业的行业体协、体育单项协会等，也有规模较小、结构松散、成员较少的社区健身组织。

行业体育协会：行业体育协会是我国群众体育组织体系中的重要组成部分。自新中国成立起，我国便在各个行业系统内部建立了体系较为完备、覆盖较为全面的体育协会。

人群体育协会：人群体育协会是指在各社会阶层、社会群体内部建立的社会性体育组织。诸如青少年体育协会、农民体育协会、妇女体育协会、老年人体育协会和残疾人体育协会等。

农民体育协会：农民体育协会成立以来，在全国动员与发展了大量的农民朋友积极地参与体育活动，并举办了6届全国农民运动会和多届其他形式的农民体育活动。

老年人体协：老年人特殊的身体特征对体育提出了较高的要求，运动健身成为老年人生活方式的重要组成部分，由此也使得老年人成为群众体育发展中的一支主力军。老年人不但在动员老年人参与体育中具有十分积极的作用，在动员其他社会群体参与体育中的作用也十分显著。

残疾人体育协会：体育在提高残疾人身体社会适应能力、锤炼残疾人的意志品质、促进残疾人正常社会生活回归中具有十分重要的作用。

青少年体育俱乐部：体育对于青少年有着十分重要的教育与健身价值，青少年由此成为除老年人之外重要的体育运动参与群体。各地的青少年体育俱乐部采取会员入会与登记制度，一般在当地的体育、民政部门进行了相应的注册登记，获取了法定的民间组织身份。

单项体育协会：改革开放以来，我国单项体育协会得到了迅速的恢复与发展。近年来，除了各单项体育协会蓬勃发展，各区域的民族传统体育项目亦成立了相应的单项协会，这些民族传统体育项目单项协会的成立既起到抢救、保护民族传统体育项目及其文化的作用，亦在当地起到了较为良好的群众体育动员与参与的作用，依靠各种类型的民族传统体育项目组织，各地长期化地举办、开展各种民族传统体育活动。

基层体育组织：改革开放以来，经济体制转轨，传统单位制逐渐式微，国家开始不断向社会让渡治理空间，由此使得社会力量得到不断的孕育与生长，各种类型的社会组织如雨后春笋般生成。为数众多的基层体育组织以其独特的结构与功能优势，在基层群众体育运行中扮演着十分重要的角色。

二是体育类民办非企业单位。体育类民办非企业单位，是由企业事业单位、社会团体、其他社会力量和公民个人利用非国有资产举办的，主要是以开展体育活动为主要内容的非营利性社会组织。

三是体育基金会。体育基金会是指对国内外社会团体和其他组织以及个人自愿捐赠资金进行管理的民间非营利性组织，属于社会体育团体。

二、体育公共服务组织体系建设存在的问题

当前制约体育公共服务体系组织建设的诸多问题归纳为这样五方面：其一，体育组织建设与发展的合法性问题；其二，体育组织建设与发展过程中的资源约束问题；其三，体育组织建设与发展所遇到的结构性阻滞问题；其四，体育组织建设与发展的治理问题；其五，体育组织建设与发展的社区环境演变问题。这五方面是当前建设与发展体育社团组织需要着力解决的问题。

（一）体育组织发展的合法性问题

社会力量的不断孕育与发展，逐渐催生与发展出数量众多的社会组织，这类组织虽未得到政府以及相关行政管理部门的明文认可，但这类组织契合了基层社会的各种需求，因此被群众广为认可，在群众的日常生活中扮演着十分重要的角色。社会合法性基于社会生活的逻辑，它与社会领域的道德、价值规范是契合的，因而，其具备社会合法性。与社会道德、社会文化规范的吻合，使得具备社会合法性的组织能够在基层社会较好地发挥良好的社会资源整合、公共服务供给等功能。因此，具备社会合法性的社会组织，不但在民间具有广泛的基础，往往也能得到政府的默认与鼓励。

合法性问题是体育组织生存与发展过程中最基本的要素条件。尤其是那些规模较大的体育社团，其能否取得合法性身份与地位，决定了社团活动的可能与否，合法的身份往往构成了大规模体育社团的生存底线。如果没有合法的社团身份，且大规模的社团活动又未得到政府及其相关部门的认可，那么其活动性质会被定性为非法，非法的社团活动就受到政府的禁止与取缔。除了对大规模体育组织的活动具有限定作用，是否具备合法身份对于组织的资源获取有很大的影响作用。按照我国现行的法律，如果体育组织到相关的机构进行了相应的等级与备案，取得了民间组织的相应身份，那么这类型的组织将在税收以及其他政府资助层面获得较大的有力资助。税收方面的优惠政策意味着体育组织发展的成本将大幅度降低，这对大规模体育组织而言，具有极大的促进与激励作用。当然，当前活跃在基层社区的体育组织，主要还是那些结构松散、规模小型的社区健身组织。

（二）体育组织发展的资源约束问题

体育社团组织作为一类社会实体，其存在与发展必然需要具备一定的资源条件。第一，资源条件是体育社团组织良性运行的先决条件。尤其对大规模的体育社团组织而言，组织实施专业化的运作需要组织内部有相应的专业化结构与技术进行支撑，专业化的技术人才、专业化的技术支撑均需耗费大量的资源。同时，维系较大规模体育社团组织的运行还需要较多的日常维系经费。因此，资源的充足与否将较大程度地决定大规模体育社团组织的运行质量。为了获得社团组织所需的发展资源，大规模的体育社团组织一方面通过获取合法的组织身份，积极争取政府税收减免、项目资助等优惠政策；第二，大规模的社会组织也会通过一定的市场化手段，诸如冠名等积极地从市场领域筹集资源；第三，大规模的体育社团组织还会通过种种策略获取社会领域的资源赞助，诸如，通过收取一定的会费，游说社会名人对于体育社团组织的赞助等。虽然大规模体育社团组织通过种种方式尽力地去化解组织发展的资源约束问题，但从当前的大规模体育社团组织的发展现状来看，资源短缺仍然是制约组织进一步发展的重要条件。资源短缺，使得较多的体育社团采用了依附性的生存策略——或挂靠、或结构性依附，即通过依附政府而获得组织生存发展所急需的各类资源。依附政府，虽然有利于获取发展资源，但将较大程度地降低体育组织生长孕育的自主性，导致难以获得自生长的能力。

当然，当前活跃在基层社区的较多体育社团组织是规模较小的健身组织，这类组织由于规模较为小型，因而，其运行成本较小。在难以获得政府、社会、市场资助的条件下，小型体育社团组织往往依靠组织内部的社会精英分子个人的资源优势来解决组织的资源困境问题。社区的社会精英分子以公益人身份积极地介入健身组织的发展中来，不但无私地以个人的努力工作维系健身组织运行与发展，还积极地将自己的社会资本、社会资源用于健身组织的发展之中。在我们的社区调研中，遇到了较多的社会精英推进健身组织发展的个案。

（三）体育组织发展的结构性问题

不同的体育社团组织往往具有不同的组织结构。从当前活跃在基层社区的体育社团组织的结构来看，可以粗略划分为两种类型：

第一种是具有正式科层组织结构的体育社团组织。

第二种是不具有正式组织结构的松散健身组织。这类健身组织少则数人、多则数十人，一般规模较小，依靠几个核心人物的组织联系开展体育活动。由于组织规模不大，组织对于成员的进入与退出也没有十分严格的界限，因此，组织的运行方式相对没有正式组织那么严格，组织活动开展的随意性较大。也正是由于组织的规模较小，组织进一步成长乃至获取合法身份的意愿较弱，所以这类组织基本都无正式的法定身份。组织依靠社会领域广泛的认同而无拘束地开展社团活动。非正式的健身社团依靠基层社区的"能人"开展活动，"能人"凭借自己的社会关系网络、社会资本而能够迅捷地动员与聚集组织成员，并以自己独特的动员方式而使得这些组织成员较为稳定地团结在自己身边。

由于组织小型，组织日常运行的成本相对较低，对于场地器材也无过于严苛的要求，因而这类组织的生命力较为旺盛。从我们调查的几个社区来看，平均每个社区都有数量较多的健身组织。由于这类健身组织的日常运行主要依靠组织内部的"能人"，组织自身并无严格的规章制度，组织的运行受"能人"的影响较大。往往"能人"个人的自身状态会较大程度地影响到组织的运行状态。从调查的社团组织的运行情况来看，发展较好的健身组织一般都是组织内部"能人"工作状态较为稳定的组织，而少量组织出现了由盛转衰的情况，究其原因，就是因为主导组织运行的"能人"在代际流动的过程中出现了流动不畅的问题。因而，这类由个人主导的组织较大程度地受到了人的状态影响。

对于正式组织而言，组织依据其正式的制度以及科层架构来自行治理组织，制度的刚性约束，使得组织的日常运行均较为正式、严苛。与非正式的健身组织"以一人之力治理组织"所不同的是，正式的体育社团组织科层组织一般规模较大，组织运行需要专业化治理，因此组织内部会有十分明确的分工，使得其治理结构表现出以"一群人之力治理组织"的特征。组织内部治理精英的结构及其互动关系对于组织运行的影响较大，往往具有良好精英治理结构的体育社团组织，运行状态较为良好。调查中一些运行状态不佳的体育社团组织，从治理结构看，其精英构成是存在较大问题的。比如，某些组织内部的精英治理结构单一，依靠某一类型的精英来主导组织的日常运行，单一的精英意味着单一的资源背景，这显然是不利于组织运行的。当然，对于正式的体育社团组织而言，尽管有正式的科层架构存在，但由于大多数正式体育社团组织本身处于整体的社会权力网络之中，导致组织的很多日常运作仍然较多地受到非正式权力的影响。

三、体育公共服务组织体系建设的发展对策

（一）体育公共服务体系组织建设的价值诉求

一是契合我国群众体育整体发展需要。当前，推进体育公共服务体系建设的重点是确保体育公共服务的均等化，也就是说要通过进一步完善体育公共服务体系，从而确保全国各族人民都能平等地享受到基本的体育公共服务。为此，国家体育总局提出要从保基本、强基层、建机制三方面出发，来积极推进体育公共服务均等化。作为体育公共服务体系构建工作的重点领域——体育组织体系建设应当契合我国当前群众体育发展的整体需求，具体而言，就是应当在组织建设的过程中完好地体现"保基本、强基层、建机制"这一整体的工作思路，通过体育组织体系的建设，推动体育公共服务体系的健全完善，推进我国群众体育发展水平的整体提高。

二是体现体育公共服务体系建设诉求。体育公共服务体系构建是一个庞大的系统工程。从结构来看，体育公共服务体系包含场地设施体系、组织体系、服务供给体系、政策法规体系与监管体系5个子体系。其中组织体系在体育公共服务体系中具有十分重要的作用，是体育公共服务体系的重要构成，也是体育公共服务体系结构与功能实现良性结合所不可或缺的重要元素。建设体育公共服务体系，组织建设是十分重要的建设领域与着力点。体育公共服务体系的组织建设应当体现体育公共服务体系总体的建设诉求，以组织建设为纽带来更好地促进体育公共服务体系的构建。

三是回应体育公共组织服务现实问题。当前我国体育公共服务体系的组织架构建设工作仍然存在很多的问题，诸如体育社团组织数量规模仍然较小，仍然不能有效满足群众基本的组织需求；体育社团结构问题仍然突出，各类社团组织的比例结构仍不合理，各类社团的互补功能尚未得到有效的发挥；体育社团的功能发挥仍受局限，在满足群众多元化组织需求方面尚存在较多的不足；体育社团治理层面尚存在体制、机

制不畅的问题，体育社团获取合法身份仍然存在较多的登记门槛；体育社团组织自身的活力仍然不强，难以依靠自身的努力有效化解资源约束的问题。当前，解决体育公共服务组织体系建设与运行中暴露的诸多问题，有利于体育组织建设的改进与完善，建设体育公共服务体系必然需要着力化解这些制约体育公共服务组织体系良性运行的问题，以化解体育公共服务组织建设问题为契机，进而有效推进体育公共服务组织建设。

四是满足群众体育参与社团组织的基本需求。体育社团组织是联系群众参与体育的重要纽带，是组织群众开展体育活动的重要平台，是维系与激励群众体育参与热情的重要支撑。体育社团提供的组织服务是体育公共服务中满足群众基本体育需求的重要部分。在建设体育公共服务体系的过程中，应当全面把握目前阶段民众对于体育服务组织的需求特征，依据群众基本的组织需求特征，建设体育社团组织。我国地域辽阔、民族众多，不同区域的社区群体对于体育公共服务的组织需求存在一定的差异，不同的社会阶层其组织需求亦有所不同，在建设体育公共服务体系组织架构的过程中，既需要考虑如何去满足群众基本的组织需求，还应当考虑不同区域、不同社会阶层之间所存在的组织需求的差异，以满足群众基本健身需求为根本出发点来有效地推进体育组织建设。

（二）体育公共服务体系组织建设的根本目标

依据我国公共服务体系构建的整体目标，结合体育公共组织服务体系发展的实际，提出当前阶段我国体育公共组织服务建设的根本目标。

1. 保基本

体育公共组织服务作为国家运用公权力与公共资源所提供的一项公共服务，其服务的标准与水平应当与我国群众体育发展的实际以及政府体育公共服务的供给能力相适应。基于政府有限的财力无法也不能满足不同社会阶层多元化、差异化的全部组织服务需求，因而，政府所供给的体育公共组织服务所立足的只能是基本层面的体育公共组织服务，所面向的只能是普通民众诉求最为强烈的体育公共组织服务需求。就当前而言，由于我国经常参与体育锻炼的人口数量仍然很低，因而，基本层次的体育公共服务应当立足于如何确保人民群众能够有效地参与到体育锻炼中来，因而这一阶段的体育公共服务应当将重心置于群众参与体育的各种必要性条件的保障之上。就组织建设而言，应当立足于基层，依托现有的各类人群体育组织、单项体育组织、行业体育组织，依靠社区、村委会等政府延伸组织的组织机能，努力将各类组织建设发展到基层的城市、农村社区之中，实现网络化的组织发展与建设布局，从而有效发挥各类组织的互补功能，从而吸收与发动不同民族、不同年龄、不同兴趣爱好的群众广泛地参与到体育锻炼中来。当然，强调体育公共组织服务的基本面向，并不是说体育公共组织服务的供给标准与供给水平将是固定不变的，事实上，伴随经济社会的发展，随着国家体育公共服务供给能力与供给水平的提高，体育公共组织服务的标准也会相应提高。伴随国家经济社会发展水平的提高，体育公共服务组织建设的内涵也将随之不断提升、领域不断扩大，服务的群体不断拓展。

2. 广覆盖

政府供给的体育公共组织服务的服务对象为全体国民，因而，体育公共组织服务体系的建设应当是立足于国家的层面，通过体育公共组织服务体系的建设，使体育组织服务能够覆盖全国所有的区域，使体育公共组织服务能够惠及全国各族人民。当前阶段，我国的群众体育发展，尚存在较为严重的区域不平衡现象，经济发达的东部沿海地区，尤其是东部沿海地区的城市社区，体育发展的组织条件比较成熟，依托人群体育组织、单项体育组织、行业体育组织以及各类松散的非正式健身集群的动员与聚集效应，东部沿海的城市社区形成了各类组织网络化、互补性的发展格局，组织的触角已经延伸到群众生活的小区之中，组织的覆盖面广、辐射能力强。相比于城市的广覆盖，我国中西部地区，尤其是中西部的农村地区，由于经济发展相对滞后，群众的生活方式受传统的习俗影响，人们的体育参与意识相对淡薄，由此而制约了各类体育以及健身组织的孕育与生长。在这些区域中，建设与发展体育组织仍存在较大的观念层面、器物层面的阻力，因此建立健全体育公共服务体系，应当充分考虑区域平衡的问题，使打造与构建的体育公共服务体系组织网络能够真正覆盖不同区域的群众，使不同区域的群众都能够受惠于这一动用公共财政建设的体育服务。

3.可持续

作为体育公共服务体系的重要组成部分——体育组织体系也应当充分体现体育公共服务体系运行的这一特征。实现体育组织可持续能力的培养与提升，使体育公共组织服务体系具备可持续的发展能力。当然，随着国家公共服务整体水平的提高，全国各族人民基本服务需求的提升，体育公共组织服务体系也将动态地适应环境的变迁，不断地将相应的发展姿态进行调整，从而能够满足全国各族人民基本层面的体育需求。

4.有层次

体现组织服务建设的结构性与互补性。将纵向组织建设与横向组织发展、全国组织统筹与区域组织发展、大型组织建设与基层组织建设三者有效结合起来，从而构建起以政府为主导，全社会共同参与，自上而下"结构完整、机制健全、功能完备"的体育公共组织服务体系。

国家有限的财力喻示体育公共组织服务建设无法采取全面铺开、整体推进、一蹴而就的建设策略。建设体育公共组织服务体系应当依据我国群众体育发展的实际，采取有重点、有步骤的建设方针，将公共资源率先投放到发展效率快、发展效益好的体育组织建设领域。从当前我国的体育组织建设格局与功能来看，基层层面的体育组织由于"亲民、便民、利民"的组织功能特征，能够长效化、生活化地为群众提供体育组织服务，此类组织应纳入政府优先建设的范畴之内。对于基层层面的体育组织建设，则应当优先考虑社会弱势群体、青少年群体、老年人群体、妇女群体等人群的体育需求。

（三）体育公共服务体系组织建设的实践取向

通常的理解中，体育公共组织服务建设所涉及的只是如何去建设与发展各种类型的体育组织。不可否认，建设与发展各种类型的体育组织是体育公共组织服务建设的重要组成部分，这是由体育组织在体育公共服务体系构建、群众体育事业发展中的重要地位所决定的。但我们同时也应看到，在积极推进各种类型的体育活动开展的过程中，亦会客观地促成体育组织现象的生成——或许短期性的体育活动开展只能够使得群众形成并不稳固的临时性的集群，尚不具备形成稳定的、正式的体育组织的可能，但经常性、长期性、制度化体育活动的开展与举办，却能够稳定地将分散的体育参与者有机地整合起来——经常性的体育活动开展能够自然而然地使原本分散的体育参与者生成结构性的关系形态，并逐步演变为体育组织。可见，动态体育活动开展的过程中既本真地蕴含了组织现象，又内含了孕育体育组织的内在机理，因而动态的体育活动开展过程亦是体育组织建设的重要过程。

四、政府体育组织保障与非政府体育组织保障体系

（一）政府体育组织保障体系

1.政府体育组织保障体系

在政府体育组织架构中,管理国家体育公共服务的行政部门主要有: 国家体育总局、省体育局、市体育局。

（1）国家体育总局的组织机构及其职能。国家体育总局的总体职能：制订体育公共服务发展规划并组织实施；调整公共财政支出结构，增加体育公共服务的资金投入；监督检查体育法律、法规和政策的贯彻落实；制定相关政策法规，推行体育公共服务，积极引导群众体育活动的开展，加快体育公共服务在我国的普及速度，促使民众日益增长的体育需求得到良好的满足。

在国家体育总局的组织部门中，与体育公共服务工作相关联的部门主要有政策法规司、群众体育司在内的内设部门；包括社会体育中心（社会体育指导中心）、体育器材装备中心、体育基金管理中心、运动项目管理中心在内的直属部门。下面就对其中几个部门的主要职责进行介绍。

国家体育总局政策法规司的主要职责在于：研究拟定体育工作方针、政策、法规，同时，还要调查体育工作和体制改革中的重大问题，并根据研究将相应的解决方案提出来。

国家体育总局群众体育司的主要职责在于：拟定群众体育工作的发展规划；推行全民健身计划，监督管理国家体育锻炼标准的实施，开展国民体质检测；积极引导和

推动学校体育、高校体育、城市体育及其他体育公共事业的发展。

（2）省体育局的组织结构及其职能：对体育公共服务工作起到积极的推动作用，对体育服务效果进行积极的监督，从而有效保障体育公共服务的真正贯彻实施，同时，其还能作为群众体育处与国家体育总局群众体育司的连接枢纽，以群众体育司制定的有关体育公共服务发展的总任务、总目标为主要目标，将与本省体育公共发展相符的分级任务确定下来，并结合实际情况，创造条件，努力完成其分级任务，达成其分级目标。

（3）市体育局的结构及其职能：在省体育局的领导下，体育公共服务总目标，结合本市实际，完成省局分配的体育任务，实现本市的体育发展目标。

2.政府非体育组织的结构及其职能

我国体育公共服务的政府非体育组织部门主要有省地市体育局下辖体育协会、省地市教育局、团省地市委、省地市妇联、省地市总工会等，这些组织部门相互协作，在政府相关部门和机构对其有效管理和制约的前提下，也进行积极的自组织管理，为民众提供良好的体育公共服务。

需要强调的是，这些非政府体育组织是体育公共服务的具体执行单位，直接面对民众，召集体育指导员，指导民众的体育活动，是落实我国体育公共服务不可缺少的组织部门。

（二）非政府体育组织保障体系

体育俱乐部、体育协会都属于非政府体育组织的范畴，但是，由于体育俱乐部属于营利性组织，而体育协会属于非营利性的公益组织，因此二者的组织结构存在着一定的差别。

1.体育协会组织结构及其职能

体育协会有着非常重要的职责，主要表现为：推广相关体育活动的开展及协会自身在民众间的影响力，宣传体育的价值和功能，组织民众积极参与体育运动，团结并动员社会力量参加体育运动，对体育事业的发展起到积极的推动作用。

常务理事会的主要职责：代表协会签署重要文件，召开、主持协会部门大会，检查理事会决议的落实情况，行使人事任免权等职责。

会长的主要职责：向管理委员会汇报工作。

秘书处的主要职责：管理协会的人事档案和活动档案；联系成员举办会议，并做好会议记录；活动期间人员协调调用；将协会的最新信息传递给会员；将会员的意见和建议及时反馈至常务理事会；全权处理社团财务管理工作。

副会长的主要职责：协助会长监管全面工作，监督协会财务，会长不在时，代理会长行使职能。

培训处的主要职责：制订切实可行的培训计划，对体育指导人员进行培训，提高其业务能力。

会员管理中心的主要职责：对协会会员进行统一登记、管理。

技术部的主要职责：技术创新与开发。

宣传部的主要职责：宣传本体育协会的宗旨、计划，负责活动的宣传，为活动开展创造良好的氛围，并设计海报、宣传画、横幅，从而建立良好的群众基础。

外联部的主要职责：与商家联系，为协会开展各种活动争取资金等方面的支持。

2. 体育俱乐部组织结构及其职能

政府部门核准登记，由社会自发兴办的开展体育活动、实行独立核算、自负盈亏的一种体育经营实体或体育组织，就是所谓的体育俱乐部。

董事会的主要职能：出台俱乐部的战略规划、重大方针、管理原则和经营目标；挑选、聘任和监督管理和经营人员，并确定给管理、经营人员的报酬与奖惩；协调公司与股东、管理部门与股东之间的关系；提出利润分配方案供股东大会审议。

总经理的主要职能：俱乐部最高行政管理领导人，对俱乐部全局业务全面负责，主持俱乐部的日常经营、行政和业务活动，努力营造良好的发展运营环境。

总经理助理的主要职能：协助总经理处理俱乐部的内部事务。

商务运营部的主要职能：根据市场发展趋势，提供体育服务，推动俱乐部的市场化运营。

财务部的主要职能：收取会费，做好预算与结算工作，对各项经费进行登记和管理，保证俱乐部财政方面正常运转。

会员部的主要职能：会员档案的登记、管理等。

宣传部的主要职能：本俱乐部的形象宣传工作，吸引更多会员。

各运动项目部门的主要职能：俱乐部项目的开发，以会员需求为主，科学安排体育锻炼活动。

第三节　体育公共服务运行体系建设

体育公共服务运行体系以体育公共服务供给的基本结构、体育公共服务的评价、可利用的体育公共服务以及体育公共服务产品提供过程的民主参与等为核心内容，是体育公共服务的政策制定、财政保障、组织建设、生产供给和监管评估等要素环节相互联系、相互制约、相互作用的运行方式。

一、体育公共服务运行体系的要素构成

（一）体育公共服务运行体系历史沿革

新中国成立以来，我国经济社会发展经历了三次较大的改革和变化，这些改革和变化与当时我国的政治、经济、社会发展环境息息相关。

一个大系统，当其发生社会变革时，其内部各个部门、各个环节的子系统必然受到外部环境的制约和影响。因此，按照我国经济社会发展水平，我国体育公共服务运行体系发展的历程大致可以分为三个阶段。

第一阶段：政府投入为主。我国在社会建设、外交、经济发展方式等方面受苏联的影响很大，其模式被广泛运用于社会主义初期的各项建设中，体育领域也不例外。通过制度学习，我国很快建立了各级各类体育组织，建设了一大批基础体育设施。

第二阶段：探索社会化、市场化。人民群众也在探索适应生活方式变化的体育发

展之路。政府根据体育发展形势出台相应的政策支持，体育改革、加强区域间体育交流的讨论，为大众体育的发展提供了舆论支持，大众体育逐渐从曲折时期摆脱出来，走向恢复稳定时期。随着社会主义市场经济体制和政治体制的改革，体育公共服务的社会化改革步伐也不断加快。

一方面能通过市场满足人们日益增长的体育服务需求，特别是个性化体育需求。另一方面能通过市场机制的调节产生多层次、竞争式效应，从而在一定程度上解决体育公共服务政府"单一中心供给"的缺陷，即解决"政府失灵"问题。遗憾的是，由于我国社会主义市场经济体制刚刚建立，体育体制改革步伐较为缓慢，一方面出现政府行政部门忘记了自己作为体育公共服务提供最终"责任人"的使命，在鼓励市场化和民营化的同时，忽视了强化市场监管的职责。另一方面，在推行市场化、社会化改革，缩小政府行动范围的过程中，政府制定和执行法规与政策的能力有所削弱，还不能很好地适应市场化改革对政府能力提出的新要求。

第三阶段：多元主体供给。进入 21 世纪以来，随着中国经济社会的快速发展，市民对公共服务的需求不断增长，日益呈现出多元、异质和动态化，政府部门公共服务供给机制迫切需要创新并改善服务品质。公共选择理论告诉我们，公共物品的供给并非是政府一家的专利，市场和民间组织也可以提供公共物品，政府、市场和民间组织无缝合作则是公共服务供给的理想模式。

在传统意义上，体育公共服务由政府独家提供，供给内容、途径、数量等都由政府这个单一的权力中心来决定。从体育公共服务运行过程来看，政府既负责资金的投入，还要负责具体的服务生产。在建立与完善社会主义市场经济体制的当下，政府允许市场以及相关企业逐渐进入体育公共服务领域，丰富体育公共服务供给主体的筹资方式和筹资渠道。

（二）体育公共服务的要素构成

1.政策制定

体育公共服务关乎群众身心健康，关乎群众的切身利益，其政策制定的各个环节应做到科学、合理、有效。从体育公共服务政策法规数量的变化趋势上看，政策变迁总体上呈现增长趋势，尤其是 2002 年以后，政策生产的数量更是大幅度提升，在政策变迁上，总体增长，稳定性强，但更新率低。从政策制定部门看，我国体育公共服务政策的制定部门以国家体育总局为主，政府多部门联合参与。我国体育公共服务具体性政策多，宏观性政策少，这也反映出作为体育公共服务主管部门的国家体育总局在具体事务上仍然牵扯较多的精力。大型体育场馆运营效能不佳、服务能力不强、利用水平不高不健全等问题依然需要进一步通过政策法规加以规范和解决。而在如何使用社会体育指导员，尤其是对社会体育指导员的合法地位、权益保护、激励措施等方面也缺乏专门、统一的规范。

2.财政保障

我国政府从建设型政府向服务型政府转型的过程中，需要树立服务意识，优化财政支出结构，构建体育公共服务的财政保障机制，以解决体育公共服务的供求矛盾。

除此以外，为了激励更多的主体参与体育公共服务供给，加强体育公共服务的管理和监督，政府还经常采用融资激励机制来募集体育公共服务供给所需的资金。近年来，随着经济社会发展，各地各级政府部门加大了对关系民生的体育公共服务的投入，出台了一系列的政策措施，增加了财政预算，保障并促进了体育基础设施建设、群众体育活动开展和全民体质监测等体育公共服务的开展。

3.组织建设

计划过程实质上是某项公共政策的决定过程，将决定生产什么、如何生产、生产多少、分配给谁、如何分配的问题。另外，还要对生产主体的准入财政供给体制、合同履行与监督机制、竞投方式和服务质量评价进行规划，以保证公共服务供给的效率、质量，预防公共服务供给成本过高、乱收费、非法竞争、逃避责任、服务质量差、权力寻租等现象发生。体育公共服务计划的制订决定了体育公共服务的基本模式和运行方式。

4.生产供给

生产是将各种有形和无形的资源转化为产品和服务的技术过程。公共服务的生产可以分为直接生产和间接生产两种方式，即是自己生产还是去市场购买，也称第二次分工。生产过程中的关键因素是生产规模和相应的技术。由于政府的职权边界是固定的，无法像私人企业、非营利组织和个人那样改变生产规模，可能无法适应千差万别的公共服务需求。影响公共服务生产决策的另一个因素是公共生产商。由于生产商数量较多，市场必然存在着竞争，竞争强度决定着公共服务与产品的价格高低。越来越多的事实证明，很多公共服务的工作由政府以外的组织承担，比由政府承担更有效率。提供是将公共服务和产品送到消费者的过程。公共服务的提供方并不天然是公共服务的生产方。提供方主要就以下几个事项进行规定：提供什么样的服务和产品，提供物品与服务的数量与质量，政府如何限制和规制私人活动，公共服务的成本如何收回，公共产品和服务如何达到消费地点。

新中国成立以后，根据国际国内形势，确定了计划经济体制。相应地，我国的体育事业单位作为政府代理人，获得和支配体育资源的权利，决定了体育公共服务的国家垄断供给模式。作为计划经济体制的遗留物，我国体育行政事业单位实际承担着几乎全部基本体育公共服务和部分一般体育公共服务，已力不从心，公众满意度也非常低。按照建设服务型政府的需要，体育行政事业单位应理顺与其他体育公共服务供给主体来分类供给：可以完全市场化的，则应积极向市场下放权力，体育行政事业单位完全回归裁判员角色；可以部分市场化的，则制定行业准入制度，允许社会资本进入，坚持公平、公正的招投标制度，实行社会化管理；不能市场化的，则根据公共产品供给的二次分工，采用体育行政事业单位完全供给、市场和非营利性组织生产的方式来保证其公益性和均等化。

政府供给模式造就了其职责范围不断扩大的局面。当政府能力较弱时，提供基本的体育公共服务和保护弱势群体的体育权利；当政府能力较强时，可以发挥积极职能作用，行使体育公共服务产品的分配等。

从实际操作层面来看，由于我国幅员辽阔，各地资源禀赋不同，经济社会发展水平不均，中、东、西各区域人民生活水平存在较大差异，因此各地区体育公共服务供给模式不尽相同，西部地区纯政府主导的供给模式占据较大比例，而东部地区则是市场和社会组织供给模式占据比例较高。

5. 监管评估

监督管理全过程，确保提供优质服务。服务型政府，本质要求自身是"服务者"，而非"管理者"。然而，有些地方政府和体育部门在没有充分调查和征求民意的情况下，构建的体育公共服务体系具有比较明显的政府意志，并不能完全体现出广大群众的体育需求及其变化特征。

（三）我国体育公共服务运行体系存在的问题

体育公共需求结构的变化、公众个人消费需求偏好、区域经济发展水平、民间资本发育程度、体育产业结构与规模、政府职能转变与制度供给等因素，同样影响着我国体育公共服务体系运行的效率及质量。

1. 顶层设计缺乏

在体育公共服务运行体系中，体育公共服务的供给是重中之重，除政府供给之外，还包括市场供给和社会供给。市场供给以市场化运作的方式，聚合以体育企业为代表的体育公共服务的生产主体，往往能够直接高效地回应多样化的社会需求，能够高效地配置体育资源。社会供给是指社会团体成为体育公共服务主体，常以社会组织的形式出现。社会组织作为体育公共服务的生产主体，能够更加贴近民众需求，往往能够聚集具有自发自愿性质的社会资源，从而不断满足民众对体育公共服务的需求。政府在制定相关政策法规和条例时，应高度重视体育公共服务运行政策的顶层设计，激励市场、社会组织的广泛参与，从而进一步增加体育公共服务的资源总量，扩大服务范围，提高服务品质。

2. 运行效率不高

（1）需求导向偏离。从体育公共服务供给的外在形式和内容看，政府及社会组织、市场力量提供的体育公共服务往往以自身的利益为出发点，重在供给的形式和事实，缺乏对公众实际体育需求的了解和重视，需求导向在一定程度上造成了弱化。

（2）服务观念陈旧。在倡导全民体育的今天，由于全运会赛制的存在，体育行政部门不仅在资源投入上向竞技体育倾斜，而且竞技体育成绩在考核指标体系中占有较大的权重。在体育投入资金总量不足的情况下，体育公共服务运行势必会受到较大影响。

（3）信息沟通渠道不畅。政府等体育公共服务供给主体尚未建立起全方位收集市民体育需求和建议的渠道，因此在提供体育公共服务时，缺少政府体育公共服务决策与市民体育诉求互通的平台，导致政府等体育公共服务供给主体在体育公共服务供给与市民需求信息上的不对称，即政府等体育公共服务供给主体并不十分清楚市民的体育需求以及不同人群不同时期有哪些体育需求。

3.资源投入不足

我国经济社会仍处于高速发展运行区间，区域经济发展不均衡，往往造成体育公共服务供给的巨大差异。由于经济发展条件的制约，经济发达地区与欠发达地区、城市与农村之间所拥有的体育公共服务资源差异巨大。一些欠发达地区因公共财政投入不足，往往不能提供基础的体育公共服务，长期存在体育公共服务的硬件建设匮乏、专业的体育公共服务人员短缺的情况。体育公共服务应惠及全民，尤其是基础性服务应覆盖至农村，各级政府应进一步统筹规划，不断加大对经济欠发达地区的资源投入。

4.供给主体单一

目前，我国体育公共服务的供给主体依然以政府为主体，一定程度上忽略了服务对象的实际需求。市场供给由于需要面对政府主导的相关体育服务，营利生存空间狭窄。多以提供体育咨询指导、场馆租赁、健身服务等形式出现，在体育场馆设施使用上处于弱势。对比鲜明的是，政府机构拥有包括学校体育设施在内的绝大多数场馆资源，除了将部分具有较高收益的场馆资源外包给企业运营外，多数处于闲置状态。这不仅意味着体育公共资源的浪费，还使得市场在供给体育公共服务时受到制约。民间体育组织更加贴近大众需求，供给体育公共服务的意愿较为强烈，但由于资源匮乏、活动能力较弱等原因，目前只能成为政府体育公共服务供给的助手。

5. 购买机制缺位

尽管政府在体育公共服务运行体系中处于主导地位，但自身却不是唯一的供给主体，也没有必要自行生产。政府用公共财政购买社会组织、市场供给公共服务，不仅可以提高供给效率，还有一定程度的经济性。政府购买体育公共服务的对象，不仅包括企业、社会组织，还应该包括非体育公共部门，如教育部门、行政机关、事业单位。目前，向企业、社会组织购买体育公共服务存在着竞争不充分、准入门槛难以确定、供给质量难以保证等问题。我国公共财政投入建设的体育场馆设施，并不全部掌握在体育部门手里，还有相当一部分掌握在教育部门，少部分掌握在行政机关和事业单位手里。

6. 绩效评估不力

从现阶段情况来看，各级政府已经开始意识到对体育公共服务进行绩效评估的重要性，并努力解决体育公共服务运行中存在的问题。但是，缺少绩效评价，就无法保证群众真正获得有效的体育公共服务，体育公共服务体系的运行就会陷入低效无序状态。例如，浙江省通过开展体育强县、体育强镇建设，引导、培育、强化各地、各级政府对群众体育工作的投入，建立完善体育组织机构，加大体育设施的建设力度，广泛开展群众性体育运动，全省体育公共服务供给得到了明显的改善。

（四）体育公共服务运行的指导原则

1. 以人为本

以人为本，作为一种社会思潮和价值观念，古已有之。我国古代思想家早就提出"民惟邦本，本固邦宁……天地之间，莫贵于人"，强调要利民、裕民、养民、惠民。

在人类发展的历史长河中，体育之所以作为文明成果而传承下来，源于体育自身存在着独特的价值。体育不仅有助于人们强身健体、延年益寿，而且有助于增加社会交往、克服心理障碍，同时也是增强国家与国家之间交往的有效工具，是当代社会发展不可缺少的"稳定器"和"减压阀"。当前，体育的政治功能、经济功能、文化功能、教育功能等已经被世界各国所认可，许多国家都把为社会提供体育公共服务作为政府的基本职能之一。

2.效率公平

政府的职责之一就是维护社会的公平和正义。在体育公共服务的运行过程中，要进行"成本—收益"分析，努力追求体育公共服务的运行效率。因为政府的资源来自社会，作为代理人的政府理应高效率地提供产品和服务，否则就失去了赖以存在的合法性基础。

效率通常是指成本与收益之间的比例关系，即收益／成本比。如果用这种理论分析体育公共服务的投入与产出，就需要对概念的本质内涵进行拓展性分析，否则我们将无法度量体育公共服务供给的效率。体育公共服务的投入往往是人、财、物的组合，与一般意义上的产品或服务的投入相比并没有什么特别不同之处。但是，体育公共服务的产出和收益很难用传统方法加以测度。由于体育公共服务作为一种公共性的服务，具有非竞争性和非排他性，难以对消费者实际获得的收益进行量化，特别是以社会效益为主的体育公共服务，更难以用经济学指标来衡量。如政府兴建的体育公共设施投资较大，主要用于向市民开放或举办群体活动，在经济学、统计学意义上亏损是明显的，但这并不妨碍城市政府兴建体育设施。群众参加体育社团举办的培训班，其活动成果往往反映在参与者掌握了某项体育技能，接受了某些健身方面的指导或在活动中提高了社会交往能力，这些服务输出很难在经济效益上反映出来，虽然它们具有相似的特质，都是由某项活动产生，所以，这种结果可以当作是一种广义的产出。体育公共服务不能仅仅考虑经济效益，更要把社会效益放在重要的位置加以衡量。

与效率相比，公平的概念就比较复杂，无论是在经济学上，还是在哲学上，一直争议较大。在我国，地区经济发展之间的不平衡和二元结构下的城乡差异比较明显。如果公共服务的提供不能有效地考虑群体差异、地区差异，那么就可能加剧原本存在的不平等现象。因此，体育公共服务的运行要切实考虑主体间存在的差异。从实践来看，我国的体育公共服务在某些领域已经遵循了这一基本原则，如浙江省在建设全民健身路径过程中，将城市、乡村都纳入供给范围，资金由省体育彩票公益金进行统筹安排，政策上对欠发达地区进行适当倾斜，努力实现基本体育公共服务无差异原则。

3.法治责任

政府的权力来自人民的授予，但权力一经形成就具有滥用的可能性，为此世界各国都努力在政治架构上加强制度设计，强化政府的责任以及权力作用的边界，以保障政府机构真正为全体国民服务。

在体育公共服务方面，强调法治责任原则，就是要强化政府应该承担的责任，而不是完全按照政府的偏好行事。政府的资源来自人民，服务于民是理所应当的。如果没有明确的责任，政府官员势必会根据自身的偏好安排项目，资源的有限性可能会导致体育公共服务难以立项。从我国体育事业发展的实际来看，尽管国家一直重视群众体育工作，但在具体开展的过程中，地方政府对群众体育投入不够，甚至侵占体育公共设施的现象并不少见。因此，在依法治国的今天，各级政府应积极回应社会民众不断增长、变化的体育公共服务需求，积极履行政府应该承担的体育公共服务职责，在体育公共服务运行过程中发挥主导作用。

4.多元主体

在全能政府时代，政府的权力渗透到社会生活的各个领域，造成体育公共服务产品单一、效率不高等局面，难以在推进体育公共服务实践中满足公众对体育的需求。政府垄断体育公共服务供给，抑制了社会团体发挥作用的空间，由于自身能力有限，加上信息搜寻成本较高，政府只能从自身的价值取向出发提供有限的体育公共物品，而很少考虑这类物品是否符合公众的需求。社会主义市场经济体制的确立，政府角色发生了很大的变化，在职能转换的同时，政府机构也在进一步精简，促使体育社团等非营利机构成为体育公共服务供给体系的主要组成，从而为公共服务供给注入新的活力。为了适应利益主体多元化的体育需求，客观上要求政府、社会组织和市场力量积极主动提供有效的体育公共服务。同时，我国正处于社会转型期，法律体系尚未健全，政府职能转换的步伐比较缓慢，体育社会组织不够成熟，因此，现阶段体育公共服务供给需要政府的引导，培育并提高体育社会组织的能力和影响力，真正成为体育公共服务供给的主体之一。对于体育公共服务来说，政府独家供给的格局难以持续，政府应该有所为、有所不为，在市民阶层日益壮大的今天，推动政府机构改革，转变政府职能，承认和鼓励各种社会力量参与体育公共服务，发挥各自的比较优势与竞争力，形成体育公共服务多元供给的新机制。

二、我国体育公共服务的供给

公共服务供给主体是指公共服务的提供者，它是公共服务体系中最为重要的要素。实践中，公共服务供给主体理所当然是"国家或其代理人——各级政府机构"，但还应该包括公共部门、企业、民间组织、社会乃至公民个人。公共服务供给主体在很大程度上决定了公共服务供给的模式、范围及服务的客体，而不同的公共服务主体，其供给理念、方式、途径以及供给规模存在较大的差异。与其他公共产品和服务比较，作为一种特殊的产品和服务，体育公共服务具有分类庞杂、公民需求多样、供给方式复杂、社会交往性强等特性，决定了体育公共服务供给模式并不具有统一性和不变性，因此也造成了供给模式选择的困难性。世界各国在选择体育公共服务供给模式的过程中，依据国情，探索多种体育公共服务供给模式，并根据经济社会发展水平，选择一种或几种供给模式综合使用，以保证体育公共服务的供给效益和质量。

（一）我国体育公共服务供给方式

1.体育公共服务供给的基本思路

（1）根据体育公共物品的属性和特征，确定不同性质的供给主体。只有科学地安排供给主体，才能使体育公共服务的供给与需求达到均衡，供给的效率达到最优。在实践中，公共物品属性特征的多样性与公共物品供给主体的单一性之间形成了激烈的矛盾，产生了很多的社会问题。

部分地区已经在探索引入市场与社会机制，在政府主导下共同供给体育公共服务。在活动开展上，坚持"大型示范、小型受益、特色推动、主体多元"的工作思路，促进全民健身活动常态化。围绕市民体育需求，合理安排不同的组织和机构来供给体育公共服务，使健身活动走进社区、迈进小巷、踏入庭院、步入家庭。在体育设施建设上，利用体彩公益金作为引导资金，积极探索全民健身工程建设和管理新模式。市财政主要负责大中型体育工程，县（区）财政主要负责辖区内体育中心改造、健身广场修建，乡（镇）财政负责乡村居民健身设施建设，街道和社区负责10分钟健身圈建设。

（2）体育公共服务供给引入竞争机制，发挥不同主体的供给比较优势。民众对体育公共服务需求的多元化要求供给主体结构的多元化，强调政府部门、市场企业、社会组织都可以成为体育公共服务的供给者，而且应各具特点、优势，因而竞争机制的引入就能充分地发挥不同主体的优势，提高体育公共服务的供给效率和供给质量，更好地满足公众对体育公共服务的需求。

（3）发挥政府、市场、社会组织等多种主体力量，协作供给体育公共服务。体育公共服务供给同样要以科学发展观为指导，根据政府财力和现实需求，科学、合理地供给广大民众多样化的体育公共服务产品，不断地满足人民群众对体育公共服务日益增长的需求。

体育公共服务的供给者主要包括公共部门、私营部门和非营利部门三大部门。由于不同的供给主体都有各自的作用领域，因而在供给体育公共服务过程中各主体要分工明确、相互协作，形成彼此间优势互补的局面。在构建体育公共服务多元供给的制度模式过程中，必须保证各种供给主体都有发挥效益的空间，从而多元化地整合各方体育资源，从而更好地促进和改善体育公共服务的有效供给。

2. 政府在体育公共服务供给中起主导作用

（1）政府在体育公共服务供给中处于主导地位。长期以来，体育公共服务供给一直由政府独家垄断，因为计划经济体制排斥市场机制，社会组织发育不良、能力不足。只有在市场经济条件下，吸引社会资源和市场力量的积极、有效参与，提高他们对于体育和体育公共服务的积极性，才有可能实现体育公共服务的多元化供给。

政府、社会组织和市场是现代社会经济资源配置的三大主体，它们各自独立又相互渗透、相互依赖、相互补充，其中政府部门应发挥主导作用。

首先，政府是体育公共服务的统筹安排者，这是政府主导体育公共服务供给的具体体现。但政府并不是体育公共服务唯一的供给者，但不能因此推脱或削弱政府的责任。政府不仅要保障基本体育公共服务的供给，保障公众享受到基本均等的体育公共服务，而且更重要的责任在于对体育公共服务做出安排，组织、协调一切可能的社会力量对体育公共服务有效供给，满足民众对体育公共服务的多元化需求。

其次，政府是体育公共服务的生产者之一。政府是体育公共服务正式制度的主要供给者，政策、法律法规的出台无疑是政府提供给民众参与和享受体育公共服务发展成果的产品，所以，从这个角度上说，政府也是体育公共服务的生产者。事实上，在体育公共服务供给中，有些体育公共服务由政府直接供给，在一定程度上，政府供给的生产效率较高，相对较好地满足了公众的体育需求。

再次，政府是体育公共服务多元供给主体的培育者。虽然私人部门和社会组织是体育公共服务多元供给的主体之一，但如果政府不能降低门槛、放松规制，那么这两个主体很难真正发挥作用。因此，各级政府应进一步转变职能，从体育公共服务部分领域退出，为私人部门和社会组织供给体育公共服务腾出空间。同时，政府应采取积极的姿态，充当体育公共服务多元主体的培育者，为它们的发展营造良好的环境和氛围，使它们具备足够的能力来承担部分体育公共服务的供给职能。

最后，政府是体育公共服务供给的监督者。

（2）重新界定政府角色，切实转变政府体育管理职能。我国的政府体育管理职能主要由体育系统承担，尽管机构形式在县级层面有所不同，但管理职能较为相似。在计划经济体制下，体育系统是我国政府行使体育管理职能的唯一系统，这个系统不仅自成体系，而且与系统外环境交流较少，相对封闭。在当时的历史条件下，由于竞技体育得到国家的政策倾斜，体育系统在很长一段时间内发展较为稳定。但是，财政拨款大多被用于发展竞技体育，群众体育没有得到应有的重视，原因是竞技体育的业绩容易衡量，而群众体育的成效难以测度，因此我国的体育事业在结构上长期处于失衡状态。政府体育公共服务的供给内容简单、方式单一，与社会需求相比差距较大。建立市场经济体制以来，这一系统的外部环境发生了翻天覆地的变化，原先的政策优惠难以为继，系统的稳定性受到了很大的影响。受原有体制路径依赖效应的影响，当下政府体育管理职能总体上变化不大。面对复杂的体育公共服务供给问题，单纯依靠政府部门本身解决是不太现实的。

第一，政府需要进一步转变理念，职能上由"划桨"转向"导航"。政府部门要习惯于宏观管理和调控，在体育公共服务供给上有所为、有所不为。在具体工作过程中，要坚持依法办事，不能按照官员个人或领导意志、遵循个人利益或部门利益的原则进行体育公共服务的生产和提供。应加强调查研究，把公众利益作为工作指向，积极引进市场、社会组织共同提供体育公共服务。

第二，政府职能由管制向服务转变。在建立市场经济体制和构建和谐社会的今天，政府需强化对体育市场的培育、规范和监管功能，高度重视体育公共服务的供给。政府要根据公众实际需要，决定政府体育管理职能的抓手和着力点，进一步明确各级政府之间在体育公共服务供给上的分工与合作，并在此基础上思考体育公共服务供给的方式和机制。同时，加强对群众体育需求的研判，使政府提供的体育公共服务能够有效对接公众需要。

（3）合理确定财政支出结构，努力实现基本体育公共服务均等化。体育公共服务供给的地区差异、城乡差别比较明显，贫困地区体育公共服务供给严重缺失。公共服务理论认为，无论公民居住在国内任何地方，公民均应公平、均等地享有基本的公共服务权利。尽管国家体育总局开发了不少扶贫项目，各省市体育局也有部分转移支付项目，但总体上还不能满足相对贫困和欠发达地区民众对体育公共服务的基本需求。

体育公共服务供给要明确划分各级政府的职责。全国性和跨省、自治区、直辖市的体育公共服务，在性质上是属于全国性体育公共服务，应由中央财政支出。地方性体育公共服务，受益者为本区域的民众，应由地方财政支出。中央和地方共同管理的体育公共服务，要具体情况具体分析，明确各自的管理范围，分清主次责任。同时，各级政府要加大对体育公共服务的投入，要根据财政收入增长的幅度稳定提高体育公共服务的支出水平，保障人民群众的体育公共需求得到及时的满足。

各级政府在制订区域经济社会发展规划时，应将体育公共服务的供给纳入其中，城市规划应充分考虑体育公共设施的合理布局，以可及性、便民性以及是否符合公众需求作为考量的主要因素。财政预算应根据规划逐年增加体育建设资金的投入，以此确保体育公共服务供给的稳定资金来源。深化政府采购制度改革，推进政府管理职能与操作职能分离，促进政府采购体育公共服务的规范化管理。同时，建立完善绩效考评制度，对政府提供体育公共服务的效能进行评估，并建立健全财政监督机制，努力使财政资金的投入效益最大化。

3. 促进和扩大市场对体育公共服务的投入

（1）发挥政策导向功能，引导社会资金投资体育公共服务。长期以来，社会资金很少投入到体育公共服务领域，源于我国政府垄断体育资源，排斥社会资金的投入。

首先，体育公共服务供给需要以政府为主导投资或给予大力支持，为社会资本的进入奠定基础，消除社会资本的进入障碍，带动社会资本更大程度地跟进。

其次，政府设立服务业引导资金，可将体育公共服务供给纳入进来。为了提高资金筹集和利用效益，应发挥政府财政资金的引导和带动作用，改善体育公共服务的发展环境，合理引导社会资本持续加大对服务业的投入，许多地方政府都设立了服务业引导资金。政府在确定扶持项目时，应考虑将体育公共服务供给纳入资助范围。如商业性的体育俱乐部举办公益性群众体育活动，只要按政府程序申报、备案并如期举办，可根据活动性质、规模大小确定服务业引导资金补贴额度，从而进一步调动市场供给体育公共服务的积极性。

最后，采取多种方式委托市场经营体育公共场馆，提高场馆使用的频率与效益。因此，可以通过委托经营、承包制、合同制等方式由市场进行管理。相对于政府机构来说，市场善于进行成本核算、拓展经营渠道、创新服务内容与方式，经营主体的变化能够带来体育公共服务质量的提高。

（2）探索多种形式的公私合作关系，广泛吸引社会资金流入。资本是趋利避害的，有收益的领域资本才会流动进来。从体育公共服务的特性来看，"公共性"容易造成"搭便车"现象，从而造成直接投资的主体利益受损；同时，体育公共服务的投入和产出往往具有延后性，而很多体育公共服务的区域往往投入与产出的效益不大，市场参与这类服务的供给意愿不足。这就需要根据具体情况，强化多种合作关系，政府"购买服务"和财政补贴是政府鼓励社会资金投资、改善体育公共服务的重要手段。

从我国目前县级以上城市的体育设施建设情况来看，大型体育设施一般由政府直接投资。但从体育公共服务供给的角度来看，公众更加需要小型多样、收费低廉的体育场馆，这些场馆往往投入不大，但交通较为便捷、服务到位，更加符合大众体育消费需求。政府投资这些项目缺少激励，而市场投入建设也有困难，只能采取租赁经营、合作经营等方式，由于经营成本居高不下，许多商业体育俱乐部难以为继。我国许多城市散落了不少边角地块，进行房地产开发缺少规模优势，居民受政策制约又不能兴建房屋。这些地块可由政府和市场合作开发，建成后交由体育企业根据合同运作商业性体育俱乐部。政府在城市规划中应统筹考虑体育设施建设，像布局商业网点一样考虑小型体育设施建设，预留好存量土地。

（3）合理整合政府政策资源，形成市场供给体育公共服务的长效机制。从我国的行政建制来看，县级以上体育局属于政府的直属机构，但掌握的资源十分有限。尤其是在政策层面，在我国，主要是由国家、省、地市出台，县级部门往往重在执行上级部门的政策和文件精神而出台相对细化的文件，面对需要整合多部门资源的事务显得权威不足。所以，为了形成市场供给体育公共服务的长效机制，需要在制度层面有"顶层设计"，对各级政府的政策资源进行有效的归置和整合，消除彼此冲突、不协调、相矛盾的政策，统一政策尺度和范围，提高体育公共服务的运行水平。

（4）市场对体育公共服务的供给。市场对体育公共服务的直接供给，体现了市场对体育福利的重视。市场针对体育公共服务消费群体，直接提供相应的体育公共设施，引导民众成立多元化的体育组织，对体育公共服务发展进行直接投资。在推进体育公共服务供给过程中，公有制企业和非公有制企业的发展有所不同。

公私合作更多在体育公共设施领域，政府资本和社会资本合作投资建设体育公共设施，实现民众参与体育服务的设施供给，在国内外体育场馆建设中已得到较好的运用。

4.充分发挥社会组织在体育公共服务中的作用

长期以来，我国对社会体育组织规定较严，抑制了社会体育组织发挥的空间，导致我国的体育社会组织能力总体上的不足。在政府机构改革力度加大、政府职能转变日益深化的今天，需要进一步更新、转变观念，根据实际创新管理模式，大胆实践探索，促进体育社会组织在体育公共服务供给中的作用得到更好的体现。

政府提供的体育公共服务往往具有普惠性，政府在统一供给基本体育公共服务方面具有优势，发挥着规模经济优势和资源动员、整合优势，但面向特定人群供给体育公共服务，政府就显得信息不灵、定位不准，很难有针对性地供给体育公共服务。如老年人对体育公共服务有强烈的需求，他们有着充足的闲暇时间，强身健体的愿望特别强烈，但政府不太可能安排专门的人员指导他们的活动。活跃在全国各地的老年体协就发挥了独特的功能，他们自我组织、自我管理，自主安排体育活动，为我国老年体育事业发展做出巨大贡献。

（1）重新定位体育社会组织的角色，引导体育社会组织参与供给体育公共服务。如果说在计划经济时代，政府对体育公共服务的垄断有一定的合理性，那么在强调政府职能转变、构建和谐社会的当下，可以进一步为体育社会组织发挥作用提供空间，使其成为体育公共服务供给的主体之一。

（2）为体育社会组织发挥作用提供适宜的制度环境。国家政策要为社会团体发挥作用松绑，进一步明确公益产权的概念。首先，各级政府可以通过优先注册、资金扶持、税收优惠等措施，进一步增强体育社会组织的活动能力。其次，要加强体育社会组织的自身建设，进一步完善治理结构，切实提高体育社会组织的实际运作能力。体育社会组织之所以能够发挥作用，就在于保持自身的自治性与相对独立性，坚持民间化方向，能够贴近基层民众，了解基层民众的基本体育需求。最后，政府需增加对体育社会组织的扶持力度，体育行政部门要帮助体育社会组织人员提高开展体育工作的实际能力和业务水平。政府对体育社会组织要强化服务职能，淡化管控职能，赋予体育社会组织更多的机会和更大的空间。

（3）完善政府委托体育社会组织供给体育公共服务制度。公共物品具有外部性特征，回报与付出无法对应，企业供给往往会导致搭便车行为，使得企业无利可图。体育公共服务的供给应该发挥体育社会组织的独特作用，由于数量众多、形式多样、覆盖面广、渗透性强、灵活机动等特点，比较适合填补体育公共服务供给的空白地带。

体育社会组织也是由人组成的，同样也有追求自身利益的冲动，要加强制度设计，防止体育社会组织供给出现偏差。一是要设计委托、评估、问责的相关程序，确定好服务项目和标准、专业评估机构、问责与责任追究的执法机关。二是强化责任意识，完善责任机制。体育社会组织要明确组织宗旨、任务、使命，要加强信息公开和民主运作，要有明确的工作目标，并将目标转化为具体的考核标准，真正落实到组织的行动之中。三是政府要建立引导机制，支持和鼓励体育社会组织提供体育公共服务。

（二）体育公共服务供给机制

1.决策机制

我国体育公共服务供给决策机制仍然存在着一些问题，为了提高政府体育公共服务供给决策程序的科学性，应以平等参与为导向，合理配置体育公共服务的供给，"自上而下"与"自下而上"相结合，在建构决策层权威性的同时，也要考虑方案的民主性、可行性，更要关注到基层群众的民意，能够切实反映广大群众真实的体育需求，通过公共服务决策程序的双向互动，实现体育公共服务供求平衡。

2.效率机制

一般情况下，地区的经济发展水平越高，就越有能力提高体育公共服务的效率，体育公共服务普及性和惠及民众的程度也就越高，公共服务资源的利用效率就越高，政府对体育公共服务资源的投入越多，产出效率越高，不同的地理位置和政策制定对体育公共服务的效率也会产生较大影响。

首先，保证体育公共服务，特别是保证高校体育公共服务资源使用的优先、持续增长。在体育公共服务的财政保障中，要改变预算形成过程中的人为因素及其他因素的影响，结合经济社会发展水平，如 GDP、年度预算总额、人口总量及结构等，确定体育公共服务财政预算总额，保持财政投入的稳定增长。

其次，解决体育公共服务运营和管理问题。根据体育公共服务的分类和政府职责的定位，政府不能成为所有体育公共服务的直接提供者，应成为制度的供给者，鼓励企业、社会组织、个人等举办体育公共服务，确立以服务对象为导向的体育公共服务供给模式，建立举办主体多元化的体育公共服务供给方式，以扩大公共服务的总供给量。

最后，建立考核问责制度。体育公共服务中的问题突出表现为重投入、管理，重建设、轻效果。要建立监督考核和问责制度，对体育公共服务供给者，包括政府和体育服务提供机构形成激励，将服务供给者的个人收益和机构收益，与体育公共服务供给的效果紧密结合起来。

3.公平机制

政府在体育公共服务供给中主导地位的适度强化，财政收支结构的调整、政府的社会资源再分配职能的强化，省、市、区（县）、乡镇（街道）各级政府体育公共服务供给分工体制的合理建立，保障了体育公共服务的公平公正。就客体而言，体育公共服务的对象是全体公民，基本体育公共服务是向社会全体成员提供基础性、一般性的体育公共服务，是一种底线服务，而非基本体育公共服务则要考虑不同群体的不同体育需求，在着眼于实现城乡之间、不同地区之间体育公共服务均等化的同时，还要针对不同地区、不同群体的多样化体育需求提供体育服务产品。体育公共服务要达到公平正义就必须关注包括弱势群体在内的每个公民的体育需求。具体而言，需要确定合理的城乡体育公共服务建设投入比例、加大高校体育基础设施建设投入力度、建立严格的公共财政资金转移制度、健全考核制度体系，努力实现城乡和不同地区之间体育公共服务的均衡发展。

4. 监督机制

构建体育公共服务供给的指标体系是为了准确有效地评估体育公共服务供给情况，但是目前所有的绩效评估体系都缺失政府体育公共服务供给的监督机制。一些地区的体育行政部门以追求经济效益为主旨，把手中掌握的体育公共资源异化为本单位创收的工具，背离了政府建设体育公共设施是为了满足公众基本健身需求的根本目的。因此，要将监督机制纳入体育公共服务绩效评估体系中去，构建多元化监督主体，特别是引进第三方监督主体，联合人民群众与大众传媒形成一个立体化、全方位的监管网络，对政府的体育公共政策执行情况进行全面的监督。政府可以采取公开听证、行风热线、民意调查等多种方式，收集广大市民对体育公共服务的意见和建议，方便公众参与和社会监督。

总的来说，目前我国体育公共服务绩效评估指标缺乏系统性和有机性，难以全面反映政府体育公共服务供给的组织效能、服务质量和管理水平；设计的指标未能突出反映体育行政部门为广大人民群众谋福祉的责任，其对体育公共服务能力和水平的追求往往让位于上级主管部门任务指标的压力，对改进体育公共服务供给能力没有根本性、实质性作用。因此，迫切需要建立和完善政府绩效评估指标体系，来进一步加强体育公共服务供给的监督。

（三）体育公共服务供给绩效

1. 遵循绩效评估的原则

体育公共服务绩效评估自然也遵循公共服务绩效评估的基本原则，但首先应该强调公平和效果，其次是经济和效率。政府需要保障的是基本体育公共服务，而准体育公共服务应该尽量让社会和企业来供给。政府在提供基本体育公共服务的过程中，要力争做到机会平等、过程平等、结果平等。在保障基本体育公共服务均等化的同时，还需要重视供给的效果，即是否提升公众满意度。

由于政府财力有限，特别是欠发达地区的基层政府，必须精打细算，用最少的钱，办最多的事。但经济和效率在体育公共服务绩效评估中比重不宜过大，否则非常容易导致追求价廉而放弃质优，牺牲长远利益。这方面的教训非常多。例如，一些小区投入的体育健身器材，不到半年即处于弃用状态，排除管理失败的因素外，其质量不过关是根本问题。由于招标时，对价格过度敏感，使一些价格较高，但质量较好的器材无法进入政府招投标范围，只能在质量较差的备选供货商中选择。

2. 按照地域一致性要求来评估体育公共服务供给绩效

由于受历史和自然条件的限制，我国地域、城乡之间的经济社会发展存在着巨大的差距。因此，制定统一的绩效评估体系非常困难，应当允许不同区域、城乡之间的差距存在。各地、各级政府可以依据自身的经济发展水平和财政能力，合理地制定体育公共服务供给目标。在绩效评估的过程中，依据其人口规模、经济水平、地理位置、自然资源等方面的条件，按照地域一致性的要求，制定出科学合理的评价体系，从而在可操作、可比较的前提下，对不同层级的政府进行比较，实现合理、可行的绩效评估，以促进改善政府体育公共服务的目的。

3. 引入多元化的体育公共服务供给绩效评估主体

在以效果为导向的绩效评估过程中，公众享受体育公共服务的满意程度应优先考虑。目前，体育公共服务供给的绩效评估更多地通过上级主管部门对其下级部门来进行，由于评价主体与评价客体只有行政权限不同，并没有职能上的差异，"投上级所好"成为下一级部门公共服务供给的重要考量。政府行政部门、公众个体都难以独立承担体育公共服务绩效评估职能。与此同时，我国缺乏第三方独立评估机构。目前，只有将公民、政府、社会组织结合起来，形成多元化的体育公共服务供给绩效评估主体，才能全方位、科学合理地评估体育公共服务供给质量。

三、我国体育公共服务的财政保障

公共服务从狭义上来理解指的是政府所提供的社会性服务。公共服务具有公共产品的属性，满足的是社会公共需求，是市场经济下政府的主要职能之一。在现代市场经济条件下，公共服务的提供是现代市场经济对政府职能的本质要求，也是我国在由计划经济向市场经济转轨进程中对政府转型的基本要求。随着我国社会主义市场经济体制的逐步完善及全面建设小康社会进程的加快推进，完善体育公共服务体系，提供高质量的体育公共服务是社会主义市场经济对我国政府体育职能转变的本质要求，是体育强国建设的基本要求，也是公共服务型政府建设的必然要求。

（一）我国体育公共服务财政投入的现状

1. 体育公共服务财政投入的规模分析

（1）体育公共服务的财政投入。随着我国加入 WTO，受西方新公共管理运动及新公共服务理论的影响，建设"服务型政府"成为中国政府改革的目标和发展战略。为顺应时代发展，满足民众对体育公共服务不断增长的需求，提供体育公共服务已成为中国政府职能转变的重要内容，政府对体育公共服务的财政投入不断增长。体育事业是市场经济体制下人们对体育公共需求的集合，因此体育事业财政投入是政府公共财政支出的重要内容。

（2）基本体育公共服务的财政投入。民生中的"民"指普通民众，"生"指普通百姓的生存和生活事宜，因此，民生就是指人民的生活、生计问题。而体育的"民生"在于体育促进民众的生命质量的提高、能否享受体育发展的成果以及多大程度地享受到体育发展的成果。当前，体育如要更好地落实到民生层面，需要保证基本的体育公共服务财政投入，这样才能提供给民众基本的体育公共服务设施、信息服务、管理服务、技术指导服务等。相反，缺失了基本的财政保障，则难以在体育公共服务实践运行中提供有效的服务供给。

2. 体育彩票公益金的使用分析

发行体育彩票是国家为筹集体育事业发展资金、拓宽体育事业经费的来源而实行的一项特殊政策。体育彩票公益金已成为我国体育事业经费中事业收入的主要来源，是体育事业经费的重要来源。

随着体育彩票公益金收入的不断增加，体育系统内彩票公益金对群众体育的支出也呈增长趋势，体育彩票公益金中群众体育支出的不断增长使基本体育公共服务的供给有了稳定可靠的经费来源。

我国体育彩票一直倡导"公益体彩乐善人生"的公益理念，所筹集的公益金全部用于社会公益事业和体育事业的发展。在社会公益事业方面，体育彩票公益金主要支持社会保障、人道主义援助、红十字会、灾区重建、扶贫帮困、残疾人、基层文化建设等事业的发展。在体育事业方面，体育彩票公益金支持全民健身计划和奥运争光计划的实施，主要用于体育场、群众体育和竞技体育三方面。体育场用于其建设及维护等方面的支出，主要用于修建训练场地、添置训练竞赛器材。群众体育则主要用于全民健身和业余体校训练、竞赛、场地设备等方面的支出；全民健身的投入主要是全民健身路径工程、农民体育健身工程、雪炭工程、全民健身中心、全民健身基地、社区俱乐部建设、青少年俱乐部建设、学校场馆向社会开放补贴、社会体育指导员培训管理等。竞技体育主要用于综合性运动会及单项体育比赛支出，各级体育运动队训练补助及器材购置等方面的支出，具体用于国际大型运动会、国内大型运动会、研制购进辅助设施、改善训练生活条件等方面。

3. 我国体育公共服务的供给

第一，新建体育场地。主要是地方根据自身体育发展需要，选取相对人口较为集中的区域、同时便于民众体育锻炼的地方新建体育场馆，这样既能为体育公共服务发展服务，也能较好地满足竞技体育的训练和竞赛需要。

第二，改（扩）建体育场地。我国改（扩）建体育场地，一方面可以逐渐减少占地面积，缓解土地供需矛盾，另一方面体育场地的建筑面积和场地面积逐渐得到增加，提高了土地资源和体育公共场地的利用率。

第三，政府命名群众体育场地。全民健身活动中心包括国家体育总局命名和地方政府命名两种。而地方命名的形式又包括社区健身中心、健身活动中心、健身广场等多种形式。

第四，政府援建体育场地。政府援建的体育场地类型主要有乒乓球台、篮球场、小篮板、健身路径等。

（二）体育公共服务财政投入存在的问题

1. 体育公共服务财政投入

（1）体育公共服务投入总量偏少。尽管各国统计体育事业经费投入的口径不尽相同，中西方体育事业经费投入的相对数值也许不能代表实际的差距，但中国体育事业尤其是群众体育事业经费投入低于发达国家是不争的事实。由于我国群众体育事业的经费投入不足，限制了体育公共服务产品供给的数量，供给质量也没有得到有效的改善和提高，因此难以满足民众对体育公共服务日益增长的需求，民众对体育公共服务总体状况的满意度较低。

（2）体育公共服务经费来源仍较单一。虽然近年来我国体育公共服务供给模式改革初见成效，供给主体逐渐多元化，但体育公共服务供给经费来源较为单一的局面仍未得到有效的改变，我国体育公共服务经费仍主要来自财政拨款，体育事业经费中财政拨款所占比重均值仍达到 61.82%。

2. 体育彩票公益金使用的民生性不强

体育场方面，体育彩票公益金用于修建训练场地的支出占体育场总支出的比重均值达到 78.4%，用于添置训练竞赛器材方面的支出占体育场总支出的比重均值为 10.2%，可见体育场体育彩票公益金支出主要支持发展竞技体育，民生性的落实有待进一步提升。

3. 区域基本体育公共服务发展不平衡

人均群众体育彩票公益金支出可进一步论证区域基本体育公共服务发展的不平衡。通过研究还进一步发现，西部人均群众体育彩票公益金支出已超过中部的支出，主要原因是在西部大开发战略的影响下，我国体育彩票公益金加大了对西部的投入力度，促使西部基本体育公共服务供给水平提升，并超过了中部。

4. 体育公共财政资金支出效率低

财政供养人员经费开支日益膨胀，挤占了基本体育公共服务资金。行政事业单位财务支出主要包括工资福利支出、商品和服务支出、对个人和家庭补助支出以及其他资本性支出；工资福利支出主要包括基本工资、奖金、津贴和社会保险；商品和服务支出主要包括办公费、福利费、劳务费、取暖费和差旅费。体育系统财政供给人员过多，导致体育事业公共财政支出加重，挤占了急需的体育事业公共项目的经费。

由于政府提供的国民体质监测服务惠及民众有限，因此调查居民对国民体质监测服务的满意度较低。过低的国民体质监测覆盖率，导致我国体育行政部门不能准确地对国民体质状况进行判断和考量，从而影响到我国全民健身计划的修订以及实施，进一步影响了民生体育工作的开展。

（三）完善我国体育公共服务财政投入的对策建议

1. 树立公共财政的理念

改革开放以来，我国体育行政机关工作人员规模如同全国行政机关人员规模一样，陷入了"精简—膨胀—再精简—再膨胀"的怪圈。公共财政是指为市场提供公共服务的财政，市场经济条件下财政之所以是"公共"财政，还因为它是"社会公众"的财政，而"社会公众"是财政公共性的具体表现。我国要完成从传统的行政管理到新的公共管理的改革，促进政府职能的根本性转变，就必须加大公共财政的宣传力度，使公共财政理念深入人心，政府职员和领导能从传统的财政理念桎梏中解脱出来，改变思维定式，加深对公共财政的内涵和基本特点的认知，并将公共财政理念贯彻到日常的行政工作中，这样政府的职能才能得以根本扭转，公共服务型政府目标才能得以最终建立。

公共财政的理念主要包括政府预算、纳税人理念和基本准则理念。从某种意义上来说，这些公共财政理念的转变属于非正式制度的变迁，相对正式制度改革而言，非正式制度的转变在某种程度上更为困难，需要经历一个较长时间的逐步变革才可能最终完成，因此，公共财政理念问题是一个长期改革思路的探讨。

（1）政府预算理念和"纳税人"理念。政府预算制度是公共财政制度得以存在和运转的基本制度，是公共财政制度的核心，对公共财政制度的建立起着关键性的作用。我国体育事业公共财政制度在政府的财政工作中要得以贯彻实施，就必须对政府的体育预算进行约束，只有在体育工作中深化部门预算制度改革、"收支两条线"改革、政府采购制度改革等，才能从源头上反腐倡廉，体育行政职能部门的财政行为才能公共化，才能有效提高体育事业财政资金使用的规范性、安全性和有效性。为此，各级体育行政部门的官员尤其是主要负责人，应贯彻政府预算理念，严格制定并执行政府预算制度，并对工作中出现的违反政府预算的行为坚决制止。

（2）基本准则理念。在政府的体育事业收支活动中违反了这些基本原则，就不是体育事业公共财政的收支活动。对于我国的财政改革来说，公共财政的制度框架容易建立，但如何使其内容尽快公共化则是改革的难点和关键，能否成功在于政府官员的传统财政思想观念的转变及公共财政的基本准则是否深入人心。

2. 调整和优化体育事业公共财政支出结构

体育事业公共财政支出结构是指体育事业财政支出总额中各类支出所占总额的比重，表明体育事业财政支出的基本内容及各类体育事业财政支出的相对重要程度，是政府体育职能在量上的体现。科学合理的体育事业财政支出结构成为体育事业可持续发展和社会发展的强大杠杆，而不合理的体育事业财政支出结构则会阻碍体育事业的可持续发展，因此体育事业公共财政支出结构的优化问题具有十分重要的现实意义。

优化群众体育公共财政支出结构。群众体育公共产品中，群众体育场地设施的公共性最强，而群众体育场地设施不足目前也是制约我国群众体育发展的主要瓶颈，因此群众体育场地设施应成为我国体育公共服务财政保障的重点。体育行政部门要改变群众体育场馆建设的发展思路，投入重点应放在群众体育适用的体育场地设施建设。由于群众体育场地设施的建设受惠的是当地的居民，因此主要由当地政府承担其建设费用，但群众体育场地设施的建设具有较强的效益外溢性，中央政府和省级政府也应根据群众体育场地设施外部性的大小及当地经济的发展情况，给予相应的财政支持。

群众体育组织、群众体育活动和竞赛的公共属性相对群众体育场地设施的公共属性要小。因此财政只负担一部分经费，但政府应根据这些公共产品受益范围的大小承担不同的供给责任。对于全国性的体育组织、全国性的体育活动和竞赛，这些产品属于全国性体育公共产品，中央政府应承担主要责任；对于省级体育组织、省级体育活动和竞赛，省级政府也应承担主要的责任。

3.拓宽群众体育发展的经费来源

（1）鼓励和吸引社会资金投入群众体育事业。群众体育的发展如果仅仅靠有限的政府财政支持，很难满足民众多样化的体育需求。因此，要鼓励社会资源和市场力量乃至民众个人对体育公共服务的投资及资源输出，提升包括政府在内的对体育公共服务投资的动机，提倡群众自愿筹资或捐资开展群众体育，形成政府和社会共同筹措体育资金，多种形式发展群众体育的发展模式。

（2）不断完善体育彩票发行。体育彩票公益金收入现已成为我国体育事业预算外收入的一项重要经费来源，对促进我国体育事业发展尤其是群众体育的发展做出了重大贡献。

4.完善财政转移支付制度

分税制是市场经济国家普遍实行的一种财政体制，因此1994年我国开始实行的分税制财政管理体制是适应市场经济发展要求的，对于理解中央和地方的分配关系，保证财政收入和增强宏观调控能力发挥了重要作用。但我国分税制是作为克服财政包干制的手段而推出的，与国外科学规范的分税制财政体制有很大差距，因此我国应发挥纵向和横向财政转移支付的均衡作用，促进各地区享受大致均等的基本体育公共服务。

（1）调整转移支付模式。目前国际上有纵向转移支付及以纵向为主、纵横交错转移支付两种基本模式，大多数国家采用纵向转移支付模式。这两种模式各有优缺点。根据我国地区间经济发展不平衡的国情，我国可采用以纵向为主、纵横交错的转移支付模式。中央政府应逐步规范纵向转移支付，取消不规范的专项补助，有步骤地直至完全取消税收返还方式，通过因素法取代基数法。

（2）改善转移支付形式。随着一般性体育转移支付规模的扩大，我国可将财政收入增量部分都用于一般性转移支付，提高其在转移支付中的比重，并成为我国主要的转移支付形式，从而使地方能有足够的财力实现其事权。逐年降低税收返还，中央每年从对地方税收返还额中提出一定的资金用于一般性转移支付，直到最终取消税收返还，这样既减少了新制度出台的阻力，又削弱了返还基数中的不合理因素，对目前地区间体育公共服务的差距缩小具有积极的作用。

5.完善体育公共服务财政监督机制

加强和完善体育公共服务财政监督是加快体育事业公共财政建设的重要方面。体育公共服务财政监督主要包括财政对预算单位使用体育事业财政资金的监督，人大、审计对体育事业公共财政的监督。

（1）加强对预算单位的监督。在公共财政框架下，财政部门对预算单位的监督主要侧重于对预算单位使用体育事业财政资金的效益监督，这样既可与审计监督合理分工，又可以相互协作，发挥财政监督的独特作用。对预算单位的监督重点包括体育事业公共财政支出的监督、体育行政部门行政管理成本的监督、体育事业财政转移支付资金及各级体育行政部门体育专项资金的监督、对体育公共投资建设项目的监督四方面。通过对预算单位使用体育事业财政资金的监督，可有效解决体育事业公共财政支出的"缺位"和"越位"问题，遏制体育行政成本的过度膨胀，发挥体育事业有限经费的社会经济效果，促使体育事业公共财政支出更加公平、合理、有效。

（2）开展人大、审计对体育事业财政的监督。人大对体育事业财政的监督是指各级人民代表大会依据宪法、预算法和地方组织法等，对体育行政部门的计划预算行为、财经执法行为实施监督。加强人大对体育行政部门的监督，一是要对体育事业经费预算调整加强监督，只有经过本级人民代表大会常务委员会审查批准的体育预算调整方案，体育行政部门才能调整体育预算，严格防止先实施后审查。二是加强体育事业经费决算的监督。

第四节　体育公共服务评价体系建设

本节重点对我国体育公共服务评价体系的建设问题进行研究，以期为我国体育公共服务事业的发展提供合理的评判标准与方法。

一、我国体育公共服务监管体系研究

（一）我国体育公共服务的监管现状

监管主体包括体育公共服务体系在内的社会公共服务体系，囊括的领域非常宽广，涉及的部门也较多。对社会公共服务体系来说，它就需要在特定场合充当较多的角色，如资产所有者、政策制定者、监管者以及付费者等，如此一来尽管在某些方面可以获得一些便利的因素。但不可否认的是，也很容易造成一些利益冲突。除此之外，还可能在购买公共服务的流程中出现职权不清或不作为的情况。

我国在体育公共服务领域存在着一些问题，这些问题的出现并非偶然，而是与我国特殊的社会管理体制和行政部门划分有关。其中面临的最大问题就是在体育服务的工作环节中集多重角色于一身，采用包办形式，通过行政体系完成体育公共服务供给，最为典型的就是管办一体。但是，改革开放以来，我国市场经济体制的建立以及不断完善，使经济迅速发展，人民的物质生活得到了极大的丰富，群众参加体育运动的热情高涨，对体育公共服务的需求增加，并且随着体育商业化、职业化的发展趋势，这种角色过多的管理形式就暴露了更多的问题，有些问题甚至演变成体育事业发展的矛盾。不过为了应对这些问题，有关部门也做出了一些改革，具体的做法主要表现在两方面：一方面表现在政府不断改变其管理方式，市场激励机制更加明显；另一方面非官方的经济体或体育管理机构加入体育公共服务领域之中，市场失灵对于私人部门来说提供体育公共服务是无法避免的，同时为了市场的公平竞争，建立"公平、透明、独立、专业"的问责和监管体系刻不容缓。

（二）我国体育公共服务监管体系的基本框架

现代的监管制度较之以往已经有了较大幅度的改善，它逐渐形成为一种规则的、独立的、专业化的监督管理模式。而这种完善的最大意义在于它是实现市场自由公平竞争、信息公开透明的一种重要手段，并且更加符合市场经济和法制社会的发展规律。具体来看，我国体育公共服务监管体系的基本框架主要包括以下两方面：

1. 体系构建原则

构建我国体育公共服务监管体系一般要遵循以下六项基本原则。一是确保市场主体能够在平衡的地位下进行交易，展现出交易的自由性。二是监管过程要做到公平、透明，并且受众拥有真正的问责权。三是建立专业的体育服务专家队伍，包括监管所必要的专家外的其他体育行业专家。四是"依法管体"，即在体育公共服务监管体系的全部工作过程中要有法必依、执法必严，以期为体育公共服务监管的顺利进行保驾护航。五是监管者与服务主体相分离，具有完全的独立性。六是完善对监管执行者的考核制度和任用制度，确保监管者的廉洁奉公。

2. 基本思路

（1）监管机构的独立性和权威性。与监督有关的三大机构（监督机构、政策制定机构和服务提供机构）在监督时要做到彼此分离，互不打扰监管行为，不给监管设置任何阻碍和做出指导，使监管切实在一种自由的状态中进行。如此才能保证在市场中每一个体育服务提供者都在平等的地位上竞争，进而促进我国体育服务市场的发展。

（2）监管规则和监管程序的透明性。监督管理的规则，需要根据产品和服务性质的不同来制定相应的法律法规。在监管内容上，对市场准入、主体资格、服务质量、服务价格、竞争秩序等要有明确规定。此外，公开透明的监管程序也是必不可少的，也只有加强监管程序的透明化，才能使监管更加公开、公正，避免"裁判员和运动员""管理者和执行者"身份的重叠。

（3）监管行为的可问责性。现代监管体系中包括自由问责的环节，在这一要求原则下，独立而且专业的监管机构代替了过去长期维持的自我制定政策。这样就可以在一定程度上防止监管失职行为的发生。同时要建立有效的问责机制，发挥社会组织和社会舆论的监督作用。

（三）我国体育公共服务监管体系的主要内容

1. 明确监管主体

市场经济条件下的市场资源配置的决定因素一定是市场本身，也就是力图通过经济来决定一切，而非由其他人为的因素来决定。由于我国的经济体制，政府在经济当中充当的"有形之手"作用也有其存在的必要性，不过这种调控需要在不扰乱市场秩序的情况下进行，具体可以为依法对关系到人民群众重大生命财产安全的领域、对市场失灵的领域、对严重扰乱市场秩序的行为进行监管。各省、市人大设立体育公共服务监管委员会，省、市工作委员会设立体育公共服务监督管理部门，地方各级政府也要设立独立的监督机构，并由这些机构统一负责原体育局体育公共服务的监管工作，并对各省、市体育局进行监督和协调。同时应积极发挥社会机构、公众、媒体在体育公共服务领域的监督作用，明确监督地位。

2. 合理区分各级政府职责

行政管理体制改革要求按照权责一致原则划分中央和地方政府的市场监管职责，因此中央政府需要担负起制定战略规划、政策法规和标准规范、对监管体制改革的推动的重任。中央监管机构可以设立垂直机构来监管全国范围内或跨省区的经济社会问题。而地方政府应该把更多的精力转到维护市场秩序和政府的执行和执法监督职责上。

（四）我国体育公共服务监管体系的运行机制

在今天，包括体育服务在内的众多公共服务供给过程中，监督主体的构成是较为单一的，监督不够多元化且权责划分比较模糊，如此就使得监督不能发挥实效，只是好似摆了一个样子，基本公共服务监管机制并未形成理想的监管合力。

在体育公共服务供给过程中加强行政系统内部机关的监管功能，强化行政系统外部组织的监督地位，发挥公民和社会舆论的监督作用，从而构建一种多主体、多层次的监管主体体系势在必行。其必要的工作就是要拓宽监督渠道，提供多样化的监督平台，制定鼓励受众参与监督的政策，进而形成一种长效且合理的公共服务监管机制。

有关我国体育公共服务监管体系运行机制的具体措施主要包括以下三方面：

一是提升体育行政系统内部机关的监管功能。提供体育公共服务的体育主管部门的内部监管是在具有一定独立性并且在政府授权的情况下，通过相关评估机制审核评估被监管部门，并对监管中发现的问题提出必要的修改指导的行为。政府内部监管在发达国家的运行状况良好，而对于我国来说则算是一种较新的监管理念。政府内监管，有助于有效地解决公共服务监管中的"政府失灵"问题，并可以通过相关政府内部机构来设定标准，选择那些独立于直接从事体育公共服务监管的政府组织，然后再依此进行监控，要求其遵守制定的标准来实现政府内的监管。

二是给予外部组织监督的足够权力。加强对体育公共服务的监管仅仅依靠政府组织的相关机构是远远不够的，除此之外，还需要将整个体育行业协会的力量融入进来，形成共同监管的局面。为了实现这一目标，首当其冲就是要改革社会组织的监管体制；其次是要科学规划、引导体育组织和协会的健康发展。这里有三点工作需要做好：第一是要对行业内的组织进行统一考察，在确认其监管资质的基础上建立信用评价体系；第二是建立畅通的申诉渠道，建立奖惩机制；第三是设立公共相关服务质量投诉机构，在接到投诉后要尽快研究并制订解决方案，妥善处理公共服务中的不当行为。

三是发挥公民和社会舆论的监督作用。在现今信息传递速度飞快的社会中，舆论传播的快速、广泛和公开等特点被放大得淋漓尽致。正因为这些优点才使得舆论成为现在监督工作中的有力武器。

实际上，在我们的生活中就已经出现了很多通过舆论来影响监督行为的事物，如最常见的就要数针对体育公共服务满意度的调查了。这些通过舆论来作为监管途径的方式基本用意都是在于加大体育公共服务信息公开力度，形成声誉信息评价机制，创造公民和社会舆论发声的渠道，使其表达传递至上面两点中阐述的监管机构，从而从最广泛的受众中获取最客观有效的信息。

（五）我国体育公共服务监管体系的保障措施

目前我国对体育领域的改革可谓大刀阔斧，涉及面非常广泛。体育公共服务的改革也在计划之中。这些改革已经取得了初步成效，最直观的表现就是目前政府已经从单一的体育公共服务生产者变为了服务的提供者、生产者、付费者和监管者。相信随着改革的深入，其中的监管职能会与其他职能相分离，这也是监管职能的特殊性所决定的，是一种国际惯例。对政府而言，从直接的行政干预转变为依法依规监管，是一项崭新的事业，尽管这种转变可能会造成自身利益的受损，但从宏观角度和体育公共服务事业的发展来看，最终获得的效果还是有利的。因此，为使我国体育公共服务监管体系及其功能获得保障，特总结出以下几点措施：

一是建立完善的监管组织体系。在我国，多数体育公共服务职能是由地方政府统一规划并指导，由基层政府负责提供和实际组织的。因此，从这个角度上看，中央政府所提出的就是一种战略性的宏观方针，而并不能对具体的体育服务开展实施。为此，要想实现体育公共服务的监管就需要地方政府牵头，建立相对独立的体育公共服务监管机构，重视该机构并给予相应的资源支持。

二是强化监管手段的功效。要想使众多监管手段行之有效，就需要有意识地强化它的功效。首先就需要对监管行为保持严肃严谨的态度，而不是走形式和摆样子，特别是对违规现象要严加处罚，将这种破坏体育公共服务监管体系及其功能的行为扼杀在初期阶段；其次相关监管机构应本着公开透明的原则定期向外界发布监管报告，促进监管机构内外部的信息流通，提高监管的透明度和体育公共服务监管机构的政策影响力。

三是提升监管人才的专业化程度和信息化管理能力。目前我国的体育公共服务监管工作尚处于初期阶段，其中还有许多问题急待解决和完善。为此，培养专门的监管人才是不容忽视的。

二、我国体育公共服务绩效评价指标体系的构建

（一）绩效评价指标选取的原则

一是评估指标与理念相一致原则。体育公共服务绩效评估指标的确立应该与政府绩效评估的价值取向或者评估理念相结合，它不能是独立于这些规则和理念之外而存在。理念是一种客观事物的抽象表达，同时在具体操作层面上，也是政府绩效评估方向、措施、目标等方面的依据和指导。因此，政府绩效评估的理念应该作为政府绩效评估指标确立的支撑与导向。

　　二是定量与定性指标相结合原则。政府的绩效评估是一种具体的实践与操作，如果对这种评估工作更多的是在理论方面来完成的话，则评估工作也就失去了本应有的意义。绩效评估能够展现其意义，起决定性因素的应该是对绩效评估指标的尽早确定，从类型来说，这种指标可以被分为定性指标和定量指标。定性指标无法直接通过数据计算分析评估内容，定量指标则是可以进行准确的数量定义，可以开展精确衡量并能设定绩效目标的评估指标。

　　基于两种指标的不同特点，在设定评价指标时就要视情况而定，最好的方式是将两种类型的指标相结合，这样既能关注工作过程的开展情况，又能对工作结果有准确的把握。

　　三是可行性与客观性相结合的原则。由于目前我国相关学界对体育公共服务绩效评估的研究不多，相应的对于体育公共服务绩效评估指标的研究也比较匮乏，而且许多研究由于视角不同、界定的维度不同，因此确立的评估指标也各不相同。当然，采用哪种指标并不重要，重要的是所设置的指标是否与客观相符，是否真的能在评估中体现出它的意义。所以，指标的可行性是首先需要被关注的，应使所设计的指标在实际的绩效评估过程中均能运用。需要注意的是，由于这些目标的制定者是人，而人（学者）对于指标的设置会受自身的学术水平、实际考察情况和主观思维的影响，往往容易显得更加主观，因此，在指标的设置过程中应尽量避免这种人为因素过多的干扰，强调客观性原则，充分保证指标设计的客观性与可行性。

（二）绩效评价指标选取的流程

　　我国体育公共服务绩效评价指标体系构建中指标选取的流程主要有以下两个：

　　第一个流程为事先通过查阅文献资料以及充分发散思维思考，以此初步确立绩效评估的指标。

　　第二个是运用德尔菲法进行指标的筛选与修正。

（三）绩效评价指标确立的方法

绩效评价指标确立的方法主要有以下两个环节：

第一，借鉴英国政府公共服务的绩效评估框架，初步将政府体育公共服务绩效评估的一级指标界定为投入类、产出类和结果类三大指标。这三大指标是体育公共服务涉及的三大块内容。

第二，充分分析国内有关政府绩效评估的研究成果，确定一级指标下属的二级指标，具体确定一级指标 3 个、二级指标 10 个、三级指标 61 个。

三、我国体育公共服务绩效评价体系的实证研究

（一）数据的采集及处理

数据采集是体育公共服务绩效评价研究的首要工作。之所以将数据采集放在如此重要的位置上，主要原因就在于获取数据的质量直接影响着实证研究的准确性以及指标体系的合理性。

为了尽可能全面地对我国体育公共服务绩效评价体系的相关数据进行采集，通过走访与调查，特将其中几项重要的数据汇总：一是资金投入。二是场地设施。体育健身场所总数量是指前文提到政府援建的国家级体育场、政府援建的省级体育场、政府援建的地级体育场、政府援建的县级体育场、政府命名的各级全民健身基地、政府命名的各级全民健身中心、政府命名的各级体育公园、政府命名的各级群众体育场地。三是组织机构。体育组织数量主要包括各级公益体育俱乐部、国家级和省级青少年体育俱乐部、各级社区健康俱乐部、各级其他性质（半公益）的体育俱乐部、各级综合运动项目组织和各级单项运动项目组织。四是人力资源。体育指导员总数量主要包括当年统计的各等级职业性社会体育指导员数量、各等级公益性社会指导员数量，其总量作为体育指导员总数量的数据资料。五是体质健康。六是经常参加体育活动的人群。

（二）绩效评价的呈现

在收集到各单项指标的评分结果后，就可以根据评分方法计算出我国各省、市、区在体育公共服务领域的资金投入、场地设施、人力资源、体质健康、经常参与锻炼的人群等的指标得分以及相应在全国中的排名，并能获得最终的综合得分情况和最终全国排名。

参考文献

[1] 万唐忠强，徐国栋，朱小云.咸宁市公共体育资源共享信息平台的构建研究 [J]. 当代体育科技，2023, 13(4):4.

[2] 王祥全，周建.数智驱动公共体育服务精准供给：逻辑，框架与进路 [J]. 武汉体育学院学报，2023, 57(3):8.

[3] 雷勤圆.乡村振兴背景下苏南农村公共体育服务多元化发展研究 [J]. 文体用品与科技，2023(5):3.

[4] 汤怡欣，李峰.标准化视域下城市社区体育服务体系构建研究 [J]. 文体用品与科技，2023(1):4.

[5] 丁向东.乡村振兴战略中农村公共体育服务有效供给研究 [J]. 西北成人教育学院学报，2023(2):6.

[6] 王静，孙晋海.农村公共体育服务协同治理：基于演化博弈的分析框架 [J]. 沈阳体育学院学报，2023, 42(1):64-72.

[7] 王广亨，王伟，刘新平，等.少数民族聚居区农村公共体育服务多元协同发展研究 [J]. 农业经济问题，2023(2):1.

[8] 管培国.乡村振兴战略下农村公共体育服务内生性供给研究 [J]. 潍坊学院学报，2023, 23(2):3.

[9] 刘立群.民俗体育公共服务水平提升策略研究 [J]. 体育视野，2023(1):3.

[10] 常毅臣，杨筱冰.甘肃省体育公共服务城乡一体化发展瓶颈与优化路径 [J]. 当代体育科技，2023, 13(1):5.

[11] 于澳，常毅臣.健康中国背景下德州市农村体育公共服务需求研究 [J]. 文体用品与科技，2023(4):3.

[12] 夏贵霞, 饶称意, 丁领, 等. 中国青少年体育公共服务共建共治共享的治理路径 [J]. 天津体育学院学报, 2023, 38(2):7.

[13] 杨筱冰, 常毅臣. 国外残疾人体育公共服务供给的实践经验及启示 [J]. 现代商贸工业, 2023, 44(1):5.

[14] 许华琼, 周结友. 新时代广东居民体育公共服务现状调查与对策研究 [J]. 体育科技文献通报, 2023, 31(2):4.

[15] 王浩丞, 赵海涛. 全过程人民民主赋能体育公共服务治理的内在逻辑, 作用机理及策略探骊 [J]. 体育科技文献通报, 2023, 31(2):5.

[16] 马忠鸣, 潘同斌. 城乡全民健身公共服务均等化赋能体育强国建设目标, 困囿及策略 [J]. 体育科技文献通报, 2023, 31(2):5.

[17] 张玉鑫, 李淑龙. 基于公众感知的体育公共服务多元供给中政府责任研究 [J]. 运动 - 休闲: 大众体育, 2023(3):3.

[18] 高奎亭, 陈家起, 李乐虎, 等. 城市群体育公共服务跨域治理多主体协同关系与优化策略——基于长三角城市群的实证考察 [J]. 上海体育学院学报, 2023, 47(3):12.

[19] 张玉鑫, 吴琼, 杨闯建. 清单管理视角下政府供给体育公共服务的权责边界研究 [J]. 当代体育科技, 2023, 13(4):4.

[20] 向水针. "互联网 +" 背景下常德市体育公共服务信息的供给与需求研究 [J]. 文体用品与科技, 2023(3):3.

[21] 包桂荣, 顾涵. 体育场馆公共服务绩效评估指标体系构建与实证研究 [J]. 文体用品与科技, 2023(4):3.

[22] 夏正清, 路瑶, 唐钰传, 等. 上海市社区基本公共体育服务体系建设研究 [J]. 体育科技文献通报, 2023, 31(1):5.

[23] 王婵娟. 浙江省公共体育服务体系建设研究 [J]. 当代体育科技, 2023, 13(7):4.

[24] 董国荣. 昆明市社区体育公共服务体系现状及对策研究——以呈贡区明潭社区为个案 [J]. 文体用品与科技, 2023(2):3.

[25] 李良 , 吕和武 , 吴雪萍 . 发达国家残障人体育公共服务体系建设及启示 [J]. 山东体育学院学报 , 2023, 39(2):10.

[26] 武松朋 . 广西城市社区体育公共服务体系构建研究 [J]. 运动 - 休闲 : 大众体育 , 2023(1):3.